"十四五" 职业教育国家规划教材

理实一体
入眼·入脑·入手
易教·乐学

幼儿社会教育与活动指导
（第2版）

YOU'ER SHEHUI JIAOYU YU HUODONG ZHIDAO

主　编：李贵希

封面照片：成都市教育科学研究院附属龙泉驿天鹅湖幼儿园 提供

U0646486

北京师范大学出版集团
BEIJING NORMAL UNIVERSITY PUBLISHING GROUP
北京师范大学出版社

图书在版编目(CIP)数据

幼儿社会教育与活动指导/李贵希主编. —2 版. —北京：
北京师范大学出版社，2023.1(2025.8 重印)
　ISBN 978-7-303-27798-8

　Ⅰ.①幼…　Ⅱ.①李…　Ⅲ.①学前教育－社会教育－
高等职业教育－教材　Ⅳ.①G611

　中国版本图书馆 CIP 数据核字(2022)第 021086 号

出版发行：北京师范大学出版社 https://www.bnupg.com
　　　　　北京市西城区新街口外大街 12-3 号
　　　　　邮政编码：100088
印　　刷：三河市兴达印务有限公司
经　　销：全国新华书店
开　　本：889 mm×1194 mm　1/16
印　　张：14.5
字　　数：330 千字
版　　次：2023 年 1 月第 2 版
印　　次：2025 年 8 月第 25 次印刷
定　　价：37.80 元

策划编辑：姚贵平　　　　　责任编辑：吴纯燕
美术编辑：焦　丽　　　　　装帧设计：焦　丽
责任校对：陈　民　　　　　责任印制：赵　龙

党的二十大报告强调，要坚持以人民为中心发展教育。要办好人民满意的教育，全面贯彻党的教育方针，落实立德树人根本任务，培养德智体美劳全面发展的社会主义建设者和接班人。幼儿社会教育本质上是培养人的教育活动，那么培养什么人、怎样培养人、为谁培养人也必然是其根本问题。幼儿园教育作为基础教育的开始阶段，幼儿教师如何帮助幼儿"扣好人生第一粒扣子"就成为坚持"为党育人、为国育才"必然要思考的问题。

本教材以习近平新时代中国特色社会主义思想为指导，全面贯彻落实立德树人根本任务，依据学前教育的新政策、新要求、新信息选择内容。全书分为八个模块，涉及幼儿社会教育是什么、为什么、学什么、如何学、教什么、如何教等问题。模块一阐释了对于幼儿社会教育的一般理解，幼儿社会教育的地位和专业视域；模块二阐释了家庭、幼儿园及幼儿个性与幼儿社会性发展之间的相互关系；模块三阐释了幼儿社会教育的目标与内容；模块四阐释了幼儿社会教育的实施；模块五阐释了幼儿自我意识及其教育活动的指导；模块六阐释了幼儿社会交往及其教育活动的指导；模块七阐释了幼儿社会环境和规范认知及其教育活动的指导；模块八阐释了幼儿文化多样性及其教育活动的指导。本教材总体上具有以下三个特点。

其一，注重体例的新颖性。教材每一个模块都选择性地设置：导语、学习目标、正文、拓展阅读、经典案例、实践训练等。其中，导语不是通常意义上的导入，而是用经典之言宣扬某种价值导向和教育追求，体现出编写者的专业性。正文中根据需要适当穿插图片、小资料或互动平台，令人耳目一新。

其二，突出内容的实践性。在内容组织选择上，我们对大量学生校内、校外实习的典型主题进行了提炼，筛选出指导学生教育实践的阅读资料；在案例设计上，我们结合幼儿园教学实际，重点突出幼儿园小、中、大班的活动设计，并让学生体验同一社会主题在不同幼儿班级开展时的"变与不变"等。

其三，体现学生的发展性。在行文中，充分考虑学前教育专业学生的兴趣、需要，增强教材的可读性，发展学生主动的学习精神；寓教于乐，把抽象的知识讲述变成一种欣赏和体验的过程，发展学生积极的学习情感；因地制宜，培养学生利用和挖掘幼儿社会教育资源的能力，发展学生的创新素质。

本书由南京特殊教育师范学院李贵希担任主编，安阳幼儿师范高等专科学校袁勇担任副主编。具体分工如下：李贵希负责全书的设计、统稿、定稿和模块一的编写，袁勇负责编写模块三、模块四，徐州幼儿师范高等专科学校栾文娣负责编写模块二，南京特殊教育师范学院张兰香负责编写模块五，河北对外经贸职业学院王燕负责编写模块六、模块七，常熟理工学院喻小琴负责编写模块八，深圳元平特殊教育学校刘花雨负责撰写附录1(社会适应不良幼儿的教育建议),南京市实验幼儿园方圆绿茵园潘娟负责部分案例的编写。本书在编写过程中得到了各编者所在单位领导的关心和大力支持。书中还引用了国内外幼教同行的一些研究成果,在此一并表示衷心的感谢。鉴于编者水平有限,敬请广大同行多提宝贵意见(发邮件至 yaoguiping@126.com),以便不断修订完善。

编　者

目　录
CONTENTS

模块一

认识幼儿
社会教育

学习导航

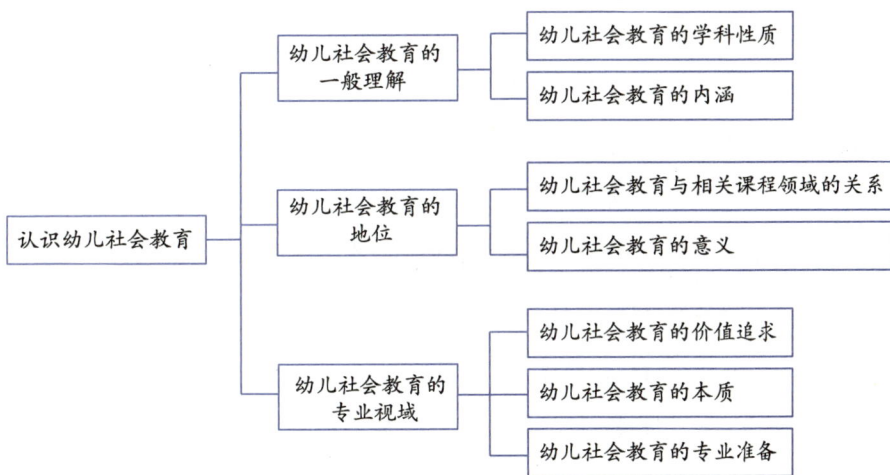

学习目标

- 了解幼儿社会教育的学科性质，理解其内涵及地位。
- 理解幼儿社会教育与相关课程领域的关系。
- 掌握幼儿社会教育的价值追求，理解幼儿社会教育的本质。
- 领会幼儿社会教育的专业准备。

单元 1 幼儿社会教育的一般理解

幼儿社会教育作为一个独立的课程领域，有其自身独特的学科性质与内涵。学前教育专业的学生从总体上把握幼儿社会教育，对其从事学前教育的理论研究和实践探索都具有深远意义。

▶▶ 一、 幼儿社会教育的学科性质 ＞＞＞＞＞＞＞＞

幼儿社会教育的学科性质是什么？这涉及幼儿社会教育的属性和本质问题。作为一门课程，幼儿社会教育主要研究幼儿社会性发展的现象、规律及其教育原理、方法与途径，从而促进幼儿的全面发展。这是一门兼有理论性、应用性和实践性的课程。

从理论性来看，它需要研究幼儿社会性发展过程中的现象、揭示幼儿社会性发展的规律、探究幼儿社会教育的方式和方法，并据此来建构与时俱进的教育原理等。观念或思想一旦和行为产生融合，便会产生出巨大的教育力量。幼儿社会性发展和其身体、认知等方面的发展有着不同的特点和规律，正是这些不同，决定了幼儿社会教育的原理和其他领域是不一样的。我们必须站在理论的高度来对幼儿社会教育加以探索。

从应用性来看，幼儿社会教育是一门关于教法的课程。学习者应能在充分把握学前儿童社会性发展规律的基础上，正确理解和掌握幼儿社会教育的基本原理和原则、方法和策略，把幼儿社会教育的基本知识内核融入幼儿社会教育的行动中。

从实践性来看，幼儿社会教育为我们提供了一种实践性的知识。学习者掌握的幼儿社会教育领域里的相关知识并不能以间接经验的方式直接传递给幼儿。学习者应将这些知识转化为自己的品格素养和行动智慧，这样才能产生积极的教育效果，并使幼儿社会教育实践在丰厚的土壤中不断得到发展、创新和升华。

▶▶ 二、 幼儿社会教育的内涵 ＞＞＞＞＞＞＞＞

从历史发展来看，幼儿社会教育被确立为独立的教育领域的时间尚短。但幼儿社会教育的内涵十分丰富，正确掌握其内涵是进行幼儿社会教育的前提。在此，我们从课程内容的角度对幼儿社会教育所涉及的若干基本概念进行简要阐述。

(一)社会性

人的需要是多种多样的。我们可以把人的各种不同的需要归为两大类，即生物性需要和社会性需要。生物性需要，也称生理性需要，是指保存和维持有机体生命和延续种族方面的需要，如对饮食、休息、排泄、性等的需要。这类需要是有机体的原发性需要，往往源于生理的冲动和有机体的本能反应。社会性需要是指与人的社会生活相联系的需要，如劳动的需要、交往的需要、认知的需要、成就的需要和审美的需要等。社会性需要是后天习得的结果，其源自人类的社会生活，随着人类社会的发展而发展，在不同的社会历史发展时期表现出不同的特点。社会性需要是人类的一种基本需要，也是人类区别于动物的一个根本特征。一个人的生活不能没有社会性需要，人从幼年开始，就想与他人亲近、与他人来往，希望得到他人的赞许、关心、爱护、支持等，如果人从一开始就被置于一种孤独隔离状态之中，社会性需要得不到满足，就会产生焦虑、不安和痛苦等不良情绪反应，甚至会出现严重的人格障碍。我们所说的社会性正是源于人类的社会性需要。

社会性是指社会中的个体在发展过程中为适应社会所表现出来的心理和行为特征。社会性可分为广义和狭义两种。广义的社会性是指人在社会生活过程中所形成的全部社会特征的总和，是与个体的生物性相对而言的。狭义的社会性是指个体在其生物性基础上形成和发展起来的适应社会环境，与人交往、竞争和合作，以及影响他人和团体的心理特征和行为方式，如遵守规则、交往能力、利他行为、合群性等。可以从下面两点来理解社会性的概念。

1. 社会性是社会生活中人际交往的产物

社会是人的各种关系的集合体。当一个人独处时，是谈不上社会的。人的生存脱离不开社会，人每天都在社会群体之中，充当着各种角色，表现着自己的社会性，逐渐学习、适应该社会所认可的行为方式、价值取向等，从而完成个体从"自然人"到"社会人"的转化。

2. 社会性是人发展过程的内容和结果

个体在从"自然人"到"社会人"的转化过程中，需要形成诸多社会性的特征，如个人的情感、性格和社会适应等。这些既是个体发展过程的内容，又是最终需要获得的结果。

幼儿社会性的形成和发展是幼儿在社会生活中，通过接受教育和社会影响而逐步习得的。社会性的发展是一个终身的历程，在不同的年龄阶段有着不同的内容和任务，但总的来说，学前期是一个人社会性发展的奠基阶段，3～6岁的幼儿期则是社会性发展的关键期。

（二）社会性行为

社会性行为是人们在交往活动中对他人或某一事件表现出的态度、言语和行为反应。它在交往中产生，并指向交往中的某一方，因此从某种意义上来讲，社会性行为也就是具体的交往行为，人们通过社会性行为来实现与他人的交往。幼儿社会性行为主要是指其在社会交往中形成的行为。

社会性行为，根据其动机和目的，可以分为亲社会行为和反社会行为两类。

亲社会行为是指人们在社会交往中对他人有益或对社会有积极影响的行为，主要包括谦让、帮助、合作、分享、安慰和捐赠等。亲社会行为是一种积极的社会行为，它是人与人之间建立和维持良好关系的重要基础，始终受到人类社会的积极肯定和鼓励。

反社会行为是指违法或为社会所不能接受的行为。在学前儿童中最具代表性、最突出的是攻击性行为，主要表现为打人、骂人、破坏物品等。反社会行为是一种消极的社会行为，它不利于形成良好的人际关系，往往造成人际矛盾、冲突，甚至犯罪、伤亡等。因此，反社会行为始终为人类社会所反对和抵制。

(三)个性

个性是一个人全部心理活动的总和，或者说是一个人比较稳定的、具有一定倾向性的各种心理特点或品质的独特结合。任何人都是有个性的，也只能是一种个性化的存在，个性化是人的存在方式。

幼儿的个性与社会性不同。个性是朝着与他人相区别的独特性方向发展的，而社会性是朝着与社会群体相适应的共性方向发展的，二者协同发展，共同作用于幼儿的生长和发展。

(四)社会化

社会化是在一定社会环境影响下，个体朝着社会要求的方向不断发展并逐渐达到这种要求的过程。社会化是人类社会发展和人类文化延续与发展的前提条件。

幼儿社会化，也称幼儿社会性发展，它是幼儿成为负责任的、有独立行为能力的社会成员的发展过程。幼儿的社会化是一个非常复杂的过程，它既离不开与社会群体、集体、个人的相互作用和相互影响，也离不开个体主动地掌握社会经验和社会关系系统。这些社会经验和关系系统包括多方面内容，如参加社会生活所必需的道德品质、价值观念、行为规范，以及积极的生活态度和良好的自我调节与人际交往技能等。幼儿就是在社会性发展的过程中，不断丰富社会经验，完成从"自然人"到"社会人"的过渡的。

人类社会是绵延不息、持续不断前进的，这就为幼儿的终身社会性发展提供了无限的空间。从这个意义上来说，幼儿的社会化是一个终身的动态发展过程。

(五)幼儿社会教育

究竟什么是幼儿社会教育呢？应该说整个学前教育界对这一问题尚没有一个统一的说法。这主要是因为研究者们都是从各自不同的视角与立场对这一问题做出回答与解释的。当前，有关幼儿社会教育的概念主要有以下几种表述。[①]

1. 幼儿社会教育是指对幼儿进行社会认知、社会情感、社会行为等方面的教育，具体来说是指帮助幼儿正确地认识自己、他人和社会，形成积极的社会情感，掌握与同伴、成人交往以及与周围环境相互作用的方式，以使幼儿能有效地在社会中生存与发展的教育。

2. 幼儿社会教育是教育者按照社会的价值取向，通过多种途径不断向幼儿施加多方面教育影响，使其逐渐适应社会环境的过程。

3. 幼儿社会教育是以幼儿的社会生活事务及其相关的人文社会知识为基本内容，以社会及人类文明的积极价值为引导，在尊重幼儿生活、遵循幼儿社会性发展规律与特点的基础上，由教育者通过创设有教育意义的环境和活动等多种途径，陶冶幼儿心灵，最终实现培育具有良好社会理解力、社会情感，品德与行动能力完整、健康的幼儿之目的的教育过程。

为了方便理解和运用，依照中华人民共和国教育部 2001 年颁布的《幼儿园教育指导纲要（试行）》（以下简称《纲要》）、2012 年出台的《3～6 岁儿童学习与发展指南》（以下简称《指南》）及 2016 年修订颁布的《幼儿园工作规程》等有关文件，充分体现《幼儿园教师专业标准（试行）》中对幼儿教师提出的有关要求，我们将幼儿社会教育定义为：以社会和人类文明的积极价值为取向，以发展幼儿的社会性为目标，以增进幼儿的社会认知，激发幼儿的社会情感，培养幼儿的社会行为为主要内容的教育。幼儿社会教育的过程就是要引导幼儿在社会认知、社会情感和社会行为方面协调发展，使幼儿成为诚实的人、守信的人、勇敢的人、活泼开朗的人、善于交往的人、乐于助人的人。实质上，幼儿社会教育就是做人的教育，旨在帮助幼儿成为一个健康、乐观和幸福的人。

思考与练习

简答

1. 亲社会行为包括哪些？

2. 幼儿社会教育的内涵是什么？

模块一单元 1 云测试

单元 2　幼儿社会教育的地位

正确认识幼儿社会教育在整个幼儿园教育内容体系中的地位，把握好幼儿社会教育与其他领域教育的关系，树立整体教育观念是进行幼儿社会教育的前提。

---

① 张岩莉. 学前儿童社会教育[M]. 上海：复旦大学出版社，2012.

▶▶ 一、幼儿社会教育与相关课程领域的关系 >>>>>>>

幼儿的发展是其自身与外部世界互动的过程，在这个过程中，幼儿是以整体的姿态与外部世界产生交互作用的，这就决定了幼儿社会教育只是整体教育影响的一部分，它与其他各领域教育有着非常密切的联系。《纲要》明确指出：幼儿园的教育内容是全面的、启蒙性的，可以相对划分为健康、语言、社会、科学、艺术五个领域，也可作其他的划分。各领域的内容相互渗透，从不同的角度促进幼儿情感、态度、能力、知识、技能等方面的发展。也可以说，幼儿园课程内容的每一领域都可以促进其他领域的发展，同样，其他领域也能促进任一单独领域向更高水平发展。

（一）幼儿社会教育与健康教育

《指南》指出，健康是指人在身体、心理和社会适应方面的良好状态。幼儿阶段是儿童身体发育和机能发展极为迅速的时期，也是其形成安全感和乐观态度的重要阶段。发育良好的身体、愉快的情绪、强健的体质、协调的动作、良好的生活习惯和基本生活能力是幼儿身心健康的重要标志，也是幼儿其他领域学习与发展的基础。

为有效促进幼儿身心健康发展，成人应为幼儿提供合理均衡的营养，保证幼儿充足的睡眠和适宜的锻炼，满足幼儿生长发育的需要；创设温馨的人际环境，让幼儿充分感受到亲情和关爱，形成积极稳定的情绪情感；帮助幼儿养成良好的生活与卫生习惯，提高自我保护能力，形成使其终身受益的生活能力和文明生活方式。所有这些教育的任务和目标都可以通过幼儿园有计划、有组织、有目的地开展幼儿社会教育活动来实现。同样，在进行健康教育的时候，幼儿的社会性也得到了发展。例如，当幼儿拥有良好的师幼关系和同伴关系的时候，他更容易获得安定、愉快的情绪，更容易产生安全感和依赖感，更容易形成良好的社会情感；幼儿在参与体育活动的时候，不仅锻炼了身体素质，也培养了坚强、勇敢、不惧困难和勇于挑战的品质。另外，幼儿的主动参与、乐观积极、团结合作等做事态度都能在健康教育中得到适当的培养。

（二）幼儿社会教育与语言教育

语言是交流和思维的工具。幼儿期是语言发展，特别是口语发展的重要时期。幼儿语言的发展贯穿于其社会化的整个历程中，同时对其社会性发展也有着重要的影响。语言可以获取信息，这使得幼儿的学习逐步超越个体的直接感知。幼儿在运用语言进行交流的同时，也在发展着人际交往能力、理解他人和判断交往情境的能力、组织自己思维的能力。

《指南》强调，幼儿的语言能力是在交流和运用的过程中发展起来的。应为幼儿创设自由、宽松的语言交往环境，鼓励和支持幼儿与成人、同伴交流，让幼儿想说、敢说、喜欢说并能得到积极回应；为幼儿提供丰富、适宜的低幼读物，经常和幼儿一起看图书、讲故事，丰富其语言表达能力，培养其阅读兴趣和良好的阅读习惯，进一步拓展其学习经验。幼儿的语言学习需要相应的社会经验支持，教师应通过多种社会活动扩展幼儿的生活经验，丰富其语言的内容，增强其理解和表达能力。同时，应在生活情境和阅读活动中引导幼儿自然而然地产生对文字的兴趣。一般来讲，社会性发展较好的幼儿，利用语言进行交往的机会更多，语言能力也较强；反过来，较好的语言能力也能增加幼儿沟通与交流的频率，从而使其在社会性发展进程中获得先机。在幼儿园里，教师经常喜欢利用一些优秀的儿童文学作品来组织语言活动，这不仅能让幼儿感受到语言的丰富和优美，也能使幼儿从作品中体验到善良与邪恶、光明与黑暗、美丽与丑陋的含义，激发幼儿对美好事物的向往。

(三)幼儿社会教育与科学教育

幼儿的科学学习是在探究具体事物和解决实际问题中，尝试发现事物间的异同和联系的过程。幼儿在对自然事物的探究和运用数学等科学解决实际生活问题的过程中，不仅能获得丰富的感性经验，充分发展形象思维，而且可以初步尝试归类、排序、判断、推理，逐步发展逻辑思维能力，为其他领域的深入学习奠定基础。

幼儿科学学习的核心是激发探究兴趣，体验探究过程，发展初步的探究能力。成人要善于发现和保护幼儿的好奇心，充分利用自然和实际生活机会，引导幼儿通过观察、比较、操作、实验等方法，学习发现问题、分析问题和解决问题；帮助幼儿不断积累经验并将之运用于新的学习活动，形成受益终身的学习态度和能力。其实，通过科学活动培养起来的探究事物的兴趣、认识事物的科学态度、勇于发现和追求真理的精神，以及在相关活动中发展起来的自信心、爱心、责任心，还有对人类社会及整个世界关系的认识和体验，也属于社会教育的范畴。例如，在认识植物的活动中，我们不仅要让幼儿从自然的角度，将植物作为一种物质来认识，去了解它的生长特点、用途等，还要从社会的角度启发幼儿感受和理解植物的社会意义、文化意义和生命意义，使幼儿体会到植物与人类的密不可分，激发幼儿爱护环境的情感并帮助幼儿树立人与自然和谐共处的观念。

(四)幼儿社会教育与艺术教育

艺术是人类感受美、表现美和创造美的重要形式，也是表达自己对周围世界的认识和情绪态度的独特方式。

美来源于生活。每个幼儿心里都有一颗美的种子。幼儿艺术领域学习的关键在于充分创造条件和机会，在大自然和社会文化生活中启发幼儿对美的感受和体验，丰富其想象力和创造力，引导幼儿学会用心灵去感受和发现美，用自己的方

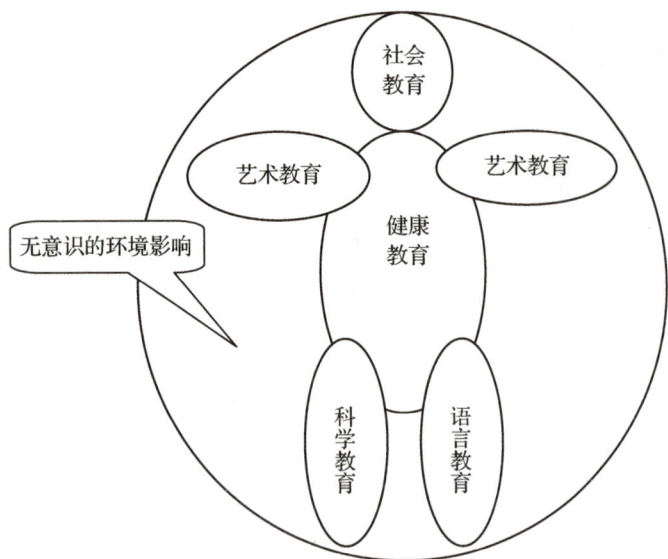

图 1-1　五大领域的整合关系

式去表现和创造美。可以说，社会教育本身需要艺术，艺术教育本身也离不开丰富的社会实践生活。艺术教育并不仅仅在于让幼儿学会某些艺术的技法（如绘画、舞蹈和歌唱），更重要的是唤起幼儿对美的追求，发展幼儿乐观、积极的品格，使幼儿热爱生命、热爱生活。

（五）幼儿社会教育在整个幼儿园课程领域中的地位①

那么，幼儿社会教育在全部幼儿园课程领域里的地位又是怎样的？它与其他领域教育存在怎样的关系？我们可以用身受无意识环境影响的完整的人来形容幼儿园五大领域教育内容的整合关系（见图1-1），以便全面把握幼儿社会教育与相关课程领域的关系。

如图 1-1 所示，圆圈中的空白处代表影响儿童发展的无意识环境，它渗透在幼儿所处的所有环境中。整个人体部分代表幼儿园有意识开展的五大领域教育，其中头部表示社会教育，它为整个学前教育提供价值的指引。没有价值指引的学前教育是盲目的，无助于人类进步的价值指引则是无益的，因而实施学前教育的第一步是根据幼儿的身心发展规律和社会健康发展的需要，思考我们要培养什么样的人。身体躯干是健康教育，它是幼儿教育的主体，学前阶段所有的教育都要以有益于幼儿的整体健康为先，违背幼儿整体健康发展的知识、技能与能力都是不具有教育性的，也是不值得提倡的。右手和左手代表艺术教育，它们是帮助幼儿体验世界之美的途径。左脚是科学教育，右脚是语言教育，它们是帮助幼儿认识与表达对世界的理解与体验的两种有力途径。从它们各自的功能来看，这五大教育领域对于幼儿的完整发展来说都是不可或缺的。也就是说，在幼儿园的教育过程中，五大领域的教育共同作用于幼儿的整体发展。其中，幼儿社会教育起着导向性作用，为其他领域提供方向与价值的指引。可以说，一切教育的最终目的都是在帮助孩子建立起与世界的一种恰当关系，学会做一个人格健全、有益于人类的人。在幼儿科学教育中，我们不仅要让幼儿学会科学地认识与探究客观世界，还要认识到人类与客观世界的关系，以及人类对客观世界所承担的责任；幼儿语言教育也不仅要教会孩子正确与流利地表达，还要教孩子学会表达真诚与善意；幼儿艺术教育不单要让孩子学会欣赏与创造美，还要让孩子体验与领会人性之美。这些都是社会教育的内容，可见社会教育规定着所有课程领域的价值方

① 甘剑梅.学前儿童社会教育的内涵、性质与课程地位[J].学前教育研究，2011(1).

向，即培养有益于促进人类社会健康发展的人。

值得强调的是，幼儿社会教育以一种相对独立的课程领域被提出，其理论意义大于实践意义。从教师教和幼儿学的角度来看，这样做更有利于我们树立起科学的教育意识，更有利于我们进行针对性的研究。但我们不能因此忽视学前教育的实践规律，事实上，对于实践工作者而言，越是能统整各个领域资源、以一种整体的教育观念与行为来面对我们的学前教育实践，我们的教育就越会有效果，幼儿的发展就越会有生机。

▶▶ 二、 幼儿社会教育的意义 >>>>>>>>

教育具有强大的力量。雅斯贝尔斯说："我们的道德政治和精神的未来，以及历史上作为民族存在的价值，则掌握在我们自己的手中。"[①]教育所要唤醒的是人的潜在本质，能让儿童逐渐认识自我、认识知识和探索道德。莫兰也指出，教育应该对人格的自我形成和学会成为公民做出贡献。[②] 社会教育不能代替全部的教育，但是在人生的幼儿阶段，社会教育具有极其重要的地位和作用。幼儿时期的社会教育能够使儿童真切地体验到公民的责任和义务，它是一种陶冶情操的教育、做人的教育和生活的教育。概括来说，幼儿社会教育的意义体现在以下方面。

(一)传承文化功能

社会教育与文化之间有着十分密切的联系。任何文化特性或形态，如果没有社会教育就难以延续。文化一词有多种解释，从广义上来理解，通常是指人类在社会生产、生活过程中创造的一切，包括物质生产与精神生产的全部内容。例如，一定社会民族长期形成的共通的语言、知识、价值、信仰、习俗及其成员的行为方式、生活方式等都属于文化的范畴。社会教育是一种特殊的文化现象，它几乎与文化内部所有的部分都发生着直接的联系，任何一种文化特质或文化模式如果不借助于社会教育的传递和深化功能，都将影响其存在的质量或缩短其存在的历史时间。社会教育对文化的传承主要体现在以下几个方面。

1. 保存文化

人类文化只有通过社会教育的传递才能承前启后、继往开来，不断发扬光大。社会教育传递文化，因而使得新生一代能较为迅速、高效、经济地占有人类创造的精神文化财富的精华，使一个人能从毫无文化内容的"自然人"变成一个具有汲取、鉴赏、创造文化能力的"文化人"，将文化精髓内化为个体的精神财富，成为生命的一部分。这样人类的精神财富便找到了最安全、与人类共存亡且具有再生功能的"保险库"，从而实现了保存文化的功能。

---

① 雅斯贝尔斯. 什么是教育[M]. 邹进，译. 北京：生活·读书·新知三联书店，1991.
② 莫兰. 复杂性理论与教育问题[M]. 陈一壮，译. 北京：北京大学出版社，2004.

2. 交流文化

文化既然可以传递，也就可以传播和交流。文化的传播，一般是指某一社会文化共同体的文化向另一社会文化共同体的传输过程，是单向的；而文化的交流，则是两个或两个以上文化共同体的文化相互传播，是双向的或多向的。

现代社会生产力的发展和市场经济结构的形成，使文化打破封闭的地域性走向开放，文化的交流成为必然。交流对丰富文化发挥着重要作用，它可以影响人们的态度，激发并促进思想观念、行为方式的传播，以及推动文化多样性的发展。在当今社会中，文化的交流在很大程度上是通过社会教育实现的。

3. 提升文化

社会教育是文化传递的手段，但并不是所有文化都可以成为教育内容。社会教育是有选择性的，即为了适应时代发展的要求，社会文化的糟粕必须摈弃，精华则有待发扬。将经过社会教育选择的文化传递给年幼一代，可以促进文化的进步和发展。社会教育依据两大标准对文化进行选择：一是社会价值标准，即只有符合社会、政治、经济和优秀文化传统的主流文化才能进入教育的内容；二是个体价值标准，即选择那些适应个体身心发展需要和特点的文化。社会教育在选择文化的过程中实现了对文化品位的提升。

4. 更新文化

文化不是自然赋予人类的，而是人类利用自己的智慧创造出来的。换言之，人类是文化的创造者、继承者。人类为了自身的生存与发展，必须不断地更新与创造文化。社会教育通过传递已有文化，使幼儿社会化，并在此过程中培养、造就其与文化发展相关的个性和创造力，从而使文化得以发展和更新。通过社会教育，人类已有的精神财富不断内化为幼儿个体的精神财富，使他们具有参与文化生活的能力，并培养和发展他们的文化表现方式和创造能力（如音乐、绘画、舞蹈等的创造）；通过社会教育，年幼的一代能够迅捷而有效地获取人类文化的精华，并在此基础上逐步走向创造。从这个角度来说，社会教育具有发展文化和更新文化的功能。

(二)促进社会化功能

社会化是幼儿适应社会、参与社会生活、在社会环境中独立生存的必要条件。刚出生的婴儿除了具备一些最基本的生理和适应本能外，其他像社会观念、社会技能和价值观之类的社会成员的要素是没有的。幼儿必须通过社会教育来了解社会文化、学习社会生活技能，以适应所处的社会，并在社会生活的大环境中获得发展。

幼儿的社会化是各方面因素交互影响的结果，幼儿园社会教育在幼儿社会化进程中发挥着至关重要的作用。对于幼儿来说，他们接受环境影响大多是被动的、不自觉的，环境对幼儿社会化的作用是潜移默化和难以抗拒的。当环境影响处于积极的趋向时，幼儿就会实现积极的社会化。例如，教师之间互敬互助的处事氛围、师幼之间关爱和赏识的交往方式，能让幼儿学会尊重和爱护同伴，使幼儿更易与同伴建立起和睦融洽的关系。相反，当环境影响处于消极的趋向时，幼儿的社会化就会是消极的。例如，父母的溺爱和家庭不良生活环境会强化幼儿的自我中心倾向，使其养成不健康行为习惯等。幼儿社会教育的一个重要职责就是按照社会生活积极的价值取向，为幼儿营造一种有教育意义的环境，有意识地引导幼儿实现积极的社会化，让幼儿形成良好的行为习惯和积极的价值观。从这个角度来讲，良好的幼儿社会教育就是孩子心中的一盏明灯，指引着孩子前进的方向。

📎 **拓展阅读** ▶▶▶▶▶▶

教师期待的作用①

心理学家罗森塔尔曾开展过一个著名的实验。他对一个班的儿童进行智力测验，从中随机选取20％的学生，告诉这些儿童的教师，他们是非常有发展潜力的，将来可能表现出不同寻常的智力水平。8个月过后，他再次进行智力测验，结果发现那些随机抽取的所谓有发展前途的儿童都表现出了出乎意料的进步。研究者认为这是教师听信了实验者提供的假信息从而对儿童产生了期望效果所致。实验结果表明，教师的期望明显会对儿童的行为产生影响，这种现象被称为罗森塔尔效应。

大量社会调查和实验研究表明，教师是根据儿童的性别、身体特征、家庭的社会经济地位、家庭成员、兴趣爱好等信息，形成对某个儿童的期望的。当教师对儿童有较高期望时，他们会对儿童表现得更和蔼，会更经常发出微笑、表现出友好的行动(如点头、注视儿童)，谈话、提问更多，并提供更多有挑战性的资料、更多的线索，经常重复问题，给予密切关注，等待儿童回答的时间也更长，更经常赞扬儿童。研究显示，在情绪、身体语言、口头言语、教学材料、赞扬与批评等不同水平上，教师都会表现出他们的期望。

研究表明：教师对儿童的热情"期待"，对改变儿童的行为具有很大的作用。凡是教师寄予希望的儿童，因为感受到教师的关心、帮助和厚爱，和教师的感情很融洽，常常会以积极的态度对待教师、对待学习，且更加自尊、自爱、自信、自强，表现出一种积极向上的激情。如果教师态度冷漠，不注意关心儿童，对儿童期望低，儿童就不会有高的学习热情。可见，教师的期待对于儿童的积极社会化功不可没。

(三)完善人格功能

所谓完善人格功能是指幼儿社会教育能够促进幼儿的整体和谐发展，使幼儿成为健康发展的人。幼儿社会教育在帮助形成全面发展的人这一功能上，主要体现在以下两方面。

🖊 **学习笔记**

---

① 李幼穗. 儿童社会性发展及其培养[M]. 上海：华东师范大学出版社，2004.(选入时有改动)

1. 促进幼儿德、智、体、美、劳等方面全面发展

从幼儿发展的内容来看，幼儿完整人格的发展是指德、智、体、美、劳等方面的全面发展。促进幼儿德、智、体、美、劳等方面全面发展是幼儿园教育的目标和任务。此前，由于对工具理性和技术理性的过分推崇，造成功利主义和唯科学主义的价值观长久盛行于教育活动之中。"唯智论"的泛滥就体现了一种幼儿发展进程中的失衡。由于对应试教育的推崇，幼儿教育实践中普遍存在"小学化"现象，这严重违背了幼儿生长发育的特点和规律。幼儿社会教育应不仅重视智育，也重视其他各方面的共同发展；不仅重视幼儿在学习和生活过程中的智力因素的发展，也重视幼儿非智力因素的培育，充分肯定智力因素和非智力因素对幼儿发展的协调作用。

2. 促进幼儿认知、情感和意志的统整发展

从幼儿发展的结构来看，幼儿完整人格的发展是指认知、情感和意志的统整发展。从人类发展的哲学意义上来讲，人是一种关系性的存在，其总是从以往那种自我封闭的、孤立自存的实体状态之中不断地把自身解放出来，从而成为一个现实的、具体的人。这体现的是一种现代生活的世界观和关系性的思维方式。可以说，教育自产生之日起，儿童自出生之日起，就从来没有离开过真实的生活世界。幼儿的真正发展是在与环境和成人的共同体之交融中，源源不断地增长智慧、滋润情感、收获快乐和幸福的。幼儿社会教育犹如幼儿之生活，它承载着幼儿认知、情感及其他各方面的发展，使幼儿体验尊重与被尊重，理解人存在的价值及生命的意义，从而不断完善着人格。

总之，幼儿期是人生发展的重要时期，在这个时期恰当的教育可以为幼儿一生的发展奠定一个良好的基础。幼儿社会教育正是通过总结历史发展中幼儿社会教育的宝贵经验、探索幼儿社会教育的普遍原理和规律、结合教育发展的实际，来促进幼儿社会教育实践不断进步和提高的。从本质上来说，幼儿社会教育促进着幼儿的不断社会化，掌握着幼儿发展的方向，推动着社会向更高层次发展。

思考与练习

判断

1. 幼儿社会教育与其他领域教育的关系是相对独立的，一般不存在交叉关系。（　　）

2. 在幼儿园五大领域教育中，任一领域的教育都可以促进其他领域的发展。（　　）

3. 幼儿语言的发展贯穿于儿童社会化的整个历程，但对儿童的社会性发展并没有影响。（　　）

4. 幼儿社会教育本身需要艺术，艺术教育本身也离不开丰富的社会实践生活。（　　）

5. 教师的期待有助于幼儿的社会化。（　　　）

单元3　幼儿社会教育的专业视域

这里所说的专业视域是指对幼儿社会教育整体规律的把握，对幼儿社会教育理论与实践的本质的理解，以及学习者投身幼儿社会教育实践中时所应具备的视野和情怀。

▶▶ 一、 幼儿社会教育的价值追求 >>>>>>>

幼儿社会教育的价值究竟是什么？陶行知先生说过："千教万教，教人求真。千学万学，学做真人。"这里突出了社会教育的"成人"功能。

国际 21 世纪教育委员会向联合国教科文组织提交的报告《教育——财富蕴藏其中》指出，面向 21 世纪教育的四大支柱，就是要培养学生学会四种本领：①学会认知(learning to know)。即培养学生学会运用认知工具求知，学会发现问题，学会探究知识，学会构建知识，也就是要学会继续学习的本领；注重培养学生的认知方法，引导学生通过发现、探究和意义构建的途径获取知识，培养学生的继续学习能力。②学会做事(learning to do)。即要学会实践，报告强调了人才培养"从技能到能力"的转变。这里的能力不仅指实际动手技能，还包括处理人际关系能力、社会行为、集体合作态度、主观能动性、交际能力、管理和解决矛盾的能力，以及敢于承担风险的精神等综合而成的能力。③学会合作(learning to live together)。即培养在人类活动中的参与和合作精神。④学会生存(learning to be)。即学会生活，学会自身发展。①

该报告所提出的教育的四大支柱集中体现了 21 世纪社会对完整人格培养的要求，这和当今中国对素质教育提出的一般要求相吻合。幼儿社会教育是实现教育四大支柱的基础性工作。幼儿社会教育的价值是着眼于"健全人"的培养的。为此，幼儿社会教育将追求幼儿整体人格的养成，注重激发和丰富幼儿的感觉经验和生活体验，凸显对幼儿想象力和创造力的释放和提升，因势利导，使幼儿成为保存自由天性、具有丰富个性和初步社会性的主体性存在。

▶▶ 二、 幼儿社会教育的本质 >>>>>>>

幼儿身心发展的特点和社会教育内容的特殊性，决定了幼儿社会教育的本质，了解这些本质，有利于我们更好地实施幼儿社会教育。

(一)幼儿社会教育是一种认知建构的过程

瑞士学者皮亚杰在谈到幼儿认知发展时提出，幼儿的认知判断力是按照一定

---

① 节选自国际 21 世纪教育委员会向联合国教科文组织提交的报告《教育——财富蕴藏其中》。

的阶段和顺序从低到高不断发展的，要根据幼儿已有的发展水平来确定教育的内容，运用冲突的交往并采用小组讨论的方式，创造机会让幼儿接触和思考高于他们现有水平的推理方式，造成幼儿认知失衡，引导他们在寻求新的认知平衡之中不断地提高自己认识客观世界的水平。幼儿社会教育的过程就是促进幼儿认知判断力发展与行为发生的过程，具有认知建构的特征，主要表现在以下几个方面。

第一，人的本质是理性的。因此，进行幼儿社会教育时，必须利用智慧达到对理性的把握，并在此基础上建构合乎理性的认知。比如，对于事物合理性的判断、对于社会规范的认知等。

第二，人的认知发展是建构的。因此，进行幼儿社会教育时，必须注重个体认知发展与社会客体的交互作用。也就是说，幼儿认知理性的获得并非天赋或外界规则的直接灌输，而是主客体在实践的过程中互动的结果。

第三，人的发展是动态的。因此，进行幼儿社会教育时，必须关注幼儿社会性发展的进程，关注教育的过程；重视教育内容和方法的灵活和创新，重视对促进幼儿可持续发展动因的研究。

(二)幼儿社会教育是一种情感体验的过程

英国学者彼得·麦克费尔在谈到幼儿道德情感的培养时提出，与人友好相处是每个孩子的基本心理需要，关心人和体谅人的品性是做人的基础和核心，教育的重点就在于提高幼儿的人际意识，培养自我与他人相互关联的一种个人风格。幼儿社会教育的过程就是以一系列的人际与情境问题启发幼儿的人际意识与社会意识，引导他们学会关心，学会体谅，不断丰富情感体验的过程。其特征主要表现在以下几个方面。

第一，幼儿是教育的主体。因此，进行社会教育必须以幼儿为中心，尽量满足幼儿发展的需求，教育内容和教育策略的选择应能充分调动起幼儿的主动性，激发幼儿对于教育情境的感悟力，促进幼儿情感和理性的投入，增强幼儿对于教育情境的鉴赏和理解力。

第二，幼儿天性趋善。因此，社会教育应富有感染力，以无限的真善美来促进幼儿各种潜能自由、快乐地发展，使幼儿自然而然地形成良好的社会行为，而不是靠成人的强迫形成。

第三，幼儿生活即学习。幼儿的生活世界是饱含着生命意义和价值的原初世界，是幼儿认知素材的主要来源，也是幼儿可以自由想象、探索、创造的生存环境。因此，社会教育应充分关注幼儿的生活世界，在丰富的情感体验中，促进幼儿社会性的不断发展。

(三)幼儿社会教育是一种社会模仿的过程

美国社会学家班杜拉认为幼儿与环境是一个互动体，幼儿既能对外界的刺激做出反应，也能主动地解释并作用于情境。幼儿的行为不仅可被现实经验规定，也受未来预期影响。幼儿是通过观察他人在相同环境中的行为，从观察他人行为获得的强化中进行体验学习的。幼儿社会教育也应是一种社会模仿的过程，其特征主要表现在以下几个方面。

第一，观察是社会教育的基本方法，创设和完善可供观察的环境是引起幼儿学习动机的有效途径。

第二，模仿是社会教育的操练，幼儿在模仿的进程中，可不断习得被期望的社会行为。

第三，良好的自信心是进步的助推剂，因此，教师在社会教育的进程中，应重视榜样示范的作用，及时对幼儿的进步予以肯定，不断激励幼儿积极主动地参与到社会学习的实践中去。

拓展阅读 ▶▶▶▶▶▶

关于情商

20世纪末，美国《纽约时报》专栏作家戈尔曼的著作《EQ》之所以风靡美国商业界与教育界，是因为人们认识到，IQ（智商）并非成功的唯一因素。EQ（情商）在很多国家已被纳入正式教育，美国的学校已开办EQ课程，将其与传统的数学、语言等课程并列。

卡耐基在《成功之路》一书中说："一个人事业上的成功，只有15％是靠他的专业技能，另外85％要靠他的人际关系和处世技巧。"这里的人际关系和处世技巧可用情绪智能来表示。换句话说，一个人的成功，少部分归功于智商，而大部分取决于情商。情商高的人生活和学习比较快乐，能维持积极的人生观和价值观，保持健康的心态，并进行合理的自我管理，因此成功的概率更大。

我国学者在参考国外研究的基础上，一般都认同EQ主要包括五个部分，即自我意识、自我激励、情绪控制、人际沟通、挫折承受能力。[1]

一、自我意识

自我意识是指对自身情绪的认识。它是EQ的基础。自我意识的本领在于自我认知感觉、自我体验感受与自我监控情感。不了解自身真实感受的人往往沦为感觉的奴隶；反之，掌握感觉才能成为生活的主宰。

二、自我激励

自我激励依赖于完成任务的动机水平、兴趣和意志的影响以及人生的基本信仰、明确的生活目标、乐观与自信的生活态度。善于自我激励的人能保持高度热忱，这种人做任何事情效率都比较高，因为自我激励是一切成就的动力。

三、情绪控制

情绪控制的核心在于妥善管控情绪。情绪的妥善管控有赖于自我认识，并需做出意志的努力。

---

[1] 周明星等. 成功学生全面素质测评手册[M]. 北京：人民日报出版社，2000.

因此，情绪控制必须建立在自我意识和自我激励的基础上，它需要自我安慰、摆脱焦虑和不安。

四、人际沟通

人际沟通包含认知他人情绪，并能处理好人际关系。其中同情心是基本的人际沟通技巧，具有同情心的人较能从细微的信息中察觉他人的需求。同样，站在他人角度了解他人感受也能达到人际沟通的目的。人际沟通还需要在交往过程中保持互利互惠的思想维系友谊，消除分歧。一个人的人缘、人际和谐程度也与其领导管理能力直接相关。

五、挫折承受能力

能承受挫折的人往往把失败归因为可以控制的因素，能从每次失败中总结经验，吸取教训。相反，抗挫折能力差的人则更容易把失败归因为不可控制的因素。因此，我们需要从小培养孩子的抗挫折能力，使之尽快适应生活、适应社会，做生活的主人。

▶▶ 三、 幼儿社会教育的专业准备 >>>>>>>>

为了更好地开展幼儿社会教育，促进幼儿社会性的良好发展，幼儿教育实践者必须全面地做好职业准备。这是做好幼儿园教育工作的必要前提。

(一)树立科学的幼儿社会教育观

不管是幼儿园一线的教师，还是将来要从事幼儿园教育工作的准教师，最基本的就是要树立起科学的幼儿社会教育观。所谓幼儿社会教育观，是指对于开展幼儿社会教育活动的基本观点，如对幼儿社会教育目标价值取向的认识、对幼儿社会教育活动性质和任务的认识，以及对幼儿社会教育规律的把握等。

1. 成人支持下的发展观

幼儿社会性、人格的健康发展需要成人提供良好、适宜的教育环境。高质量的幼儿教育对于幼儿社会性、人格的发展具有积极的促进作用。实践证明，幼儿时期适宜的社会教育能够有力地促进幼儿社会交往能力、爱心、责任感、自控力、自信心和合作精神等积极的社会性、人格品质的发展，接受了适宜社会教育的幼儿以上各方面发展水平都要显著高于没有受过类似教育的幼儿。相反，不良的幼儿教育则容易使幼儿形成消极的社会性及人格品质。在早期教育环境中缺乏成人的关爱与发展支持、缺乏情感互动与交往引导的幼儿更容易出现孤僻、冷淡、退缩、依赖、攻击性及破坏性强等适应性不良问题，严重的还可能产生情感、人格方面的障碍。

因此，在幼儿社会性发展的重要时期，环境和教育影响起着非常重要的作用。教师作为幼儿成长过程中的重要成人，必须具有自觉的教育意识、树立坚定的教育信念，给予幼儿适宜的物质支持和精神支持，促进其社会性不断发展。

2. 成长取向的目标观

受应试教育的影响，以知识学习为中心的教育目标观在幼儿教育中仍然存在。反映在社会教育领域就是重视规范和规则的学习，对于形式的追求胜过对内在品质的培育。这实质上是没有给社会教育以应有的地位和尊重的体现。传统意义上的知识学习强调的是幼儿外在行为的改变，它更倾向于追求量上的累积。但对于年幼的孩子来讲，更应当保护和培育他们的身体以及各种精神官能的发育成长，把幼儿各方面的潜能保护好、挖掘好，这才是学前教育的重心所在。

因此，幼儿社会教育的目标应该是成长取向的，所谓成长取向就是社会教育要面向生活，教育要以幼儿的健康成长为主要目的和任务，最终目标是把幼儿培养成全面发展的人。

3. 融合视野下的方法观

这里说的融合有三层含义。

(1)幼儿身心发展是一个整体，不可分割。科学研究表明，幼儿年龄越小，其身心素质分化程度就越低，幼儿的身体和心理，以及身心内部各因素之间都相互制约、相互联系，所以作为幼儿身心发展的外部主导因素——幼儿社会教育是不可或缺的。

(2)幼儿教育各领域是一个整体，相互渗透。虽然幼儿园课程中健康、语言、社会、科学和艺术五大领域是相对独立的，但各领域的内容是相互渗透的，从不同的角度促进幼儿情感、态度、能力、知识、技能等方面的发展。所以幼儿社会教育和其他领域的教育是相互依存和制约的，总是整体作用于幼儿的发展。

(3)幼儿社会教育的外在力量是多因素的合力。幼儿园的教育离不开家庭、社区以及社会各个方面的合作和影响。只有当幼儿园的教育与其他方面的教育在同一方向形成合力的时候，幼儿的发展才会更加顺利和积极。

因此，幼儿社会教育应反对狭隘的教育观，具有一种宽广的教育视野，整合各方面的教育力量，融教育于幼儿的生活，促进幼儿全面发展。

(二) 掌握广泛的相关知识

为了促进幼儿社会性发展，教育工作者需要掌握许多相关的知识。主要涉及以下方面。

1. 有关自我的知识(即教育者的知识)

幼儿教师首先必须对自身有清晰的了解和客观的评价，包括对自身的文化素养、兴趣爱好、态度能力、经验积累等方方面面的明确认识。了解自身社会性发展的知识有利于教师在接受新事物、新理念时，正确作出判断，有针对性地补充自身的不足，有利于教师在组织教学活动时客观地评价自己的教学行为，不用自身的喜好去影响幼儿的学习。

2. 有关幼儿的知识(即学习者的知识)

幼儿教师面对的是 3～6 岁的幼儿，他们的生理和心理特征与成人有显著差异。幼儿阶段是人一生中发展最为迅速的时期，许多能力形成和发展的关键期都处于这一年龄段。因此专业的幼儿教师，必须对其教育的对象有一个全面深入的了解和认识，熟悉幼儿的生理、心理发展特征及认知特点，尤其是要全面掌握幼儿社会性发展过程中的各种规律、因素，并能够依据《幼儿园教育指导纲要（试行）》和《3～6岁儿童学习与发展指南》的相关要求，有针对性地组织各种社会教育活动。

3. 有关社会教育方面的知识

幼儿社会教育与其他各领域的教育有着紧密的联系，因此，教育者应具备关于教育的最一般的原理、原则、规律和方法等方面的知识。同时，幼儿社会教育又有其自身的特性，教育者还要进一步学习和掌握幼儿社会教育的内涵、目标和内容，幼儿社会教育的方法和途径，以及影响幼儿社会性发展的各种因素和幼儿社会性发展的相关理论知识等。

（三）提升教育能力

教育能力的内涵很广，这里主要是指进行幼儿社会教育活动时应该具备的基本能力。

1. 开发和利用生活资源的能力

幼儿园社会活动的开展离不开幼儿鲜活的生活世界。深刻把握幼儿的生活是进行幼儿教育的前提。幼儿的生活包括主体外生活和主体内生活。主体外生活主要是文化习俗、环境气候、政治经济发展水平等因素影响幼儿时产生的；主体内生活主要是教师、幼儿（自己）、同伴、幼儿园等因素在互动时产生的。教育者应能借助自身的教育智慧，综合各方面的条件，深刻挖掘各种资源的教育价值，使幼儿社会教育成为有源之水、有本之木。

2. 组织教育活动的能力

组织教育活动的能力指教育者能根据教育教学的基本法则和幼儿的具体情况，对教育活动进行科学的筹划与安排，并能根据设计方案熟练实施教育活动的能力。教育活动是流动的、变化的，因而活动的设计不是静态的、程序化的，而是以幼儿为本、充满人文关怀的。幼儿是活力四射、富有个性的，因而活动的开展不能照本宣科、一成不变，要适应个性要求、合理生成。

3. 进行教育研究的能力

教育研究能力是指对教育现象和问题进行分析和综合，并能使问题得以解决的能力。它是教师提升自己的专业水平，创造优质教育的保障。在进行幼儿社会教育的过程中，教师会面临许多的问题和挑战，如何使社会教育顺利进行，如何使幼儿健康发展，总归依赖于教师解决问题的能力。而这类能力，如细致地观察幼儿的能力、敏锐地发现问题的能力、科学有效地解决问题的能力等，都需要教育者在研究性和实践性的工作中去探索和锻炼。教育者只有具备了教育研究能力，才能不断促进幼儿快乐、幸福地成长。

拓展阅读 ▶▶▶▶▶▶

两朵玫瑰花

苏霍姆林斯基是苏联著名教育家，在他担任乌克兰巴甫雷什乡村中学校长时，曾发生过这样一个故事。

校园的花房里开出了一朵朵硕大的玫瑰花，每天都吸引许多同学前来观看，全校师生都惊叹于它们的鲜艳和美丽。这天早晨，苏霍姆林斯基在校园里散步，看到幼儿园的一个4岁的小女孩在花房里趁人不注意，摘下了一朵很大的玫瑰花抓在手中，从容地往外走。苏霍姆林斯基叫住小女孩，但没有训斥她。苏霍姆林斯基很想知道这个小女孩为什么摘花。于是他耐心地弯下腰来，亲切地问："孩子，你摘这朵花是送给谁的？能告诉我吗？"小女孩知道他是校长，所以害羞并胆怯地说："奶奶病得很重，一直在床上躺着。我告诉她学校里有这样一朵又大又美丽的玫瑰花，奶奶有点不信，我现在摘下来想送给她看，看过我就把花送回来。"听了孩子天真的回答，苏霍姆林斯基的心颤动了，他拉着小女孩，在花房里又摘下了一朵大玫瑰花，对孩子说："这一朵是奖给你的，你是一个懂得爱的孩子；那一朵你就送给奶奶吧，感谢她养育了你这样好的孩子。"

苏霍姆林斯基的"两朵玫瑰花"的故事，传达了一种爱的教育理念。孩子犯了错误，有些教师就会板着脸孔进行道德说教，甚至采用简单粗暴的方式进行惩罚。这样往往造成教育缺乏同情与怜悯心，缺少方法和耐心，缺乏对人性美的感悟。事实上，学校是传递人间真、善、美的地方，是播撒爱的种子的地方。爱是教育的基础，没有爱就没有教育。爱是陪护孩子成长的生命良药。正是这副良药使孩子成长为一个心中有爱，对他人、对社会有爱的人。

学习笔记

思考与练习

名词解释

1. 幼儿社会教育观。

2. 融合视野下的方法观。

模块一单元3云测试

实践训练

1. 校内练习：结合学前教育方面的知识，分析幼儿社会教育的地位及意义。

2. 校外练习：观察你所在地区的幼儿园，了解幼儿社会教育活动开展的现状。

学习反思

模块二

幼儿社会性发展的影响因素

学习导航

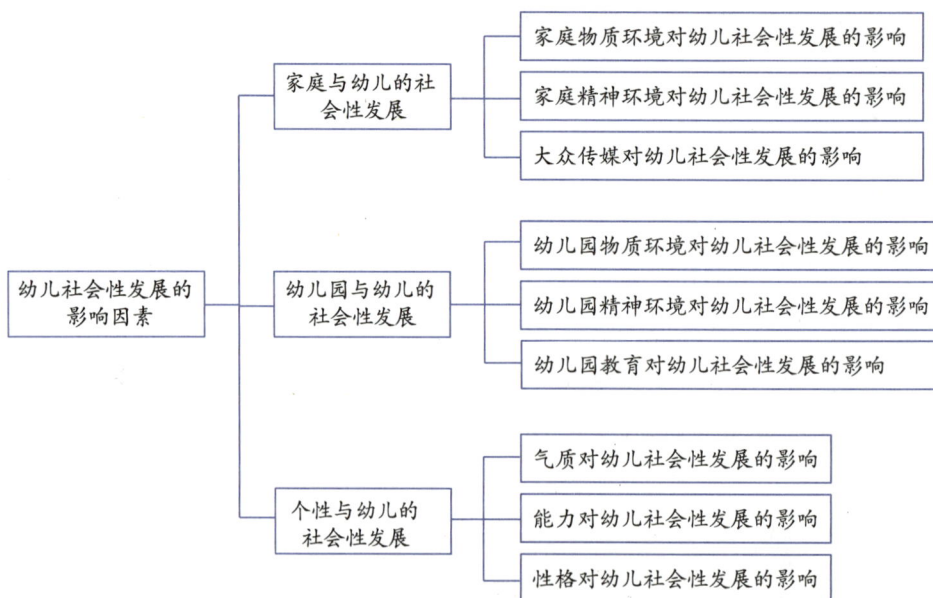

学习目标

- 了解家庭环境、大众传媒、幼儿园环境等对幼儿社会性发展的影响。
- 掌握家长、教师、同伴对幼儿社会性发展的影响。
- 理解家庭、社会、幼儿园各因素在幼儿社会性发展中的相互关系。

典型案例

有的孩子喜欢跟人交往，受到小朋友的欢迎；有的孩子只关注自我，较少关注同伴，交往范围小，没有掌握主动交往的技能。这些都是幼儿社会性发展不同水平的表现。那么，幼儿社会性发展受到哪些因素的影响呢？

单元 1 家庭与幼儿的社会性发展

党的二十大报告指出，要弘扬中华传统美德，加强家庭家教家风建设。家庭环境的影响具有特殊意义，家庭是幼儿最初的生活场所，幼儿的社会性发展首先是在家庭中开始的。通过家庭成员特别是父母的抚养与教育，幼儿逐渐获得了知识和技能，掌握了各种行为准则和社会规范，从一个基本依靠本能生活的婴儿发展成一个合乎其社会角色系统要求的、被其所在的社会环境认可和接纳的人。家庭教育是在有意和无意、有计划和无计划、自觉和不自觉之中进行的，不管是以什么方式、在什么时间进行，都将潜移默化地影响幼儿的社会化进程。

▶▶ 一、 家庭物质环境对幼儿社会性发展的影响 >>>>>>>>

家庭物质环境可以满足幼儿的基本生存需要，这里所说的家庭物质环境主要包括家居环境和家庭周边环境。

(一)家居条件

随着社会经济的发展，人们的生活条件有了较大的提高，家居条件也得到了很大的改善。不少家庭购置新房，增添家具和电器，把家庭生活空间布置得优美、整齐、干净、有序。幼儿拥有了自己独立的房间，房间布置也体现出了幼儿的特点。这样的环境能时时刻刻熏陶、启迪着幼儿，对幼儿自我意识、独立性以及创造性的发展十分有益，有利于促进幼儿的社会化。相反，如果家居条件太差，则会影响幼儿的自我认同，阻碍幼儿社会性的发展。

(二)家庭周边环境

我国古代有"孟母三迁"的故事。由此我们可以知道，周边居住环境的质量对幼儿身心发展具有潜移默化的作用。毕竟对幼儿来说，社区是他们认识社会的直接途径。社区活动丰富，能大大开阔幼儿的眼界，让他们在增长知识经验的同时，在一种温馨、和谐的社区环境中体会到人与人之间的美好情感，提高交往能力。社区的经济条件、社区内人们的行为方式与思维方式等对幼儿的发展也会起到一定制约作用。比如，社区内的人们说话文明，在遇到邻里问题时用理性、温和的方式解决，幼儿耳濡目染，在和其他人相处时也会学习用和谐的方式解决问题。

相比于城市，农村幼儿的物质资源相对匮乏，但居住场所较为开阔，玩耍的空间较大，邻里交往和同伴交往较为频繁和方便。而城市居住条件相对拥挤，独门独户、自成一统的格局，使大多数幼儿常常单独活动，这不仅限制了其户外活动和与邻里交往的机会，而且影响了幼儿与同伴之间的交往。随着城市化进程的加快，我们看到农村许多的大宅院也开始慢慢被华丽的别墅、高档的楼中楼或者小区替代，幼儿交往的空间和范围也越来越狭小。生活空间狭窄可能会导致一些幼儿不善于与同伴交往，性格孤僻、沉默，沟通和合作能力较差。

▶▶ 二、 家庭精神环境对幼儿社会性发展的影响 >>>>>>>>

家庭精神环境包括家庭结构、家庭成员关系、家长教养方式和家长自身的教育素养等。

（一）家庭结构

家庭结构指的是家庭成员相互间的亲属关系以及家庭成员人数的多少，即家庭成员的亲属构成和人数，主要包括核心家庭、主干家庭、联合家庭、其他家庭。核心家庭是指父母与未婚子女一起居住，特点是人口少、辈分少，多集中于我国的城市地区；主干家庭是指由祖辈、父辈、孙辈三代人构成的家庭类型，主干家庭特点是结构复杂、人口多；联合家庭即家庭中任何一代含有两对以上夫妻的家庭，如父母和两对或两对以上已婚子女及其孩子组成的家庭，或是兄弟姐妹婚后不分家的家庭；其他家庭是以上三种类型家庭以外的家庭，包括无父母的未婚子女共同居住、跨代或缺代、单亲以及由实体婚姻产生的其他多人共同组合形式等。

1. 核心家庭

在核心家庭中，家庭关系简单，成员关系密切，内聚力较强，容易形成教育合力和亲密情感。一方面，父母年富力强，可以为幼儿创造更为优越的教育环境和物质环境，为幼儿社会性发展提供良好保障；另一方面，由于家庭成员少，幼儿的交往对象单一，不利于其形成较强的社交能力。

2. 主干家庭

在主干家庭中，祖辈可以协助父母照顾、管理、教育第三代，幼儿可以得到更多的爱和更充分的教育；幼儿可以同时和几代人交往，学习长辈们的相处方式，锻炼各种适应社会生活的交往能力，促进个体社会化。但缺点是，祖辈容易对幼儿溺爱和过分宽容，这样会使幼儿以自我为中心，自控能力差，依赖性强，不利于幼儿的个性和社会性的发展。

3. 联合家庭

联合家庭人员较多，给幼儿提供了一个宽松、快乐、富有竞争性的学习环境，幼儿在家庭中可以与同辈的兄弟姐妹学习交流；家庭成员之间的相处对幼儿也起到了一定潜移默化的影响，让幼儿更易懂得怎样与人友好相处，有利于其社交能力的发展。但一些幼儿过多地沉浸在自己的"家族圈"中，而不愿意与陌生人交往，出现社会适应能力差的现象，表现为在家里活泼、调皮，到了一个陌生的环境后则沉默寡言、害羞、腼腆、不合群、孤独。

📎 小资料 ▶▶▶▶▶▶

我国学者吴凤岗的研究结果表明，两代人家庭的幼儿个性发展水平高于三代人家庭的幼儿。两代人家庭的幼儿在独立性、自尊心、自制力、敢为性、合群性、聪慧性、情绪特征、文明礼貌及行为习惯九个方面均好于三代人家庭的幼儿。此项研究结果还表明，在各个年龄阶段里，不同家庭结构给幼儿社会化发展带来的影响是不稳定、不均衡的。

4. 其他家庭

在其他类型的家庭中，单亲或离异家庭以及留守幼儿的社会性发展情况特别值得关注。

生长在单亲家庭或离异家庭中的幼儿的社会性发展所受的影响取决于其的性别、年龄、失去父亲或母亲的原因以及父母的态度。有研究表明，父母离异对幼儿造成的伤害要大于自然死亡带来的伤害。在这种家庭中，幼儿易产生自卑感、被遗弃感、怨恨感等消极情感，会因为得不到父爱或母爱而产生孤独感，逐渐形成富于攻击、冷酷的性格，在同伴关系、自控能力、亲子关系等社会性发展方面往往出现不良的现象。但如果父母虽然离异，对幼儿的教育和成长仍能保持积极态度，幼儿受到不良影响的概率就会大大降低。

留守幼儿即父母双方或一方流动到其他地区，自己留守在户籍所在地并因此不能和父母双方共同生活的六周岁及以下的未入小学的儿童。由于缺乏父母良好的生活照顾，（外）祖父母与幼儿有一定的隔阂，不能及时有效地约束管教，再加上留守幼儿自身缺乏正确判断的能力，所以幼儿很容易受到一些不良文化、行为的影响。由于亲情的缺失，部分留守幼儿心理抑郁、性格孤僻，这将对其以后的人际交往产生不良影响。

拓展阅读 ▶▶▶▶▶▶

同胞竞争障碍

同胞竞争障碍又称同胞嫉妒。通常指在年龄稍小的弟弟妹妹出生之后，儿童发生的某种程度的情感紊乱。一般情况下，孩子们在相处的过程中，可以学会更多的相处技巧，产生积极的互动，共同促进社会化的发展。但是也有一些孩子因为弟弟或者妹妹的出生，出现了不同程度的妒忌心理，主要表现为了引起父母的关注，对父母无缘无故发脾气，进而不愿意与外界接触，失去自信心等。多数儿童都可能出现这种现象。但是这种情感紊乱的程度如果异乎寻常，就有可能被认为是病理性的。

学习笔记

（二）家庭成员关系

家庭是由其全体成员及成员间的互动关系组成的一个动态系统。该系统又由许多子系统（如夫妻系统、亲子系统等）组成。家庭系统与其子系统之间以及家庭各子系统之间存在着双向的影响关系，其中对孩子影响比较大的是亲子依恋。

1. 夫妻关系

夫妻关系会影响到家庭中的情感气氛，进而影响幼儿的发展。好的夫妻关系是幼儿建立安全感的前提，能够给幼儿树立正确互动的榜样，教给幼儿解决分歧的方法；如果父母不能为幼儿提供稳定、温和、有秩序、责任明确、规则统一的关爱，幼儿就会缺乏安全感。家长的某些不良情绪与行为会给幼儿树立负面榜样，同时也对幼儿进行了错误的人际交往训练，容易使幼儿用冷战、吵架、谩骂乃至打架等不良方式解决冲突。

2. 亲子依恋

拓展阅读 ▶▶▶▶▶▶

奥地利科学家劳伦兹曾用"印刻"一词来描述小动物的依恋现象。例如，小鸡、小鸭、小鹅在出壳后，会对第一次看到的体型较大的活动的客体（通常是母禽）产生依恋。不论那个被依恋的客体走到哪里，它们都会紧紧地跟随其后。当这个依恋对象不见了，它们就会焦虑。如果我们有意地改变原先的自然条件，让小雏自幼接触的不是同类母禽，而是别的动物、人，甚至是活动的气球等，那么小雏也会像爱自己的"母亲"那样爱它们；而到了性成熟期，这些小动物不会向自己的同类求爱，而会向与"母亲"同类的动物求爱。

运用标准的"陌生情境"实验，可以测查并区分出三种亲子依恋类型。

安全型依恋。只要母亲在场，婴儿就感到足够的安全，能在陌生的环境中进行积极的探索和玩耍，对陌生人的反应也比较积极。当母亲离开时，婴儿明显地表现出苦恼和不安，想寻找母亲；当母亲回来时，他又很容易平静下来，继续去做游戏。

反抗型依恋。这类婴儿每当母亲离开时都会大喊大叫，表现出极度反抗，但当母亲回来时，他对母亲的态度又是矛盾的——既寻求母亲的安抚，又拒绝母亲的接触，并不时地朝母亲这里看。

回避型依恋。无论母亲离开或回来，婴儿都表现出无所谓的样子。实际上这类婴儿与母亲并没有建立起特殊的情感联结。

亲子依恋是母子间相互作用的产物。母亲与婴儿交往的态度和行为以及婴儿本身的气质特点，是影响婴儿形成不同依恋类型的两个主要因素。负责任的、敏感的、充满爱心的母亲，其孩子常常是安全型依恋的婴儿；反之，则可能是反抗型或回避型。儿童早期形成的不同类型的依恋影响着其将来社会性的发展。在这三种依恋类型中，安全型依恋是良好、积极的依恋，这类婴儿自尊心、同情心、积极性情感较强，更多地以积极性情感来发动、响应、维持与他人的相互作用，同时他们攻击性低，对新鲜活动较少表现出消极反应，更具社会竞争能力，更容易掌握社会技能；而反抗型和回避型依恋则属于消极的、不良的依恋，这类婴儿内心非常缺乏安全感，适应能力差，容易感到焦虑、孤独。

📎 小资料 ▶▶▶▶▶▶▶

鲍德温（A. L. Baldwin）等人研究了母亲对孩子的影响，认为母亲的教养态度和孩子的性格形成有密切的关系。如果母亲是专制、冷漠、支配的，孩子则是攻击、情绪不稳定、依赖、顺从的；如果母亲是干涉的，孩子则是幼稚、胆小、神经质、被动的；如果母亲是拒绝的，孩子则是反抗、冷漠、自高自大的；如果母亲是民主的，孩子则是合作、独立、温顺、社交的。

西方心理学家的研究也发现，5岁前就与父亲分离或失去父亲的男孩，由于缺乏适当的性别行为榜样，其行为缺乏男子气概，依赖性强，游戏中表现出较多的女子动作模式。

（资料来源：周梅林：《学前儿童社会教育活动指导》，上海，复旦大学出版社，2009）

📎 拓展阅读 ▶▶▶▶▶▶▶

父亲的独特影响①

有人认为，在孩子小的时候，母亲的影响是巨大的，父亲的作用则难以体现。而事实上，儿童在越小的时候失去父亲或得不到父爱，所产生的负面影响越严重。研究发现，父亲对婴儿越关心，越多参与照顾，婴儿在以后就越可能聪明、机灵、好奇、愉快，其智商往往也比较高。父亲有较为丰富的知识面、较强的动手操作能力、深刻的理解与判断能力以及敢于探索的精神，对开阔儿童的视野，发展其认知能力、创造能力无疑能起到独特的作用。

观察发现，在抱孩子的事情上，父母也有不一样的地方。母亲抱孩子主要是为了照顾他，竭力使他安静，限制他的活动；父亲抱孩子则大多是为了玩，为了让孩子多探究。在同婴儿交往时，母亲习惯的做法是和孩子玩其熟悉的游戏，沉浸于玩耍之中；父亲则常常吸引孩子做一些要用力气的游戏或令孩子特别开心、感到新奇的游戏，这样的玩耍会让儿童的心理体验极为深刻。

---

① 李幼穗. 儿童社会性发展及其培养[M]. 上海：华东师范大学出版社，2004.（选入时有改动）

面对家庭中不同性别的儿童，母亲的态度与行为方式相差不大；而父亲通常倾向于鼓励男孩玩一些探索性、竞争性、活动量大的游戏，鼓励女孩玩一些平和的、家庭式的游戏。可以看出，父亲在子女性别角色培养方面比母亲所起的作用更大。调查研究显示，缺乏父爱会使儿童出现诸如烦躁不安、害羞胆怯、自暴自弃、沉默寡言、缺乏自信、感情冷漠、游离集体、抑郁、易怒等不良心理特征。

在婴儿期，儿童也会对父亲产生依恋，尤其是在父亲也参与照顾儿童的情况下。例如，儿童饥饿时，父亲用奶瓶喂养他；夜间啼哭时，父亲能安慰他。不过在婴儿期，父亲的作用仍不如母亲重要。只有在1岁以后，由于儿童睡醒的次数增加，儿童才有更多的机会与父亲接触，父亲的重要性才逐渐体现出来。有研究表明，从2岁开始，儿童更喜欢和父亲在一起游戏。但到3岁时，女孩子开始更喜欢和母亲在一起。

在学前期，父亲对孩子的关怀也很重要，这有利于儿童心理的良好发展。在学前期能从父母双方得到关怀的儿童，要比失去父亲的儿童更能体验到较高水平的自我，性别角色认同发展更好，能与其他儿童友好相处，有较强的成就动机。

父亲对于儿童性别同一性的发展也有积极影响。有些研究表明，失去父亲的男孩在童年早期常常表现出被动和依赖，而到青年期却又表现出过度的攻击和恃强凌弱。失去父亲对女孩的影响的研究给出了不同的结果。一些研究表明，失去父亲的女孩在青年期表现出较少的女性特征，同时对女性的性别角色认知也较少。但一项针对在大城市长大的女大学生的研究发现，儿童早期失去父亲对其成人早期的性别角色发展并不一定产生消极影响。研究结果的不同，可能是由于所研究的女孩来自不同的地域（农村或城市），也可能是受到了其他因素的影响。在下列情况中，父爱剥夺的不利影响会减小，如由于出差、生病或死亡等原因造成父亲不在身边（发生在儿童中期而不是儿童早期），母亲经常向儿童表明父亲很好等。

3. 家庭其他成员关系

家庭中的祖孙关系是影响幼儿社会化的重要因素。如果祖辈具备一定的教育知识，能理智地管教孙辈，祖孙关系比较和谐，就会对幼儿社会性发展起促进作用；相反，如果祖辈对孙辈娇惯、溺爱，甚至与孩子父母的教育态度不一致，就会使幼儿无所适从，不利于幼儿独立性、自控性的形成。家庭中同胞关系也是影响幼儿社会化的重要因素。同胞间的互动会在不经意间传递已有的价值观念，对年龄小的幼儿起到示范作用。

(三)家长的教养方式

家庭不是孤立地对幼儿发展发挥作用的，它存在于一个大的社会环境中，外在的文化、政治、经济等方面的因素会制约着家庭的影响。生活在不同社会文化中的父母，会将自身早已内化了的社会文化传递给孩子，规范孩子的言行。他们常常告诉孩子对他的期望是什么，同时孩子也会从父母的各种反应中逐渐理解父母的要求，并使自己的行为尽量符合社会规范。虽然父母本身可能不会意识到自己对文化传递的作用，但这种作用是真实存在的。几千年来的文化便是这样得以传承和延续，并影响着一代又一代儿童社会化的。家长教养方式不仅存在着文化差异，而且具有不同的类型，常见的教养方式可概括为以下四种。

1. 权威型

权威型教养方式表现为：父母对儿童的态度是积极、肯定的，他们热情地对儿童的要求、愿望和行为予以反馈，尊重儿童的意见和观点，鼓励其表达自己的想法并参与讨论；他们对儿童提出明确的要求，并坚定地维护规则，对儿童的不良行为表示不满，而对其良好行为表示支持和肯定，鼓励儿童获得成就、形成独立和探索的习惯。这种高控制、高接纳的教养方式，为儿童的心理发展带来许多积极的影响。这种教养方式培养下的儿童多数独立性较强，善于自我控制和解决问题，自尊感和自信心较强，喜欢与人交往，对人友好，有很强的认知能力和社会适应能力。

权威型父母是热情的，他们传达了一种关心照顾的信息，这种信息促使孩子接受父母的指导。权威型父母不像专制型父母那样以不可动摇的标准来控制孩子、不允许孩子自由表达，他们会用一种合理的方式，向孩子耐心地讲道理，并且能够考虑到孩子的特点。权威型父母能够很准确地判断孩子的要求，预测他们的行为，也就是说，他们设立的标准是孩子能够真正实现的，并且他们会在一定范围内给孩子一些自由。他们会不时地鼓励孩子，如"你是一个有能力的人"，"我相信你能成为自我信赖的、能完成重要目标的人"，从而培养孩子自我实现的愿望和自我成就的动机。

2. 专制型

专制型的教养方式表现为：父母把孩子看作自己的附属物，对孩子的行为过多干预，经常采取强制手段让孩子听命于自己，漠视孩子的兴趣和意见，压制其独立性、创造性，不允许孩子对自己的事情有发言权，要求孩子随时遵守父母的规定，稍有违背就会加以训斥或惩罚，这种惩罚甚至是过于粗暴的。在这种教养方式中，父母与子女的关系是一种"管"与"被管"的不平等关系，亲子之间的沟通十分有限。父母采用专制型的教养方式，往往是出于"为孩子好"的目的，于是对孩子过多干预、过分保护，以至于在一定程度上限制了孩子自我意识和自我教育能力的发展。这种类型的父母对儿童时常表现出缺乏热情和否定的情感反应，很少考虑儿童自身的愿望和要求；父母往往要求儿童无条件地遵循规则，但缺少对规则的解释；他们常常对儿童违反规则的行为表示愤怒，甚至采用严厉的惩罚措施。这种教养方式培养下的儿童大多缺乏主动性，容易胆小、怯懦、畏缩、抑郁，有自卑感，自信心较低，容易情绪化，不善与人交往。

3. 放任型

放任型的教养方式表现为：父母对儿童充满积极肯定的情感，但是缺乏控制。他们甚至不对儿童提出任何要求，而让其自己随意控制、调节自己的行为，对儿童违反要求的做法采取忽视或接受的态度，很少发怒或纠正。放任型教养方式虽然给孩子较多的自由，对孩子的压抑较少，有利于孩子社会适应能力的发展，但孩子接受父母的约束和教育较少，这对孩子是不负责任的。在儿童社会性发展的最初阶段，采用这一教养方式，会导致儿童社会性发展的不成熟，不利于儿童的情绪情感、社会认知、同伴关系、自我意识等方面的发展。这种教养方式培养下的儿童容易性格内向、孤僻，对人冷淡，情绪消沉，兴趣狭窄，缺乏理想和追求。

4. 忽视型

忽视型教养方式表现为：父母对儿童既缺乏爱的情感和积极反应，又缺乏行为的要求和控制。亲子间交流很少，父母对儿童缺乏基本的关注，对儿童的任何行为表现都缺乏反馈，且容易流露出厌烦、轻视的态度。这种教养方式培养下的儿童容易具有较强的冲动性和攻击性，不顺从，且很少替别人考虑，对人缺乏热情与关心，这类儿童在青少年时期更有可能出现不良行为问题。

(四)家长自身的教育素养

1. 家长的教育意识

家长的教育意识会影响家长对孩子成长的价值取向和对孩子的期望。希望孩子成才的家庭，会把家庭教育的重点更多地放在传授知识和开发智力方面；希望孩子兴趣爱好广泛的家庭，会将教育重点放在兴趣的培养上；注重品德培养的家庭，则会把教育重点放在培养孩子良好的日常行为习惯上。

一般来说，文化水平和修养水平较高的父母对幼儿的期望也会较高。他们对教育动态敏感，易接受新的教育观念，教育方式倾向理性、开放；能关注到孩子教育中更多的层面，容易理解孩子的内心世界以及遇到的问题，从而给予科学有效的指导；他们重视培养儿童的积极情感、创造性、独立性、好奇心和自我控制能力，鼓励儿童拥有理想；有时会花大量的时间陪伴孩子学习，和孩子一起游戏并发展共同的兴趣爱好；他们对孩子感情投入较多，希望子女能有较高的文化知识、强烈的成就感、独立自主的精神和较强的自信等。而文化水平和修养水平相对较低的父母强调儿童要顺从、尊重他人、爱整洁、少惹麻烦；在行为上较多地控制儿童，对儿童使用权威；与儿童言语交流较少，更多地教给子女生存的技能，而缺乏情感的交流。

虽然父母的文化程度和职业对孩子的影响是客观存在的，但这种影响的方向并不是绝对的。我们常常看到或听到这样的事：有的父母自身文化水平不高，而他们的子女照样考上大学且事业有成。可见，影响孩子教育的不仅是家长的职业、学历，家长朴实、勤奋、自立、自强的品德和他们所营造的开放、自由的家庭氛围对孩子的成长同样重要。

🔗 **拓展阅读** ▶▶▶▶▶▶

孩子的作伪是由父母养成的[①]

一日下午，知行的母亲正在楼上与他讲故事，听见楼下有人叩门，就轻轻地对他说："知行你下去看看，若叩门的是某某夫人，你即对他说妈妈不在家，若他问妈妈几时回来，你就说不晓得。"知行受了教下楼去，照样回答客人，而客人也不坐就回去了。

又有一日，知行的母亲在客厅里接待客人，接待得非常殷勤，请客人上坐，请客人用茶，并极力恭维客人。客人辞别时，又再三挽留。一等客人出门后，就在知行面前举了臂，白了眼，仰了头，张了口，长叹一声："讨厌呀！讨厌呀！"

从第一个例子看来，知行的母亲分明教他作伪；从第二个例子看来，知行的母亲分明暗示他作伪。知行受这种教育、这种暗示，当然也要作伪了。常有做父母的既教他们的孩子作伪，还要说孩子乖巧可爱，这真是何等令人痛心！所以要孩子诚实，做父母的自己先要诚实，自己不诚实，孩子断不会诚实的。

2. 家长的教育能力

每个孩子都是独一无二的，家长的教育方式也要因人而异。将一定的教育理论转化为现实行动，就需要家长具备相应的教育能力。家长的教育能力主要包括：发现和选择教育时机的能力，选择运用教育方式、方法的能力，妥善处理教育过程中实际问题的能力，转化子女思想的能力，培养子女良好习惯的能力等。这些能力相互联系、相互渗透，教育效果往往是这些能力的综合表现。家长的教育能力不是随孩子的降生自然生成的，而是在教育子女的实践过程中逐渐表现出来的，是教育理论知识的创造性运用。

▶▶ 三、 大众传媒对幼儿社会性发展的影响 >>>>>>>>

随着科技的发展，人们越来越依赖电子设备，大众传媒对幼儿的影响也越来越大。

(一)电视

由于获得便捷、内容丰富多彩等原因，电视节目成为学前儿童生活中的亲密"伙伴"。有研究表明，学前儿童工作日平均每天看电视30～40分钟，周末、假期平均每天超过1小时。[②]虽然看电视的过程也是认识事物的过程，看电视可以开阔儿童的视野、丰富知识、娱乐生活，良好的电视节目有助于培养儿童合作、友好、自制的行为，但是，电视也会给他们带来许多负面的影响。

1. 看电视会导致幼儿变孤独

幼儿花在看电视上的时间越多，户外活动和人际交往的时间就会越少。他们

学习笔记

① 陈鹤琴. 家庭教育：怎样教小孩[M]. 北京：中国致公出版社，2001.
② 牛梦妍. 学前儿童电视节目对农村地区儿童自控力的影响研究：以《芝麻街》为例[D]. 长春：东北师范大学，2017.

长时间地坐在电视机前，不参与人际交往活动，只从电视中获得依赖和满足，幼儿和电视中角色的单向关系就会影响他和真人的相处。尤其是那些不能从现实交往中获得令自己满意的社会支持和同伴关系的幼儿，他们更容易花费大量时间待在电视屏幕前。这极大地阻碍了幼儿社会性的发展。

2. 不良电视节目会导致幼儿攻击性行为增加

幼儿分辨能力较差，易受电视中情节的影响。一些暴力、恐怖的成人节目不断影响着幼儿，甚至一些儿童电视节目也在宣扬暴力、战争、残杀等。一旦他们盲目模仿这些内容，其攻击性行为出现的频率就会大大增加，甚至产生憎恨、反叛的心理。

3. 电视影响幼儿的价值观

不论儿童电视节目还是成人电视节目，里面的人物和故事情节其实都是在传播一种价值观。积极的电视节目可以帮助幼儿逐渐树立起正确的人生观、价值观，但是有些电视节目情节惊险，价值观消极，充满了勾心斗角、虚幻迷离。幼儿处于世界观、人生观、价值观形成的初期，长此以往对幼儿的负面影响是很大的。

小资料 ▶▶▶▶▶▶▶

电视机摆放在什么位置合适？

国际电影和电视工程师协会提出了一套计算人眼距离屏幕合适位置的算法：人距离电视两端的角度呈30度的时候是最佳观影角度，也就是所谓的"30度理论"。由此估算出：人眼距离屏幕的距离＝屏幕对角线长度×1.6。假设家里的电视机屏幕是55寸。55寸，通常指55英寸，1英寸＝2.54厘米，即对角线长度是1.4米，因此建议距电视2.24米。

(二)电脑和网络

电脑和网络也对幼儿影响较大。电脑除了与其他传媒一样可提供多方面的信息之外，其最大的优点在于它与使用者之间具备强烈的互动性，幼儿可以通过简单的操作与电脑进行互动。另外，随着网络技术越来越成熟，其对人们生活的影响也越来越广泛，电脑、网络在共享资源、扩大知识面上有着自己独特的优势，故而将幼儿完全隔离在电脑等电子产品之外是不现实也是不必要的。网络上丰富的资源可以帮助幼儿了解人文地理、风土人情、社会时事等，激发幼儿热爱文化、热爱生活的情感；电脑的交互功能能帮助幼儿自主学习，激发幼儿的学习动机。但是相比于网络世界里数量庞大的商业网站和个人网站，儿童网站寥寥无几。由于可供选择的资源有限，幼儿使用的网站往往是商业网站，他们在其中会接触到大量的成人世界信息。这些信息可能夹杂着色情、暴力和危险的陷阱，容易使幼儿被误导或过分沉迷于网络。幼儿的思想还不成熟，分辨能力不强，因而不受成人引导地使用电脑或网络常会对幼儿社会性发展造成一定不良影响。

思考与练习

模块二单元1云测试

一、单选

1. 家庭环境主要指(　　)。

A. 家庭物质环境和家庭精神环境　　B. 家居条件

C. 家长教养方式　　　　　　　　　D. 家庭成员关系

2. 儿童的不知足、不安全、畏缩、有自卑感、易情绪化、不喜欢与同伴交往等特点是在(　　)教养方式下形成的。

A. 放任型　　　B. 专制型　　　C. 权威型　　　D. 忽视型

3. 有些幼儿看多了电视上的暴力画面，其以后的攻击性行为很容易增加，这里影响幼儿攻击性行为的因素主要是(　　)。

A. 挫折　　　B. 大众传播媒介　　C. 强化　　　D. 惩罚

4. 在陌生情境中，幼儿会把母亲作为安全基地，去探索周围环境。母亲离开时，幼儿会产生分离焦虑，探索活动明显减少。其忧伤时易于被陌生人安慰，但母亲的安慰更有效直接，这是依恋类型中(　　)幼儿的表现。

A. 回避型依恋　　B. 安全型依恋　　C. 反抗型依恋　　D. 妥协型依恋

5. (　　)是指儿童早期与父母的情感关系。

A. 亲子关系　　　B. 同伴关系　　　C. 性别角色　　　D. 亲社会行为

6. 婴儿寻求并企图保持与另一个人亲密的身体和情感联系的倾向被称为(　　)。

A. 依恋　　　B. 合作　　　C. 移情　　　D. 社会化

7. (　　)反映了亲子交往的实质。

A. 父母行为　　B. 父母教养观念　　C. 父母教养方式　　D. 幼儿社会性发展

二、简答

1. 简述三种亲子依恋关系的类型。

2. 家长的教育能力主要包括哪些方面？

单元 2 幼儿园与幼儿的社会性发展

陈鹤琴先生说过："儿童教育要取得较大的效益，必须优化环境。"《幼儿园教育指导纲要(试行)》总则中也指出：幼儿园应为幼儿提供健康、丰富的生活和活动环境，满足幼儿多方面发展的需要，使幼儿在快乐的童年生活中获得有益于身心发展的经验。幼儿除了家庭外，在幼儿园的时间最多，与教师、同伴接触最多。幼儿园对学前儿童的影响非常重要，不可忽视。幼儿园无论是物质环境还是精神环境，都与幼儿的社会性发展有着密切的联系。只有充分认识到幼儿园对幼儿发展的重要作用，营造良好的幼儿园环境，才能更好地促进幼儿社会性的发展。

▶▶ 一、 幼儿园物质环境对幼儿社会性发展的影响 >>>>>>>>

图 2-1 某幼儿园的活动室

幼儿园物质环境是幼儿园内对幼儿发展起影响作用的各种物质要素的总和。包括园舍建筑、园内装饰、设备条件、物理空间的设计与利用以及各种材料的选择和搭配等。在物质条件逐渐提高的今天，越来越多的幼儿园以高档华丽的装修、柔软的塑胶地垫、五彩缤纷的墙饰、琳琅满目的高价玩具等，来为幼儿创设舒适、温馨的环境。然而，幼儿园也不能片面追求"现代化"、一味追求形式上的美观和表面的丰富绚丽，这样往往容易使环境只具有观赏性，而缺乏教育性。

研究表明，整洁、雅致、自然的幼儿园环境会使幼儿情绪安定，心情愉悦，亲社会行为增多，而复杂、夸张、无序的环境会让幼儿情绪烦躁，产生消极的社会性行为；幼儿园空间大小要适宜，过大会让幼儿无所适从，交往行为减少，过小会让幼儿表现出侵犯性行为；幼儿园玩教具的提供也应适宜，要满足不同年龄和兴趣的幼儿的需要，促进幼儿之间的交流、合作与协商。

▶▶ 二、 幼儿园精神环境对幼儿社会性发展的影响 >>>>>>>>

幼儿园的精神环境主要指幼儿园的人际关系及整体的心理气氛等，具体体现在教师与幼儿、幼儿与幼儿、教师与教师间的相互作用和交往方式等方面。精神环境虽然是无形的，却直接影响着幼儿的情感、交往行为和个性的发展。

(一)师幼关系

师幼关系指的是在班级及日常交往中教师与幼儿之间形成的心理关系，即心理距离，良好的师幼关系对幼儿社会性发展有着积极意义，主要表现在以下几个方面。

1. 促进幼儿安全感、自信心的建立

埃里克森人格发展理论指出，幼儿期是自主意识和自信心建立的重要阶段。轻松愉快的精神环境，能使幼儿精神愉悦，行动积极、主动、大胆、自信，心理健康，有助于其社会性的发展；相反，则会使幼儿畏缩、懦弱，缺乏社交能力。

　　幼儿教师对幼儿的影响是通过师幼互动实现的。幼儿教师应鼓励幼儿的独创性行为和想象力，尊重幼儿的人格和自尊，让幼儿感受到教师的爱，使每名幼儿都能发自内心地愿意接受教师的教育。这样建立起来的和谐、平等、互相信赖的师幼关系，能帮助幼儿建立安全感、自信心和归属感，促进他们良好的社会性行为的发展。

🔗 拓展阅读 ▶▶▶▶▶▶▶

埃里克森人格发展理论

　　埃里克森是美国精神病医师，新精神分析学派的代表人物。他认为，人的自我意识的发展持续一生。他把自我意识的形成和发展过程划分为八个阶段，这八个阶段的顺序是由遗传决定的，但是每一阶段能否顺利度过却是由环境决定的，所以这个理论也可称为心理社会阶段理论。理论指出，每一个阶段都是不可忽视的，人们在每个阶段都将面临相应的冲突解决任务。以0～6岁婴幼儿为例，其发展可分为三个阶段。

　　婴儿前期（0～1.5岁）：信任对怀疑的冲突

　　如果这一阶段的危机成功得到解决，就会形成希望的美德；如果危机没有得到成功解决，就会形成胆小惧怕的性格。

　　婴儿后期（1.5～3岁）：自主对羞怯的冲突

　　在这个阶段中，如果幼儿形成的自主性超过羞怯与疑虑，就会形成意志的美德；如果危机不能成功解决，就会导致自我疑虑。

　　幼儿期（3～6岁）：主动对内疚的冲突

　　如果这个阶段的危机得到成功解决，就会形成方向和目的的美德；如果危机不能成功解决，就会形成自卑感。

2. 促进幼儿与他人的交往

　　现代教育学家陈鹤琴先生曾经说过："怎样的环境就得到怎样的刺激，得到怎样的印象，从所得的印象中，发生与印象有关的动作。"幼儿在师幼互动中获得的知识、技能和情感支持对其与同伴交往能力的发展具有积极意义。教师良好的品德、行为习惯和心理素质将成为幼儿观察学习的榜样，班杜拉的社会学习理论所强调的正是这种观察学习或模仿学习。在幼儿社会性发展过程中，教师作为幼儿园中幼儿的主要交往者和教育者，加上幼儿崇拜权威的心理，自然是幼儿观察学习的重要对象，教师的言行举止无时无刻不在潜移默化地影响着幼儿，教师对待幼儿的行为常常成为幼儿对待他人的行为范例。教师在某些社会情境下表现出的同情、助人倾向，以及友好、合作等社会行为，会为幼儿处理同伴关系树立良好的榜样，引导幼儿表现出同样的积极行为，同时影响幼儿在同伴交往中的主动性、交往能力和社交地位等。

3. 增强幼儿的自我意识

幼儿的自我意识不是与生俱来的，而是在社会交往中逐渐形成的。教师对幼儿的态度与幼儿的自我认识之间具有密切的关联。在幼儿眼里，幼儿教师的权威性在一定程度上比父母还要高。比如我们常常听到幼儿评价自己是"好孩子"，因为"老师说我是好孩子""这是老师说的"。教师在幼儿面前的言谈举止，对幼儿的反应与评价，都会对幼儿产生重要影响，成为幼儿评价自己的主要依据。良好的师幼互动，可以使幼儿加深对自己特征的了解，影响幼儿自我概念的形成和自我评价的发展。

4. 增强幼儿的环境适应能力

对幼儿来说，从家庭进入幼儿园这个新环境需要一个适应过程，起初会产生"分离焦虑"。如果教师和幼儿建立了良好的师幼关系，那么幼儿就会感觉到亲切和安全，能够尽快适应幼儿园生活，在幼儿园中心情愉悦。相反，幼儿会因为家庭和幼儿园的巨大差异而惧怕幼儿园、惧怕教师，继而影响其交往行为。

拓展阅读 ▶▶▶▶▶

理想的师幼交往之理解与宽容 [1]

理解是交往双方在真诚、平等、民主的基础上不断沟通与对话的"视界融合"的过程。

一位教师的理解与宽容特质具体表现在以下几个方面。

其一，接纳儿童的年龄特征。儿童常会有在成人看来很幼稚的举动。对于儿童的幼稚行为，教师应予以理解和宽容，接纳其心理发展的不成熟。苏联教育家苏霍姆林斯基讲过这样一个故事：他小时候住在一间杂货铺附近，每天都能看到大人将一种东西交给杂货铺老板，然后换回自己需要的物品。有一天，他将一把石子递给老板要"买"糖，杂货铺主人迟疑片刻后收下了石子，然后把糖"卖"给了他。苏霍姆林斯基认为，这个老板的善良和对儿童的理解影响了自己一生。这位杂货铺老板不是教育家，但他拥有教育者的智慧；他没有用成人的逻辑去分析孩子的行为，而是用宽容维护了一个幼小生命的尊严，这是对儿童精神世界的深刻理解和尊重。

其二，接纳儿童的不同个性特征。事实上，安静—好动，听话—倔强，做事快—做事慢，外向—内向等，都是儿童个性的不同特征，很难说孰优孰劣。然而，有些教师有着明显的倾向性，这种倾向性会影响到其对儿童的期望与评价，可能使那些好动、倔强、做事慢、内向的孩子被教师视为"发展不好"的儿童。在理想的师幼交往中，教师不会拒绝儿童的不同个性特征，而是张开双臂，接纳儿童的不同特点。

其三，每名儿童由于家庭背景、兴趣爱好、个性品质等存在诸多差异，因而会对事物有不同的看法和见解。有时儿童的看法也许是错误的，但教师不应一味否定他们，而要允许他们对教育目标、内容、方法等有自己的理解和把握，这样才能激励儿童大胆、自由地表达。正如苏霍姆林斯基所说，

---

[1] 姜勇. 幼儿教师专业发展[M]. 北京：高等教育出版社，2015.（选入时有改动）

我们所应经常关心的是：当儿童跨进校门以后，不要把他的思维套进黑板和识字课本的框框里。

其四，接纳儿童的失误或错误。儿童在进行种种探索时可能会遇到各种挫折和失败，这时教师应支持与鼓励他们继续探究与思考。理想的师幼交往意味着教师能接纳孩子的失败，而这需要教师的耐心。教师的耐心为儿童的自主探索与发展提供了支持。

（二）同伴关系

随着年龄的增长、认知活动的增强和活动范围的扩大，幼儿与同伴的交往越来越密切。相较于与成人的交往，同伴之间的交往更自由、更平等，其在幼儿社会性发展中发挥着无法替代的作用。

1. 良好的同伴关系有助于幼儿去自我中心

自我中心是瑞士心理学家皮亚杰提出的概念，指婴幼儿在判断和行为中有受自己的需要与感情强烈影响的倾向。婴幼儿很难脱离主观情感去客观地判断与理解事物、情境及同人的关系等，他们主要是根据自己的主观印象来推理他人的意图和回答问题的。"自我中心"本是个体发展在婴幼阶段的一种自然的心理特征，随着个体发展，这一心理特征会逐渐减弱或消失。但是，现在一些家庭过分关注孩子的需求，给予孩子过多的爱而不求回馈，这种单向的爱容易使幼儿难以换位思考，缺乏对别人的关爱，形成了众人为我的"自我中心"心理定式。"自我中心"反映在幼儿行为上就是自私、独霸、骄纵、不合作、不分享，这些是幼儿社会化的极大障碍。皮亚杰指出，非常年幼的儿童是自我中心的，他们既不愿也不能意识到同伴的观点、意图、感情。随着游戏的增多，幼儿开始建立平等互惠的同伴关系，体验冲突、谈判或协商的机会亦随之出现。产生于同伴关系中的合作与感情共鸣会使幼儿获得关于社会的更广阔的认知视野，在与同伴交往的过程中，幼儿也能逐渐学会站在他人的角度去思考问题，克服自我中心，养成合作、共享、谦让、同情、助人、宽容等亲社会行为。

2. 良好的同伴关系有助于幼儿获得社会交往能力

社会交往能力是一种综合能力，也是一种实际操作能力。幼儿社会交往能力的形成虽然离不开成人的培养，但主要还是幼儿亲身参与社会实践的结果。社会实践经验积累的过程是缓慢的，它主要通过同伴交往来实现。幼儿的伙伴不是由成人指定或者强加给他们的，而是他们自己选择的，这更便于幼儿与同伴建立亲密关系，发展友谊。在同伴交往中，一些游戏有明显的规则和秩序，幼儿通过彼此的观察、模仿，自觉地接受并且遵守规则，幼儿的自我调控能力由此得到发展。同时，通过同伴间的交往，幼儿锻炼了自己和别人交流的能力，这种能力不仅包括语言技巧，也包括幼儿对别人情绪、想法等的知觉和推断，由此幼儿逐步学会了如何与别人沟通和合作，学会了宽容与谅解别人，学会了同情与帮助别

互动平台

混龄教育：即将不同年龄组的儿童编在一个班级中游戏、生活和学习。你认为混龄教育的实施存在哪些困难？

学习笔记

人，学会了接受别人的指导与建议，这有助于幼儿与他人建立良好的人际关系。

3. 良好的同伴关系有助于幼儿适应性的提高

同伴关系不仅会影响幼儿当时的发展，还会影响其未来的社会适应。幼儿与同伴之间的主要活动方式是游戏。以角色游戏为例，幼儿饶有兴趣地对社会角色进行模仿、探索、认识，就是在为自己将来的社会角色做着积极的准备。幼儿开心、积极地再现着现实生活，对教师的启发、诱导很容易接受，并从同伴交往中逐步认识、理解各种社会角色的义务、职责，就是在不断学习社会规范和行为准则，为社会适应打下良好基础。有研究表明，幼儿期的同伴关系障碍与其未来的退学、犯罪、精神疾病之间存在着密切关系。追踪研究进一步表明，退学者中低接纳儿童要比高接纳儿童多，低接纳儿童未来的犯罪率也较高，在10%（女孩）到50%（男孩）之间。

4. 良好的同伴关系有助于幼儿增强归属感

归属感是指一个人属于群体并被群体接纳的感觉。心理学研究表明，每个人都害怕孤独和寂寞，希望自己归属于某一个或多个群体，如有家庭，有工作单位，希望加入某个协会、某个团体，这样可以从中得到温暖，获得帮助和爱，从而消除或减少孤独和寂寞感，获得安全感。对于幼儿来说，成为同伴群体的一员可以增强幼儿的归属感。当幼儿得知自己某些方面的能力能够被群体中的其他成员肯定和认同时，他将更愿意参与这个群体，遵守群体的规范。群体的认同对幼儿的归属感有着积极的影响。许多研究表明，具有良好同伴群体关系的幼儿易表现出友好、谦虚的品质和低焦虑的情绪。良好的同伴关系有利于幼儿情绪的社会化，有利于激励幼儿对环境的探索欲望。没有同伴的幼儿常会产生消极情绪，如果长期没有同伴，这种消极情绪就会发展为一种不良的自我感觉，将严重地阻碍幼儿心理发展，影响其社会化的进程。

总之，同伴关系在幼儿适应学校和社会的过程中起着重要的作用。良好的同伴关系有利于幼儿社会技能的获得，有利于他们产生安全感，有利于他们形成积极的自我概念和完善的人格；不良的同伴关系则会制约幼儿的学校适应和未来的社会性发展。

▶▶ 三、 幼儿园教育对幼儿社会性发展的影响 ＞＞＞＞＞＞＞＞

幼儿园社会教育是教师按照国家的教育目标和一定的社会价值取向，针对不同年龄幼儿的发展特点，通过有目的、有计划、有组织地实施教育影响，以发展幼儿的社会认知、社会情感和社会行为的教育。幼儿园教育的形式多样、途径丰富，在幼儿社会教育中起到重要的导向作用，它引导着幼儿社会性发展的方向和水平，是幼儿社会教育的重要方式。

幼儿园社会教育目标明确。2001年，教育部在《幼儿园教育指导纲要（试行）》中明确规定了幼儿园社会教育的目标，为幼儿园的社会教育指明了方向。2012

年，教育部在《3～6 岁儿童学习与发展指南》中也明确提出了 3～6 岁幼儿社会领域教育所应达到的最基本、最重要的要求。

幼儿园社会教育有比较合理的计划。幼儿园的社会教育是一个连续的教育过程，教师会根据幼儿的心理特点和社会性发展的需要，以及幼儿发展的具体情况来制订社会教育计划，使幼儿能够在不同年龄阶段得到有效的发展。而且可以扬长避短，随机应变，使教育更有针对性。例如，对于刚入园的幼儿，幼儿园会通过组织一系列的教育活动帮助其尽快适应新的生活，如"我是好宝宝""我的幼儿园"等；针对大班的幼儿即将升入小学的需要，幼儿园会组织"我长大了"等教育活动，帮助幼儿认识自己的现状，认识小学。

幼儿园社会教育内容全面。幼儿园会全面考虑幼儿社会性发展的需要和社会现实的需要，为幼儿选择适当的内容。幼儿教育内容非常广泛而全面。选择内容时，不仅要考虑幼儿的自我意识、情绪情感的发展需要，而且要考虑幼儿的个性、道德以及社会性行为等方面的发展需要。

幼儿园社会教育途径多样。幼儿园既有专门组织的教育活动，又有日常生活中的随机教育，还有比较稳固的家园联系、与社区的联系，等等；教育途径多种多样，教育资源丰富而集中。幼儿园作为专门的幼儿教育机构，也有一定的号召力，能够取得各方面的支持和配合，为幼儿社会性的发展提供更为良好的条件，有效弥补家庭教育的不足。

幼儿园有比较专业的、有经验有资质的教师对幼儿进行社会教育。教师会根据幼儿的心理特点，以直接指导、树立榜样与强化、暗示等多种手段和方法促进幼儿的社会化。教师也会站在与家长不同的情感维度上看待幼儿及其发展，更有利于幼儿的"心理断乳"。

幼儿园拥有年龄相仿的幼儿群体，为每一名幼儿提供了更多的交往对象，尤其是普遍缺乏同龄伙伴的独生子女。同伴多是幼儿园社会教育的一大优势，是幼儿社会性发展的有利条件。幼儿园为幼儿提供了与同龄伙伴充分交往的机会，更有利于幼儿社会性的发展。

可以说，幼儿园教育是影响幼儿社会化的重要因素。凭借幼儿园有利的教育条件和独特的优势，幼儿的社会性可以得到更好的发展。

📎 **拓展阅读** ▶▶▶▶▶▶▶

儿童的友谊①

儿童及青少年期的同伴关系是一个多层次、多侧面、多水平的网络结构。在同伴关系中，一些人可能是亲密的朋友，另一些人可能只是玩伴，还有一些人可能只是相识而已，极少数人可能成为

---

① 方建移，张英萍．学校教育与儿童社会性发展[M]．杭州：浙江教育出版社，2005．(选入时有改动)

学习笔记

竞争对手或敌对关系。研究者把同伴关系划分为两种：一是在同伴群体中的被接受性或受欢迎程度；二是朋友之间相互的、一对一的关系。第一种关系是群体指向的、单向的，表示群体对个人的看法；第二种关系指发生在两个人之间的关系。同伴接纳和友谊是同伴关系中两个重要的层面。同伴接纳是一种群体指向的单向结构，反映的是群体对个体的态度：喜欢或不喜欢，接纳或排斥。同伴接纳水平反映了个体在同伴群体中的社交地位。友谊关系则是以个体为指向的双向结构，反映的是个体与个体之间的情感联系。

在班级中，友谊是一种特殊的同伴关系和依恋关系，它在儿童社会化过程中起着非常重要的作用。心理学家对友谊有如下界定：①友谊是两个个体之间的一种相互作用的双向关系，而非简单的喜爱或依恋的关系；②友谊是一种较为持久的稳定性关系；③友谊是以信任为基础、以亲密性支持为情感特征的关系。

儿童友谊的形成是个渐进的过程。有人在幼儿园里观察发现，入园第二年的儿童对他们的游戏伙伴已经显示出偏好，儿童之间的这种关系可以持续一年以上；在幼儿园第四年的儿童对游戏伙伴的选择性更强，这时的友谊也更为普遍；进入小学后，儿童的友谊关系发生了明显变化，主要表现在朋友数量逐渐增多。

莱斯曼和肖尔研究发现，二年级儿童几乎每人都能说出大约 4 个朋友的名字，到了七年级则能说出 7 个朋友的名字。在青少年时期，朋友数量略微减少，但朋友之间交往的深度却增加了。

思考与练习

模块二单元 2 云测试

一、单选

1. 教师对幼儿的影响是通过（　　）实现的。

A. 师幼互动　　　　B. 幼儿活动　　　　C. 环境　　　　D. 教育

2. 教师帮助幼儿建立友好的同伴关系，可减轻幼儿的（　　），减缓和消除幼儿的紧张。

A. 生理压力　　　　B. 心理压力　　　　C. 内在压力　　　　D. 身体压力

3. 自我中心是（　　）提出的概念。

A. 埃里克森　　　　B. 皮亚杰　　　　C. 马斯洛　　　　D. 维果茨基

4. 幼儿与同伴之间的主要活动方式是（　　）

A. 生活活动　　　　B. 上课　　　　C. 户外活动　　　　D. 游戏

5.（　　）是有目的、有计划、有组织的对幼儿施加影响的活动。

A. 幼儿园教育　　　　B. 社会教育　　　　C. 家庭教育　　　　D. 游戏

6. 有个孩子平时不爱说话，一天他主动发言，老师高兴地说："太好了！我就知道你能行！"从此以后，这个孩子发言越来越大胆，越来越积极。这属于（　　）。

A. 正面肯定和鼓励　　　　　　　　B. 耐心倾听幼儿说话

C. 正确运用暗示和强化　　　　　D. 树立良好的榜样

7. 下列属于幼儿人际关系适应不良表现的是（　　　）

A. 好奇好问　　　B. 活泼好动　　　C. 攻击性强　　　D. 喜欢与同伴嬉戏

二、简答

1. 建立良好师幼关系的意义是什么？

2. 良好的同伴关系的作用有哪些？

单元 3　个性与幼儿的社会性发展

学习笔记

如前所述，个性是一个人全部心理活动的总和，或者说是一个人比较稳定的、具有一定倾向性的各种心理特点或品质的独特结合。任何人都是有个性的，且只能是一种个性化的存在，个性化是人的存在方式。幼儿社会性的发展离不开与社会群体、集体、个人的相互作用，同时，还受到个体已有的心理发展水平和心理特征的影响。自我意识的成熟标志着幼儿个性的成熟。在幼儿社会化过程中，幼儿的个性（即气质、能力、性格等）会对其社会化产生影响。

▶▶ 一、气质对幼儿社会性发展的影响 ＞＞＞＞＞＞＞

气质是一个人所特有的心理活动的动力特征，是个性和社会性发展的生物基础。它使人的整个心理活动带上个人独特的色彩，并制约着人们心理活动的进行。人的气质差异是先天形成的，受神经系统发育情况的制约。孩子刚出生时，最先表现出来的差异就是气质差异，有的孩子爱哭好动，有的孩子平稳安静。气质是人的天性，无好坏之分。它只给人们的言行涂上某种色彩，但不决定人的社会价值，也不直接具有社会道德评价含义。一个人或活泼或稳重，都不能决定他为人处世的方式，任何一种气质类型的人都可能成为品德高尚、有益于社会的人，也可能成为道德败坏、有害于社会的人。气质对幼儿社会性发展的影响主要包括以下几个方面。

（一）气质对幼儿社会认知的影响

林崇德研究发现，多血质和胆汁质的儿童解题速度和灵活性都明显超过黏液质、抑郁质的儿童。多血质和胆汁质的人情绪和情感表现较强烈，但他们的抑制力较差，较难从事需要细致和持久的智力活动；而黏液质和抑郁质的人情绪情感表现较微弱，但体验深刻，能经常地分析自己，因此他们较适合于从事那些需要细致和持久的智力活动。

多血质和胆汁质的幼儿对社会知识和社会规则的认识较快，但他们自制力较差，因此常常出现违反规则的行为；而黏液质和抑郁质的幼儿掌握这类内容的速度较慢，但他们自制力较好，对于社会规则的遵守也好于前两种幼儿。

(二)气质对幼儿社会交往的影响

1. 对亲子交往的影响

亲子影响是双向的。儿童社会性发展的传统理论往往强调父母对儿童的影响,认为父母在儿童社会化的过程中,对孩子的教养方式、态度,心理氛围的营造等影响着儿童社会化的方向和水平。但近年来,研究者越来越重视儿童自身的主动性,认识到不仅父母会影响儿童,儿童也会反过来影响父母。易抚养型儿童生理活动较有规律,容易适应新的环境,容易接近陌生人,容易接受新的事物,这类儿童通常会得到成人极大的关注,因此亲子关系比较融洽和亲密。难抚养型儿童的气质特点会对亲子关系产生消极的影响。这类儿童生理活动没有规律,进食时烦躁不安,经常哭闹,睡眠不规律,对新的环境表现出强烈的退缩、不安,对新环境适应缓慢。他们的主导心境是不愉快的,与成人的关系不亲密。这容易导致其父母产生厌烦和焦躁的情绪,从而影响亲子关系。

2. 对同伴交往的影响

在幼儿园中,多血质幼儿更喜欢参加各种活动,在人际交往上更积极、主动,人际交往范围广,但交往对象易变,人际关系维持时间短;胆汁质幼儿也喜欢主动交往,但易发生攻击性行为和交往冲突;黏液质幼儿沉静、稳重,不善于主动与人交往,但交往中不易发生冲突,人际关系稳定;抑郁质幼儿性情孤僻、胆小,人际交往不主动,而且交往范围小,不易出现攻击性行为。

拓展阅读 ▶▶▶▶▶▶

气质学说

巴甫洛夫认为典型的高级神经活动类型有4种,即活泼型、安静型、兴奋型、抑制型,分别与希波克拉底的4种气质类型相对应(见表2-1),4种气质类型即4种典型的高级神经活动类型的行为表现。除这4种典型的类型外,还有许多中间类型。巴甫洛夫学派的观点得到后继者的进一步发展,如捷普洛夫和涅贝利岑等主张研究神经系统的各种特性及其判定指标;梅尔林主张探讨神经系统特性与气质的关系,强调神经系统的几种特性的组织是气质产生的基础。还有人将气质归因于体质、内分泌腺或血型的差异,但气质的生理基础仍无法确定。

表 2-1 气质类型与高级神经活动类型的对照

气质类型	神经系统的基本特点	高级神经活动类型
多血质	强、平衡、灵活	活泼型
胆汁质	强、不平衡	兴奋型
黏液质	强、平衡、不灵活	安静型
抑郁质	弱	抑制型

人的气质可分为4种类型：多血质（活泼型）、胆汁质（兴奋型）、黏液质（安静型）、抑郁质（抑制型）。古代所创立的气质学说用体液解释气质类型虽然缺乏科学根据，但人们在日常生活中确实能观察到这4种气质类型的典型代表：活泼、好动、敏感、反应迅速、喜欢与人交往、注意力容易转移、兴趣容易变换等，是多血质的特征；直率、热情、精力旺盛、情绪易冲动、心境变换剧烈等，是胆汁质的特征；安静、稳重、反应缓慢、沉默寡言、情绪不易外露、注意稳定但难以转移、善于忍耐等，是黏液质的特征；孤僻、行动迟缓、体验深刻、善于觉察别人不易觉察到的细小事物等，是抑郁质的特征。因此，这4种气质类型的名称被许多学者采纳，并一直沿用，也有所发展（见表2-2）。

人的气质类型可以通过一些方法加以测定。但完全属于某一种类型的人很少，多数人是介于各类型之间的中间类型，即混合型，如胆汁—多血质，多血—黏液质等。

表2-2　不同气质类型儿童典型行为表现特点

类型	典型特点
活跃型	精力旺盛，好动，活动量比较大；情绪易激动，不稳定；对外界的刺激包括认知活动的反应一般；对环境和人的适应性，灵活性表现一般；坚持性差，注意力易分散。
专注型	注意力持久，坚持性强，注意力不易分散；喜欢安静的活动，活动量小；情绪稳定，不易激动，耐受性强；对外界刺激的反应包括认知活动反应一般；对环境和人的适应性、灵活性一般。
抑制型	对环境和人的适应性、灵活性较差，退缩，害羞；不喜欢运动量大的活动；情绪稳定，不易激动，对外界刺激反应包括认知活动的反应水平低；坚持性强，注意力不易分散。
中间型	情绪基本稳定；活动强度、时间适中；对各种刺激反应一般；对环境和人的适应性、灵活性一般；注意力持久的程度中等。
敏捷性	对外界各种刺激的感受性强，敏锐，反应快，接受新事物快；注意力持久，易集中、不易分散；活动强度和时间适中，对环境和人适应快、灵活；情绪表现比较稳定，积极情绪占主导。

（资料来源：孙杰、张永红：《幼儿心理发展概论》，北京，北京师范大学出版社，2014）

▶▶ 二、 能力对幼儿社会性发展的影响 >>>>>>>>

每个人在完成活动时表现出来的能力都不同。能力，就是指顺利完成某一活动所必需的主观条件。能力是直接影响活动效率，并使活动顺利完成的个性心理特征。能力总是和人完成一定的活动联系在一起的。离开了具体活动既不能表现人的能力，也不能发展人的能力。幼儿的能力在一定程度上影响着其社会性发展水平。以观点采择能力为例，有研究者认为，观点采择能力会影响幼儿的社会化。[①] 观点采择的首要元素是转换思维角度，与他人进行交流，同时在头脑中将自己的观点与他人的观点、自我的特征与他人的特征进行比较，作出准确的推断，进而了解、采纳他人的观点。观点采择能力可以帮助幼儿去自我中心、建立良好的同伴关系，并且对幼儿形成亲社会行为具有极大的作用。

---

① 林彬．儿童观点采择能力的发展及其对儿童社会化影响问题初探[J]．黔东南民族师专学报，2001(2)．

▶▶ 三、 性格对幼儿社会性发展的影响 >>>>>>>>>

性格是指表现在人对现实的态度和相应的行为方式中的比较稳定的、具有核心意义的个性心理特征，是一种与社会关联最密切的人格特征，性格中有许多社会道德含义。性格表现了人们对现实和周围世界的态度，并表现在人们的行为举止中。性格主要体现在对自己、对他人、对事物的态度和所采取的言行上。不同性格对幼儿的社会性发展也有着不同程度的影响。比如，活泼开朗的幼儿能积极参与活动，并接受来自环境的影响，容易在幼儿园或其他场所受到大家的欢迎；而沉默寡言的幼儿主动参与社会交往的程度比较低，容易被大家忽视。

拓展阅读 ▶▶▶▶▶▶

依恋的研究进展及启示①

依恋的研究一直是儿童社会化研究的重要领域，国外有关这一方面的研究正随着对儿童认知研究的发展而更加深入。同时，借助于新的研究手段，对依恋的心理机制和神经机制的探讨也方兴未艾。国内这方面的研究较少，但越来越多的研究者已经开始进行尝试，现在国内的研究已取得了一定成果。但从理论上和实际中对婴儿的依恋关系进行研究依然非常有意义。

一、不同年龄儿童依恋的纵向研究与启示

研究表明，影响婴幼儿依恋关系的因素与母亲和婴儿双方的特点有关。除了以上两个方面的因素外，另一个重要的影响因素是母亲与婴儿相互作用的吻合度。托马斯和奇斯首先提出"拟合优度水平"，以描述气质与环境压力如何结合起来影响儿童的发展进程。在拟合优度模型中，家庭环境及教养方式并不是唯一考虑的因素。拟合优度也有赖于整体的社会文化背景。

另外，在对母亲和其他照顾者影响儿童发展的研究中，母亲依然是影响儿童人际关系的性质和不同环境下的适应特征的主要因素。

因此，应借助社会支持系统改善养育行为和亲子关系。

二、不同领域的横向研究与启示

研究者非常关注依恋关系与儿童的认知和人格之间的相互作用，并展开了许多横向研究。这方面的研究对于了解依恋的心理机制有着重要意义，同时这方面的研究也成为近年来研究的热点。

母婴依恋质量与儿童认知发展的关系。许多研究表明，母婴依恋关系的安全性与儿童在个体和群体活动中的认知活动有着密切的联系。所以现在比较一致的看法是，依恋关系给儿童的认知发展提供了一种更好的可能性。

母婴依恋质量和儿童人格发展的关系。在对依恋关系和儿童人格发展关系的研究中，研究者更多注意的是不同依恋类型的儿童人格发展的不同结果。

儿童依恋的生理心理模式。依恋的神经心理学研究发现，儿童对与母亲分离的反应以及与母亲的依恋是有生理基础的。不同依恋水平儿童的生理反应模式是相同的，但反应的程度存在着差异。

---

① 邢靖枫．幼儿社会性教育论[M]．长春：吉林人民出版社，2009．(选入时有改动)

因此，在幼儿园教育中，通过影响或者改变儿童的认知能力，促使儿童逐步形成社会人格，是值得我们在研究依恋心理中特别注意的导向性问题。

三、依恋在发展精神病理学上的研究与启示

近10年内依恋研究在发展精神病理学中非常活跃，研究者着重探讨了早期依恋在不同发展环境下的结果、不安全依恋的类型、儿童环境中的高危因素和儿童适应的模式转换等。

研究表明，儿童与母亲的依恋关系是否具有组织性和连贯性是影响儿童行为问题的最重要因素，这比依恋关系是否安全在临床上更有意义。

因此，我们可以看到，研究揭示了儿童异常的经验和精神病理的发展过程对儿童发展过程中面临的重要问题的影响，使我们了解了正常发展过程的内在机制，这也就为我们开展相关教育和活动提供了干预和指导的依据。

四、依恋在跨文化研究中的进展与启示

从20世纪80年代起，依恋的跨文化研究成为依恋研究的一个热点，不同文化从各自角度充实和丰富了依恋研究的内容和结果。

几项跨文化的研究结果表明：在不同教育环境中，依恋类型分布各不相同，并且在依恋行为上，不同文化背景下的婴儿也有明显不同的行为。这种类型上的差异的存在，可以用不同文化的抚养特点和抚养方式的差异来解释。

因此，立足本土文化开展的社会教育，是一种真正适宜于幼儿的主体性、个体性的教育。

拓展阅读 ▶▶▶▶▶▶▶

儿童社会化偏差现象[①]

我们的社会正处于急速变化的转型期，家庭、教育机构、社会等外部环境对儿童社会化的影响变得空前巨大，其中任何一个影响因素产生偏差都可能导致儿童陷入早期社会化的困境，偏离正常社会化取向。有学者对独生子女社会化的内容、环境以及偏差现象作过概括性描述，并根据类型差异将其分为超前型社会化、迟滞型社会化、片面社会化和社会化冲突。

一、超前型社会化

一般而言，社会化过程是阶段性和连续性的统一，社会化的内容、目标要与个体的身心发展水平相适应。如果社会化的内容、方式、目标超越个体的生理、心理发展规律和现实状况，就会导致个体的早熟。这就是超前型社会化。社会学者风笑天、张小山提出："由于父母承担了伙伴的角色，儿童在语言、心理发展上表现出早熟化、成人化的特征。"儿童过早地进入成人世界，体验到成人复杂的内心世界，致使他们的审美能力、语言表达和自我意识都过早地成熟。但是，他们在变得"乖巧懂事"的同时，也失去了最珍贵的童真。

二、迟滞型社会化

与超前型社会化相反，迟滞型社会化主要表现为儿童的心理幼化、心理承受能力低、基本社交

---

①　陈莉．从社会学视角透析儿童社会化偏差现象[J]．幼儿教育(教育科学版)，2007(5)．(选入时有改动)

技能差、行为与自身发展水平不相称等。社会学者尹玉光指出："儿童社会化过程中有早熟和心理幼化的倾向。"越来越多的孩子希望早日长大，积极模仿着成人的行为和语言。虽然在表象上他们进入了超前社会化，表现出早熟化和成人化的特征，但事实上大多数儿童心理极不成熟，缺乏安全感，抗挫折能力低，往往容易遇到困难就选择逃避，遇到挫折就轻言放弃。

三、片面型社会化

学校教育和家庭教育如果过于重智轻德，过分强调某一方面的社会化内容，而忽视其他方面，就容易导致儿童在一些方面得到极端的发展，而在其他方面的成长受到抑制，即儿童的片面社会化。许多儿童的双休日被"兴趣班"占领，虽然有些儿童小小年纪就能写一手好字，画画、弹琴也不赖，但他们缺乏基本的生活自理能力和劳动技能。此外，在许多幼儿园里，"读经"已成为主要教育内容之一，四五岁的儿童能熟背《三字经》《弟子规》等经典之作，对于许多典故也略知一二。但是，每当分点心或玩具时，他们仍然争先恐后，毫不谦让。部分家长或教育工作者在施教的过程中，往往只注重儿童对于知识概念的获得与吸收，却忽视了他们是否真的将这些观念转化为自己的日常行为。

四、社会化冲突

社会化冲突是指不同的甚至相互对立的社会化内容和目标同时作用于受化者，使受化者难以取舍，无所适从。风笑天、张华、杨树君都提出，父母教养态度、教养内容的不一致，学校、家庭、社会教育的不协调是引起儿童社会化冲突的主要原因。由于教养内容和态度本身蕴含着施化者自身的价值观念，在施化者与儿童互动的过程中，这种观念会直接传递或间接感染儿童，一旦施化者所持的观念或态度不一致，就会给儿童带来困扰，使他们陷入社会化的危机。这种冲突主要表现为个体内心的角色矛盾，价值观念和取向不一致而产生的困扰，这些冲突往往会导致儿童在不同的人面前采取不同的行为、态度，以及价值观念不稳定。

思考与练习

一、单选

1. 一个人比较稳定的、具有一定倾向性的各种心理特点或者品质的独特结合是（   ）。

A. 性格　　　　　B. 个性　　　　　C. 自我意识　　　　　D. 理想

2. （   ）的成熟标志着幼儿个性的成熟。

A. 自我意识　　　B. 信念　　　　　C. 性格　　　　　D. 世界观

3. 不属于个性的是（   ）。

A. 性格　　　　　B. 气质　　　　　C. 能力　　　　　D. 理想

4. 观点采择的本质特征在于认识上的（   ）。

A. 自我体验　　　B. 自我评价　　　C. 去自我中心　　　D. 自我调节

5. 根据心理活动强度、平衡性及灵活性的不同，一般将人的气质划分为四种

模块二单元 3 云测试

类型：胆汁质、多血质、黏液质及（ ）。

　　A. 抑郁质　　　　　　B. 容易型　　　　　　C. 困难型　　　　　　D. 迟缓型

　　6. 生理活动较有规律，愉快情绪多，情绪反应适中，对新异刺激一般反应积极，较易适应环境的婴儿属于（ ）。

　　A. 难抚养型　　　　　B. 兴奋型　　　　　　C. 起动迟缓型　　　　D. 易抚养型

　　7. 表现在人对现实的态度和惯常的行为方式中比较稳定的、具有核心意义的个性心理特征是（ ）。

　　A. 气质　　　　　　　B. 性格　　　　　　　C. 能力　　　　　　　D. 需要

二、简答

1. 简要说说气质对幼儿社会认知的影响。

2. 简要举例说明性格对幼儿社会性发展的影响。

实践训练

1. 校内练习

（1）结合自身经历，谈谈教师和家长对幼儿社会性发展产生的影响有哪些。

（2）案例分析

强强是幼儿园大班的孩子，他精力旺盛，无论参加什么活动都十分积极。强强平时做事很急，想干什么就立即行动，想要什么东西都要马上得到，否则就会坐立不安。强强做事有闯劲，待人大方，热情直率。他还爱打抱不平，喜欢别人听他的指挥，否则就会大发脾气，甚至动手打人，虽然事后往往会后悔，但他还是难以克制。

要求：

①根据强强的上述行为，你认为他基本上属于哪种气质类型？为什么？

②谈谈如何根据幼儿不同的气质类型对其进行教育。

2. 校外练习

去幼儿园观察并记录不同幼儿的言行，试分析气质类型与幼儿社会性发展之间的关系。

学习反思

模块三

幼儿社会教育的目标与内容

名人名言

在一个崇高的目标支持下，不停地工作，即使慢，也一定会获得成功。

——爱因斯坦

学习导航

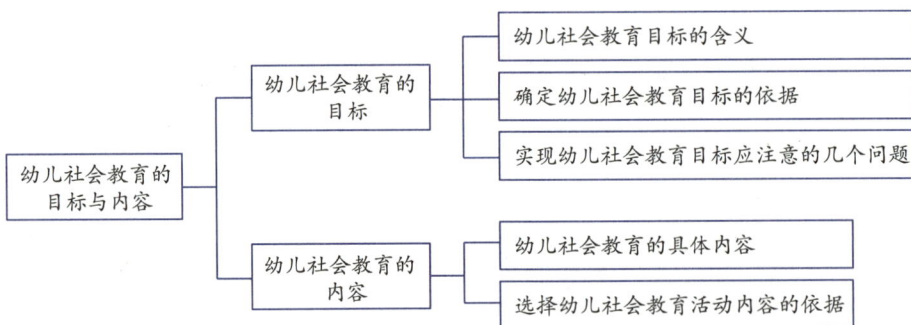

学习目标

- 理解幼儿社会教育目标的含义。
- 能科学制定幼儿社会教育活动目标。
- 掌握确定幼儿社会教育活动目标和选择社会教育活动内容的依据。
- 能依据不同年龄段幼儿的特点选择幼儿社会教育活动的内容和游戏材料。

小康是某市一所示范园的一名年轻教师。她将代表幼儿园参加该市举办的"幼儿园教师技能大赛"。为了在说课比赛中获得好成绩，她按照大赛要求精心准备了一节社会领域活动设计的说课稿。园长为了精益求精，专门组织教师就她的说课稿召开了一次园内研讨会。在会上，多位教师对她设计的活动目标提出了异议，认为活动目标存在问题，脱离了幼儿的年龄特点，将导致整个社会教育活动的失败。

幼儿社会教育的活动目标真的这么重要吗？应依据什么来确定活动目标呢？

单元1 幼儿社会教育的目标

幼儿社会教育目标在幼儿园课程编制中处于核心地位，它不仅是幼儿园社会领域课程设计的出发点，也是幼儿园社会领域课程实施的归宿，还是幼儿园各种综合活动设计与实施时需要考虑的重要问题。

那么，幼儿社会教育的目标是什么？确定幼儿社会教育的目标应考虑哪些因素？实现幼儿社会教育的目标要注意哪些问题？

▶▶ 一、 幼儿社会教育目标的含义 >>>>>>>>

幼儿社会教育是为了促进幼儿的社会化，使幼儿从出生时的一个自然人，逐渐成长为一个符合社会要求的社会人，并在此过程中使其社会性不断得到发展。幼儿社会教育以促进幼儿的社会性发展为目的，通过教育促进幼儿形成自我意识，发展人际交往能力和社会适应能力，激发其社会情感，增进其对社会的理解和认识，使幼儿成长为能够适应社会、参与社会生活、在社会中独立生存和发展的成熟的人。

幼儿阶段是人生的初始阶段，也是身心发展的基础阶段。幼儿出生于不同的家庭中，在与周围环境的相互作用和相互影响下不断成长起来，社会化过程将伴随其一生。幼儿阶段的社会化水平将深远地影响幼儿未来的社会生活和学习工作。《指南》在对幼儿社会领域的学习与发展目标的阐述中强调："幼儿社会领域的学习与发展过程是其社会性不断完善并奠定健全人格基础的过程。……良好的社会性发展对幼儿身心健康和其他各方面的发展都具有重要影响。"

(一)幼儿社会教育总目标

目标是一切工作的出发点和落脚点，是工作的导向，也是评价的标准。幼儿社会教育总目标为社会教育指明了方向，任何社会教育活动都应该符合总目标的要求。

《纲要》将社会领域目标确定为：

1. 能主动地参与各项活动，有自信心；

2. 乐意与人交往，学习互助、合作和分享，有同情心；

3. 理解并遵守日常生活中基本的社会行为规则；

4. 能努力做好力所能及的事，不怕困难，有初步的责任感；

5. 爱父母长辈、老师和同伴，爱集体，爱家乡，爱祖国。

《指南》将3～6岁幼儿在社会领域方面所应达到的最基本、最重要的要求进一步明确为两个方面七项目标，具体内容如下。

1. 人际交往

(1)愿意与人交往；

(2)能与同伴友好相处；

(3)具有自尊、自信、自主的表现；

(4)关心尊重他人。

2. 社会适应

(1)喜欢并适应群体生活；

(2)遵守基本的行为规范；

(3)具有初步的归属感。

《纲要》与《指南》中的目标方向一致，都是当前幼儿园社会教育的总目标。二者的区别在于它们的使用功能和使用对象不同。

(二)幼儿社会教育年龄阶段目标

幼儿社会教育年龄阶段目标是总目标在各个年龄阶段上的具体落实和体现，是对幼儿园各年龄班幼儿社会性发展提出的具体要求。年龄阶段目标来源于总目标，是社会教育总目标在不同年龄段的具体化。

针对总目标中的同一要求，对不同年龄段的幼儿要制定不同的阶段目标。以"关心尊重他人"这一目标为例，小班的阶段目标可以是"身边的人生病或不开心时表示同情"；到了中班阶段目标就变为"能注意到别人的情绪，并有关心、体贴的表现"；对于大班幼儿，目标要进一步提高为"能关注别人的情绪和需要，并能给予力所能及的帮助"。

《指南》指出，"幼儿的发展是一个持续、渐进的过程，同时也表现出一定的阶段性特征"。幼儿社会教育年龄阶段目标应与幼儿发展的阶段性特征相匹配，同时考虑到幼儿发展的连续性，阶段目标还要具有年龄段间相互衔接的特点。

结合各年龄段幼儿的身心发展特点，我们将幼儿社会教育年龄阶段目标确定如下。

1. 小班社会教育目标

(1)初步了解自己身体主要部分的基本特征和功能，初步学会自我保护。

(2)知道自己是幼儿园的小朋友，具备一定的独立性和最基本的自我控制能力。

（3）初步熟悉幼儿园的环境，认识幼儿园班级中的同伴和成人，初步了解他们与自己的关系，能初步适应幼儿园集体生活。

（4）能保持愉快的情绪，愿意与人交往，能积极参与集体活动。

（5）初步掌握日常生活中常用的礼貌用语，初步学会有礼貌地同他人交往，见到老师和长辈能主动问好。

（6）初步了解和掌握基本的卫生要求，养成基本的卫生习惯。

（7）初步了解最基本的交通安全常识。

（8）能遵守最基本的学习活动规则，初步养成良好的学习习惯。

（9）初步了解父母和老师的工作，产生进行简单的自我服务的兴趣。

（10）初步了解不提无理要求、不无故发脾气的道理。

（11）愿意与同伴共同活动，不争抢或独占玩具。

2. 中班社会教育目标

（1）初步认识自己和他人的异同。

（2）初步了解自己与他人的情绪，初步懂得同情和关心他人。

（3）具备最基本的自我控制能力，初步懂得不伤害同伴。

（4）初步了解周围主要的社会机构、社区设施，及它们与人们生活的关系，萌发最初步的爱家乡的情感。

（5）初步了解重大的节日，感受节日的快乐。

（6）产生与他人交往的愿望，在与同伴及成人交往时，能较准确地使用礼貌用语。

（7）初步懂得与他人合作、分享和谦让。

（8）了解周围成人的劳动，能做一些力所能及的事，初步养成爱劳动和爱惜劳动成果的习惯。

（9）能初步大胆表达自己的见解，能尝试克服困难、完成任务、有始有终地做一件事。

（10）初步学会评价自己与同伴，有承认错误和改正缺点的意识。

（11）初步养成诚实、守纪律等良好的品德行为。

（12）初步感受我国的民间艺术及优秀传统文化。

3. 大班社会教育目标

（1）初步了解自己的成长历程和成人为此付出的劳动，萌发爱父母、爱老师和爱长辈的情感。

（2）初步学会控制自己的情绪和行为，学会处理紧急情况的简单应变方法。

（3）了解自己所在的幼儿园，能为班级、幼儿园做力所能及的事。

（4）能主动、准确地使用礼貌用语，能以恰当的方式与他人交往。

（5）能主动照顾、关心小班和中班的小朋友。

（6）了解周围的社会生活，初步了解各社会机构、社会成员及其劳动与人们生活的关系，萌发尊敬、热爱劳动者的情感。

（7）初步了解我国的民族和不同地区的物产，萌发爱祖国的情感。

（8）初步了解国家间的友好往来，萌发爱好和平的情感。

（9）初步学会分辨是非，懂得应向好的榜样学习，形成初步的是非观和爱憎观。

（10）能遵守基本的规章制度，初步学会按照规章制度的要求评价自己和他人的行为。

（11）喜欢从事力所能及的劳动，能够爱惜劳动成果、爱惜公物。

（12）感知家乡的自然环境和人文景观，初步了解我国主要的自然和人文景观，萌发对民族文化的喜爱及保护自然、社会环境的意识。

（13）初步感知世界著名的人文景观及优秀艺术精品，产生对世界文化的兴趣。

拓展阅读 ▶▶▶▶▶▶

在《指南》中，幼儿社会领域七项目标按各个年龄段幼儿的需求与特点进行了阶段细化，各年龄阶段目标详见表3-1、表3-2。

表3-1　人际交往的年龄阶段目标

项目	3～4岁	4～5岁	5～6岁
愿意与人交往	1. 愿意和小朋友一起游戏。 2. 愿意与熟悉的长辈一起活动。	1. 喜欢和小朋友一起游戏，有经常一起玩的小伙伴。 2. 喜欢和长辈交谈，有事愿意告诉长辈。	1. 有自己的好朋友，也喜欢结交新朋友。 2. 有问题愿意向别人请教。 3. 有高兴的或有趣的事愿意与大家分享。
能与同伴友好相处	1. 想加入同伴的游戏时，能友好地提出请求。 2. 在成人指导下，不争抢、不独霸玩具。 3. 与同伴发生冲突时，能听从成人的劝解。	1. 会运用介绍自己、交换玩具等简单技巧加入同伴游戏。 2. 对大家都喜欢的东西能轮流、分享。 3. 与同伴发生冲突时，能在他人帮助下和平解决。 4. 活动时愿意接受同伴的意见和建议。 5. 不欺负弱小。	1. 能想办法吸引同伴和自己一起游戏。 2. 活动时能与同伴分工合作，遇到困难能一起克服。 3. 与同伴发生冲突时能自己协商解决。 4. 知道别人的想法有时和自己不一样，能倾听和接受别人的意见，不能接受时会说明理由。 5. 不欺负别人，也不允许别人欺负自己。
具有自尊、自信、自主的表现	1. 能根据自己的兴趣选择游戏或其他活动。 2. 为自己的好行为或活动成果感到高兴。 3. 自己能做的事情愿意自己做。 4. 喜欢承担一些小任务。	1. 能按自己的想法进行游戏或其他活动。 2. 知道自己的一些优点和长处，并对此感到满意。 3. 自己的事情尽量自己做，不愿意依赖别人。 4. 敢于尝试有一定难度的活动和任务。	1. 能主动发起活动或在活动中出主意、想办法。 2. 做了好事或取得了成功后还想做得更好。 3. 自己的事情自己做，不会的愿意学。 4. 主动承担任务，遇到困难能够坚持而不轻易求助。 5. 与别人的看法不同时，敢于坚持自己的意见并说出理由。

续表

项目	3～4 岁	4～5 岁	5～6 岁
关心尊重他人	1. 长辈讲话时能认真听，并能听从长辈的要求。 2. 身边的人生病或不开心时能表示同情。 3. 在提醒下能做到不打扰别人。	1. 会用礼貌的方式向长辈表达自己的要求和想法。 2. 能注意到别人的情绪，并有关心、体贴的表现。 3. 知道父母的职业，能体会到父母为养育自己所付出的辛劳。	1. 能有礼貌地与人交往。 2. 能关注别人的情绪和需要，并能给予力所能及的帮助。 3. 尊重为大家提供服务的人，珍惜他们的劳动成果。 4. 接纳、尊重与自己的生活方式或习惯不同的人。

表 3-2　社会适应的年龄阶段目标

项目	3～4 岁	4～5 岁	5～6 岁
喜欢并适应群体生活	1. 对群体活动有兴趣。 2. 对幼儿园的生活好奇，喜欢上幼儿园。	1. 愿意并主动参加群体活动。 2. 愿意与家长一起参加社区的一些群体活动。	1. 在群体活动中积极、快乐。 2. 对小学生活有好奇和向往。
遵守基本的行为规范	1. 在提醒下，能遵守游戏和公共场所的规则。 2. 知道不经允许不能拿别人的东西，借别人的东西要归还。 3. 在成人提醒下，爱护玩具和其他物品。	1. 感受规则的意义，并能基本遵守规则。 2. 不私自拿不属于自己的东西。 3. 知道说谎是不对的。 4. 知道接受了的任务要努力完成。 5. 在提醒下，能节约粮食、水电等。	1. 理解规则的意义，能与同伴协商制定游戏和活动规则。 2. 爱惜物品，用别人的东西时也知道爱护。 3. 做了错事敢于承认，不说谎。 4. 能认真负责地完成自己所接受的任务。 5. 爱护身边的环境，注意节约资源。
具有初步的归属感	1. 知道和自己一起生活的家庭成员及与自己的关系，体会到自己是家庭的一员。 2. 能感受到家庭生活的温暖，爱父母，亲近与信赖长辈。 3. 能说出自己家所在街道、小区(乡镇、村)的名称。 4. 认识国旗，知道国歌。	1. 喜欢自己所在的幼儿园和班级，积极参加集体活动。 2. 能说出自己家所在地的省、市、县(区)名称，知道当地有代表性的物产或景观。 3. 知道自己是中国人。 4. 奏国歌、升国旗时能自动站好。	1. 愿意为集体做事，为集体的成绩感到高兴。 2. 能感受到家乡的发展变化并为此感到高兴。 3. 知道自己的民族，知道中国是一个多民族的大家庭，各民族之间要互相尊重、团结友爱。 4. 知道国家一些重大成就，爱祖国，为自己是中国人感到自豪。

　　应当注意的是，《指南》中所列举的幼儿社会领域的各年龄阶段目标只是为家长和幼儿教师提供了一个观察和了解幼儿发展状况的参照，而不是衡量幼儿发展好与坏、快与慢的标尺。家长和幼儿教师不能简单地对照目标评价幼儿，更不能将目标当作训练达标的清单，为追求"达标"而对幼儿进行各种强化训练。《指南》的作用在于让我们正确地了解幼儿的发展状况，通过我们的指导和帮助，让幼儿

能够有效地学习和发展。

在幼儿园的实际工作中，教师应根据幼儿的特点，对照《指南》，确定适合其身心发展状况的合理发展目标。需要指出的是，不能将《指南》中各年龄段的目标简单、直接用作幼儿园具体教育活动目标和活动内容，教师应根据幼儿的兴趣和实际的需要，制定有针对性的活动目标，选择活动内容，提供丰富的活动材料，促进幼儿在社会领域的发展。

(三)幼儿社会教育活动目标

幼儿社会教育活动目标是总目标和年龄阶段目标的具体化，是最具体的目标，是教师通过一定的方法和途径能够直接实现的目标。教育活动目标的最主要特点是具有较强的可操作性。通常情况下由教师制定，活动目标可以通过具体的活动内容和形式，在教师、幼儿和环境的相互作用中得以实现。因此，教育活动目标要充分反映社会教育的总目标和年龄阶段目标，教育活动目标是否能与社会教育总目标和阶段目标相互呼应，是否全面且重点突出地涵盖了上级目标的要求，会在很大程度上影响幼儿园社会教育的质量，影响幼儿社会性发展的进程。

▶▶ 二、 确定幼儿社会教育目标的依据 >>>>>>>>

制定科学合理的幼儿社会教育目标，必须考虑众多相关因素的影响。这些因素主要有幼儿社会性发展的规律、国家的教育方针和社会发展的需要、幼儿社会教育学科的发展等。

(一)幼儿社会性发展的规律

以人为本是现代教育的基本思想。这种思想体现在幼儿教育中，就是要做到"以幼儿为本"。"以幼儿为本"，须将幼儿的发展作为制定课程目标的主要依据。在学前阶段，幼儿社会性发展的基本规律对确立幼儿社会教育目标有直接影响。如果我们在制定社会教育目标时不考虑幼儿社会性发展的特点和需要，所制定的教育目标就可能过高或过低、过难或过易，这既不利于实现促进幼儿社会性发展的目的，也会降低社会教育的质量。在实施幼儿社会教育活动时，首先要考虑幼儿社会性发展的现状，依据幼儿社会性发展的年龄特点和需要，确定符合幼儿实际发展水平和满足未来发展需要体现层次差异的社会教育活动目标，确保每个幼儿的社会性均能得到充分发展。

(二)国家的教育方针和社会发展的需要

《纲要》明确指出："幼儿园教育是基础教育的重要组成部分，是我国学校教育和终生教育的奠基阶段。城乡各类幼儿园都应从实际出发，因地制宜地实施素质教育，为幼儿一生的发展打好基础。"《纲要》为实施幼儿社会教育提出了纲领性要求。《纲要》中对社会领域发展目标的阐述，充分体现了"为幼儿一生的发展打好基础"的要求。《指南》指出："幼儿社会领域的学习与发展过程是其社会性不断完善并奠定健全人格基础的过程。"因此，实施幼儿园社会领域教育时，目标应该在德育为先的基础上，始终指向幼儿当前的和未来长远的发展。

幼儿的社会化过程是其在社会生活中不断学习和实践的过程。社会在不断地发展变化，社会在不同发展时期对人的要求是不同的，对个体社会化的内容和方向也会产生不同的影响。幼儿社会教育要在为幼儿一生发展打好基础的前提下，结合当下社会生活的现实需要和未来社会发展对个体的要求，确定符合幼儿发展水平、满足个体和社会发展需要的教育目标。幼儿社会教育要培养幼儿的人际交往能力，引导幼儿发展社会适应能力，以帮助幼儿适应未来不断变化的社会环境。

(三)幼儿社会教育学科的发展

每一门学科都是不断发展的。幼儿社会教育课程目标的制定还要考虑本学科发展的现状和需要，把握学科本身的知识体系。就幼儿社会教育而言，幼儿社会性发展的特点决定了幼儿社会教育的内容是以幼儿的经验为主体进行建构的。幼儿社会教育的内容涉及众多学科，每一门学科的内容和知识体系都可能对幼儿社会教育目标的制定产生影响。

▶▶ 三、实现幼儿社会教育目标应注意的几个问题 >>>>>>>

《指南》指出："幼儿的社会性主要是在日常生活和游戏中通过观察和模仿潜移默化地发展起来的。"幼儿具有天生的好奇心和求知欲望，在与环境积极互动的过程中，他们模仿、学习感兴趣的一切新奇的事物，并在此过程中获得各方面的经验。成人对幼儿的正确引导、鼓励、尊重和明确的规范，有助于幼儿社会性不断完善并奠定其健全的人格基础。教师是幼儿社会性发展的支持者、引导者、合作者，是实现社会领域教育目标的重要保证。

(一)具有明确的目标意识

目标是一切工作的出发点和落脚点。幼儿社会领域的教育目标能否真正落实，最终要依赖于幼儿园所提供的发展环境以及教师组织开展的各种教育活动。因此，幼儿教师必须具有明确的教育目标意识。只有这样，才能保证创设的环境是有利于幼儿社会性发展的，才能有目的、有意识地组织社会教育活动，并随时注意自身言行、态度对幼儿潜移默化的影响。

幼儿的社会性主要是在日常生活、游戏以及在各种教育活动中，与同伴、教师的多种交往活动中逐渐发展起来的。教师应具有明确的目标意识，其作用主要体现在以下几个方面。

第一，教师能够在有计划、有目的地组织教育活动的过程中，迅速发现可能影响幼儿社会性发展的具体问题，便于采取有效的教育方法，有针对性地做好教育引导工作。

学习笔记

连线考证
　简述幼儿社会教育活动目标制定的依据。

第二，教师能够在幼儿一日生活的各个环节敏锐地发现并捕捉各种偶然出现的教育机会，从而促进幼儿在社会认知、社会行为、社会情感和态度等方面的发展。

第三，幼儿对各种行为规范的理解和掌握离不开具体的生活活动，且容易出现遗忘和反复，这就需要幼儿在实际交往中反复练习。教师只有具有明确的目标意识，才能够在组织幼儿一日生活时保持清醒，才能够发挥生活活动对幼儿社会性发展的积极作用。

幼教故事 ▶▶▶▶▶▶

上小班的欣欣早晨被妈妈送到了幼儿园。在幼儿园门口，欣欣看到了她们班的马老师，就挣开妈妈的手，三两步走到马老师面前，大声说："马老师，早上好!"然后就往幼儿园里跑。此时，欣欣的妈妈正站在幼儿园门口，举着手准备和欣欣说"再见"。马老师看到后，下意识地叫住了刚跑了两步的欣欣，走过去，蹲下来抱住了她："欣欣，你看，妈妈要和你说'再见'呢，你该怎么办呢?"欣欣明白了，回过头，对妈妈挥挥手，大声说："妈妈再见!"

评析：

生活中蕴含着大量偶然出现的社会教育的机会，教师只有具备明确的社会教育目标意识，才有可能捕捉并利用这种机会，促进幼儿的社会性发展。在本案例中，马老师正是具备了明确的社会教育目标意识，才及时叫住了欣欣，引导她和妈妈说"再见"。这就是典型的生活中的社会教育。在这里，马老师所具备的明确的目标意识对把握偶然出现的教育机会起到了关键作用。

(二)制定明确具体的活动目标

幼儿园社会教育的核心目标是促进幼儿的社会性发展。《指南》指出："人际交往和社会适应是幼儿社会学习的主要内容，也是其社会性发展的基本途径。"要把促进幼儿社会性发展落到实处，教师就需要准确了解幼儿社会性发展的总体要求，并结合本班幼儿的实际发展水平和特点、幼儿的兴趣爱好等个性特征，制定明确具体的目标，避免目标空洞、抽象。只有这样，才能使社会教育更有针对性，才有利于社会教育效果的提升。

制定明确具体的目标还应保持目标的连续性和一致性以及与其他领域发展目标的联系，注意幼儿发展的连续性和阶段性。《指南》指出，"儿童的发展是一个整体，要注重领域之间、目标之间的相互渗透和整合，促进幼儿身心全面协调发展，而不应片面追求某一方面或几方面的发展"。幼儿的发展是整体的，教师要牢固树立目标指导教育过程的意识，并将这种意识贯穿于幼儿园的各种活动之中。

🔗 **相关链接** ▶▶▶▶▶▶

幼儿园教育活动目标的表述要求

1. 具有可操作性，避免过于笼统、概括和抽象。

2. 要清晰、准确、可检测，不能用活动的过程和方法取代。

3. 从统一的角度表述目标。可以从教师教育的角度表述目标，如"使幼儿掌握××知识""培养幼儿的××能力"；也可以从幼儿学习的角度表述目标，如"能够××""学会××""懂得××"。

4. 一个目标要通过多种活动实现，一个活动要指向多种目标。

5. 具有完整性，活动目标应涵盖认知、情感和技能三个方面。

6. 目标的要求应难度适中，教育活动目标的难度应该适合幼儿的身心发展水平。

7. 目标表述不可交叉、重复。

8. 目标的顺序要清晰。

(三)设计和选择科学有效的活动形式

教师应依据目标选择适合幼儿发展水平，符合幼儿兴趣需要的具体内容，并结合社会教育的特点，采取科学、有效的方式，从而确保社会教育目标的实现。

幼儿社会性发展是在各种社会活动中实现的。《纲要》指出，"应为幼儿提供人际间相互交往和共同活动的机会和条件，并加以指导"。教师应设计、选择和利用科学有效的活动形式，促进幼儿的社会性发展。例如，和同伴玩"娃娃家"游戏可以让幼儿学会协商，学会合作；玩"荡秋千"可以让幼儿懂得轮流，获得分享的快乐。教师要合理安排幼儿在园的一日活动，给幼儿充分的自主活动的时间和机会，让幼儿在与同伴交往的过程中掌握交往技能，学会理解别人。幼儿进行自由活动，并不意味着教师不予以任何指导，而是要求教师在恰当的时机、以恰当的身份介入幼儿的活动，并给幼儿以巧妙的支持。

(四)家庭、幼儿园和社会应共同努力，为幼儿创设良好环境

《纲要》提出："幼儿社会态度和社会情感的培养尤应渗透在多种活动和一日生活的各个环节之中，要创设一个能使幼儿感受到接纳、关爱和支持的良好环境，避免单一呆板的言语和说教。""(社会教育)需要幼儿园、家庭和社会密切合作，协调一致，共同促进幼儿良好社会性品质的形成。"良好的环境是幼儿社会性发展的保障。在一个能使幼儿感受到接纳、关爱和支持的幼儿园环境中，幼儿会自觉自愿地接受教师对他的影响，并且愿意为这样的约束调整自己的行为，并模仿受到教师鼓励的榜样行为。教师为幼儿提供一个良好的社会环境，能够有效地提高幼儿学习的积极性和主动性，使幼儿在生活中主动理解并反复练习，从而掌握必要的社会行为准则、规范和交往技能。这种接纳、关爱和支持的环境，对幼儿能起到无声的心理暗示作用，是进行社会教育的重要途径，也是实现社会教育

学习笔记

目标的重要保证。《指南》提出："让幼儿在积极健康的人际关系中获得安全感和信任感，发展自信和自尊，在良好的社会环境及文化的熏陶中学会遵守规则，形成基本的认同感和归属感。"

形成一个对幼儿接纳、关爱和支持的良好环境，与教师的儿童观、教育观和态度密切相关。教师要尊重幼儿的发展水平和个性特点，要以欣赏、关爱和期待的眼光关注他们的成长，对他们要"三多三少"，即多宽容、多鼓励、多表扬，少苛求、少责备、少批评。

《指南》提出："家庭、幼儿园和社会应共同努力，为幼儿创设温暖、关爱、平等的家庭和集体生活氛围，建立良好的亲子关系、师生关系和同伴关系。"幼儿的社会化过程受到其周围各种环境因素的影响，幼儿园的社会教育一定要与家庭、社会紧密配合，共同为幼儿创造一个良好的环境，促进幼儿社会性的发展。

幼教故事 ▶▶▶▶▶▶▶

笑笑是幼儿园中班的一个性格比较内向的孩子。一天晚上，吃过饭后，爸爸问他："笑笑，今天在幼儿园玩得高兴吗？"这一问，笑笑顿时哭了起来。爸爸赶紧说："别哭，别哭，怎么了，告诉爸爸。"笑笑哭着对爸爸说："皓皓打我了，还抢我的玩具。"爸爸一听就火了，对笑笑大声说："你就不能打他、和他抢吗？！"

评析：

在幼儿园中，孩子之间发生矛盾、冲突是很正常的事情，关键是教幼儿如何解决矛盾和冲突，如何更好地与人相处和交往。人际交往能力是幼儿社会性发展的重要内容，如果缺乏人际交往能力，幼儿便不能顺利适应社会。协商、轮流、分享等人际交往技能是要从小习得的，教师和家长应该共同努力，为幼儿树立好的模仿榜样。家长教孩子打人的做法无疑是错误的，只会给孩子的社会性发展带来负面影响。

模块三单元1云测试

思考与练习

一、单选

1."爱幼儿园，爱家庭，爱家乡，爱祖国"是幼儿园（　　）领域的教育内容。

A. 健康 　　　　B. 语言 　　　　C. 社会 　　　　D. 科学

2. 在教师指导幼儿实现"社会目标"的过程中，以下哪种观点是不正确的？（　　）

A. 幼儿社会性的发展主要是通过系统上课进行的。

B. 幼儿社会态度和社会情感培养应渗透在多种活动和一日生活的各个环节之中。

C. 幼儿与成人、同伴之间的共同生活、交往、探索、游戏等，是其社会学习的重要途径。

D. 社会学习是漫长的积累过程，需要幼儿园、家庭和社会密切合作，协调一致。

3. 下列属于小班社会领域发展目标的是（　　）。

A. 敢于尝试有一定难度的活动和任务

B. 喜欢承担一些小任务

C. 主动承担任务，遇到困难能够坚持而不轻易求助

D. 与别人的看法不同时，敢于坚持自己的意见并说出理由

4. 下列不属于幼儿园社会领域目标的是（　　）。

A. 安全保障　　　B. 人际交往　　　C. 适应环境　　　D. 品德行为

5. 下列活动目标中，从幼儿角度表述的是（　　）。

A. 教会幼儿穿脱衣服的正确方法　　B. 培养幼儿守时的好习惯

C. 喜欢参加小制作活动　　　　　　D. 鼓励幼儿大胆表达自己的想法

6. 知道自己是中国人，认识国旗，是（　　）的教育内容。

A. 科学领域　　　B. 艺术领域　　　C. 语言领域　　　D. 社会领域

7. 下列不属于中班幼儿社会领域发展目标的是（　　）。

A. 自己的事情尽量自己做，不愿意依赖别人

B. 与同伴发生冲突时，能在他人帮助下和平解决

C. 能与同伴协商制定游戏和活动规则

D. 知道接受了任务要努力完成

8. 下列不属于幼儿社会领域发展目标的是（　　）。

A. 喜欢和长辈交谈，有事愿意告诉长辈

B. 按次序轮流讲话，不随意打断别人的讲话

C. 想加入同伴的游戏时，能友好地提出请求

D. 身边的人生病或不开心时能表示同情

二、简答

1. 简述确定幼儿社会教育目标的依据。

2. 简述教师明确的目标意识对幼儿社会性发展的作用。

单元2　幼儿社会教育的内容

　　幼儿社会教育的内容主要涵盖幼儿社会领域所包含的特定的现象、事实、规则、问题等基本的组成部分，它们按照一定的规则形成一个有机的整体。幼儿社会教育的内容是幼儿园社会课程的主体部分，是教师设计和实施社会教育活动的主要依据，是实现社会课程目标的重要保证。

▶▶ 一、 幼儿社会教育的具体内容 >>>>>>>

幼儿社会教育的内容非常丰富，涉及幼儿社会生活的方方面面。一切有助于实现社会教育目标、增进幼儿的社会认知、激发幼儿的社会情感、培养幼儿良好的社会行为的内容，都可以作为幼儿社会教育的内容。幼儿社会教育的内容具体可划分为五个方面，即自我意识、人际交往、社会环境、社会规范和社会文化。

(一)自我意识

自我意识是幼儿社会性发展的基础和重要组成部分。自我意识的教育内容主要有以下六个方面。

第一，帮助幼儿认识和接纳自己，增进幼儿的自我价值感和自信心。比如，让幼儿从表面特征上认识自己，知道自己的身体、面貌的特点；让幼儿从心理和社会层面认识自己，了解自己的优缺点，能够比较全面客观地认识自己并能对自己做出比较客观的评价；引导幼儿接纳自己的优点和缺点；等等。

第二，帮助幼儿认识、理解和恰当地表达自己的情绪，并控制自己的行为。比如，受委屈了，可以适当地哭泣，可以暂时不理人，也可以向他人诉说自己的委屈，但是不能打人、骂人、摔东西等。

第三，帮助幼儿学习自主选择、自主决断，培养幼儿的独立性、自主性以及对自己行为负责的意识。

第四，支持、鼓励幼儿大胆地向他人表达自己的想法、观点、态度以及自己的意志。

第五，帮助幼儿主动地参与幼儿园各项活动，使之在活动中体验到与同伴交往的快乐。

第六，帮助幼儿努力做好自己力所能及的事情，使之不怕困难，有初步的责任感。

(二)人际交往

人际交往是幼儿社会学习的主要内容，也是其社会性发展的核心内容和基本途径。幼儿在与成人和同伴交往的过程中，不仅要学会如何与人友好相处，也要学会如何看待自己、对待他人。有关人际交往的主要内容有四点。

第一，培养幼儿与人交往的意愿和同情心，使幼儿学会互助、合作和分享。

第二，帮助幼儿学习协调自己与他人的想法、做法和兴趣，使幼儿学会与同伴友好相处。

第三，帮助幼儿在交往中做到自尊、自信、自主，不依赖他人。

第四，培养幼儿关心、理解、尊重和赞赏他人，引导幼儿学习掌握最基本的交往技能。

(三)社会环境

社会环境主要包括物质环境和文化环境。物质环境方面要求帮助幼儿了解环境的客观特点,文化环境方面要求帮助幼儿了解各种环境中的人及人与人之间的关系。有关社会环境的教育内容主要有六点。

第一,帮助幼儿知晓自己家庭的地址、家庭电话、家庭用品、家庭成员的职业、家庭成员间的关系等。

第二,帮助幼儿了解所在幼儿园的名称、地址、环境设施、班级、班上的同伴、幼儿园主要工作人员等。

第三,帮助幼儿认知社区的名称、主要设施,公共场所的名称、物品,公共机构的人员以及工作与人们生活的关系。

第四,帮助幼儿认知家乡的主要地形、建筑、公共场所、风景名胜、物产等。

第五,帮助幼儿认知祖国的名称、国旗、国歌、首都;培养幼儿学会尊敬国旗和国徽,会唱国歌等。

第六,帮助幼儿理解人与环境之间相互依存的关系,培养其爱护、保护环境的意识,培养他们参与、关注社会生活的公民意识。

图 3-1　擦洗社区运动器材
(杭州市文华幼儿园提供)

图 3-2　在敬老院里
(南京顶山中心幼儿园提供)

(四)社会规范

社会规范是指与社会要求相符的从事社会活动、处理社会关系必须遵循的一般要求和行为准则。主要包括生活规则、学习规则、集体规则、公共规则、道德规范等。

第一，生活规则。引导幼儿学会不妨碍他人，独立完成力所能及的事，有规律地生活，养成日常卫生习惯等。

第二，学习规则。要求幼儿按时到园，集中注意力学习或游戏，积极思考，举手回答问题，轮流发言，自己整理学习用品等。

第三，集体规则。鼓励幼儿与同伴一起做游戏，在游戏过程中做到能与人分享，知道感谢，爱护公物且能轮流使用等。

第四，公共规则。要求幼儿遵守购物规则、交通规则，做到爱护公物等。

第五，道德规范。帮助幼儿树立公德意识、环保意识，使之学会使用文明礼貌用语等。

🔗 **相关链接** ▶▶▶▶▶▶

中班社会活动：红绿灯

活动目标

1. 让幼儿懂得过马路时必须遵守交通规则。

2. 让幼儿初步掌握安全小常识，学会自我保护的方法。

活动准备

常见的交通标志图片，自制的汽车道具，警察标志；红、黄、绿灯头饰各1个；交通事故视频等。

活动过程

1. 带领幼儿观看交通事故的视频，引出活动主题。

2. 教幼儿认识几种常见的交通标志。

3. 带领幼儿唱儿歌"红灯停，绿灯行，黄灯亮了等一等"，引导幼儿学习过马路的规则。

4. 让三名幼儿分别戴上红、黄、绿灯的头饰，做"过马路"游戏，引导幼儿懂得要走斑马线。

5. 让两名幼儿使用汽车道具，做"我是小司机"游戏，其他幼儿利用交通标志图片、警察标志和红、黄、绿灯头饰等参与游戏。教师注意指导幼儿遵守交通规则。

6. 游戏结束后，教师与幼儿共同总结，对遵守交通规则的幼儿给予表扬。

活动延伸

幼儿回家后把当天学到的知识讲给父母听。

评析：

交通规则是最贴近幼儿生活的社会规则之一。幼儿要从小养成遵守交通规则的意识和习惯。本活动让幼儿在游戏中学习交通规则并练习遵守交通规则，在激发幼儿参与兴趣的同时，促使规则在幼儿身上内化。游戏结束后的总结以及对幼儿表现的评价进一步强化了幼儿遵守交通规则的意识。

(五)社会文化

社会文化主要是指社会中稳定的价值取向、行为方式、精神风貌及其多种表现形式。社会文化的突出特征体现在民族文化与世界文化的交相辉映之中。习近平总书记指出，要推进中外文明交流互鉴，强调"让文明交流互鉴成为增进各国人民友谊的桥梁、推动人类社会进步的动力、维护世界和平的纽带"。

第一，中华优秀传统文化是中华民族的根和魂。习近平总书记指出，中华文化渗透到中国人的骨髓里，是文化的DNA。民族文化教育的主要内容包括让幼儿了解中国的文字、文学、传统节日、民族风情、民间工艺、历史等，对祖国的优秀传统文化产生兴趣；让幼儿了解自己的成长与家人的关系，感激父母的养育之恩；让幼儿感受周围自然环境、文化环境的美，萌发爱周围环境、爱家乡、爱祖国的情感。

第二，习近平总书记强调："世界是丰富多彩的，多样性是人类文明的魅力所在，更是世界发展的活力和动力之源。"人类创造的各种文明都是劳动和智慧的结晶。世界文化教育的主要内容包括引导幼儿主动接触不同国家、不同种族的人，了解和感受他们在肤色、语言、生活习惯、文化风俗习惯等方面的不同，让幼儿能够以理解、尊重的态度对待各国、各民族之间的差异。

> **想一想**
>
> 在《指南》中，幼儿社会领域发展的七项目标按各个年龄段幼儿的需求与特点进行了阶段细化。结合幼儿社会教育的内容，思考一下，实现《指南》所列举的各项社会领域发展目标，分别需要选择哪些方面的社会教育内容？请举例说明。

相关链接 ▶▶▶▶▶▶▶

大班社会活动：快乐的中秋节①

设计意图

中秋节是我国的重要传统节日，每到这一天，一家人就会围坐在一起，赏月、吃月饼，欢度佳节。孩子们非常喜欢过这样的节日，但他们或许对这个传统节日的风俗习惯知之甚少。中秋节日文化是中华优秀传统文化的重要组成部分，对幼儿进行这方面的教育是极为重要的。《纲要》中明确指出："要引导幼儿实际感受祖国文化的丰富和优秀，激发幼儿爱祖国的情感。"大班幼儿双手灵巧，动作灵活，操作物体的能力大大增强，在活动中具有比较强烈的创造欲望。本活动在让幼儿了解节日知识的基础上，自己动手制作月饼，既培养了幼儿的动手能力，又使其体验到欢度中秋佳节的快乐。

活动目标

1. 让幼儿了解中秋节的传说及民间习俗。

2. 培养幼儿的动手操作能力和创新意识。

3. 让幼儿体验劳动带来的快乐，感受中秋节的快乐气氛。

活动准备

1. 材料准备：月饼实物，制作月饼的材料、模具，月饼制作流程的视频，"嫦娥奔月"及中秋民间风俗的视频。

2. 环境准备：布置一个充满中秋节日气氛的教室。

---

① 本案例为河南省第二届幼师学校毕业生五项技能大赛中说课项目的参赛教案。作者户玉真，辅导教师袁勇，来自安阳幼儿师范高等专科学校，选入时有改动。

活动过程

1. 活动导入

教师:"我们幼儿园来了一位食品王国的小客人,它说它的节日就要到了,想跟小朋友一起过节。今天老师把这位小客人请到我们班来了,小朋友,你们看——"

教师出示一个装有月饼的盒子。

评析:教师设置了一个悬念,既吸引了幼儿的注意力,又让幼儿对本次活动产生了强烈的兴趣。

在孩子们议论纷纷进行猜测的时候,教师打开手中的盒子,取出月饼,然后说道:"你们看,小客人出来了,它是——月饼。"

2. 了解中秋节的风俗习惯

教师:"小朋友,你们知道小客人的节日是什么吗?""对,是中秋节。""小朋友,你们喜欢吃月饼吗?"孩子们回答后,教师说:"别着急,老师听到月饼宝宝说话了。"(教师把月饼放到耳朵边)"它说:'小朋友,你们不要着急,我还要给你们讲一个故事呢。'"

评析:教师以"月饼宝宝"的身份与幼儿谈话,角色的变化可以使幼儿感到新奇。兴趣是最好的老师,教师以"月饼宝宝"的口吻进行自述,可以激发起幼儿强烈的好奇心。

"月饼宝宝"自述:"我的节日是八月十五中秋节,你们知道这个节日是怎么来的吗?事情是这样的……"教师播放"嫦娥奔月"及中秋民间风俗的视频。

评析:观看视频,既可以让幼儿更直观地了解中秋节的来历及风俗习惯,也可以给幼儿留下深刻的印象。

3. 我来动手做月饼

播放制作月饼的视频,让幼儿观看月饼制作的过程。教师说:"小朋友们,你们都想吃月饼了吧!你们想不想吃自己做的月饼呢?""月饼宝宝为了让小朋友们学会做月饼,给我们带来了一段制作月饼的视频,我们一起来看看吧。"在幼儿看完视频后,教师带领幼儿到事先布置好的教室,分发制作月饼的材料和工具,开始指导幼儿制作月饼。

教师一边示范讲解,一边指导幼儿动手做月饼,并进行巡回指导。教师可通过语言启发幼儿,如"怎样才能让月饼更好看一些呢""可以在月饼上刻一些图案、花纹或者符号,也可以刻上自己喜爱的东西",以此鼓励幼儿发挥想象力和创造力,通过制作月饼表达自己的情感。

评析:对于幼儿而言,动手操作是一个十分开心的过程,一方面可以在动手操作的过程中充分体验中秋节的快乐,另一方面还能在月饼制作好后感受到劳动的快乐和成功的喜悦。

4. 一起唱歌,结束活动

月饼做好后,把月饼送到幼儿园食堂进行烘烤加工。教师总结:"今天我们了解了中秋节的风俗习惯,每个小朋友都自己动手做了月饼,我们制作的月饼正在食堂进行加工,现在我们一起唱首歌吧。"

教师带领幼儿一起唱歌:"中秋到,月儿圆,八月十五乐开怀,吃月饼来,赏月儿。开开心心过中秋……"

在欢快的歌声中结束本次活动。

活动延伸

月饼烤制好后，教师把月饼分发给幼儿，让他们把月饼带回家，和父母、爷爷奶奶一起分享自己的劳动成果，并给家人讲述中秋节的风俗习惯。

▶▶ 二、 选择幼儿社会教育活动内容的依据 >>>>>>>

幼儿社会教育活动内容的选择是幼儿园社会教育活动设计的一项重要工作，也是社会教育活动设计中最具挑战性的工作。幼儿社会教育内容除了要与幼儿社会教育目标相一致外，还应当符合社会价值观的要求，符合幼儿自身的兴趣和需要，与幼儿身心发展的要求相一致。

(一)幼儿社会教育的目标

社会教育目标是开展社会教育活动的指引，是社会教育内容选择的首要依据。选择什么样的社会教育内容必然受到社会教育目标的指导和制约，社会教育目标明确规定了幼儿社会性发展应达到的程度和水平，因此，选择社会教育的内容应服务于社会教育目标的实现，幼儿社会教育的内容要依据社会教育的目标来确定，在不同的社会现实及文化背景下，幼儿社会性发展的目标不同，其所决定的社会教育内容也会有所不同。在选择社会教育内容时，应尽量避免部分社会教育目标的遗漏和无效重复，应努力使所选的教育内容能够最有效地实现教育目标。

(二)社会现实

幼儿的社会性发展离不开其所生活的社会环境，只有参与社会现实生活，幼儿的社会性才能得到真正发展。离开社会现实生活，社会教育就将失去意义。

1. 幼儿社会性发展离不开社会现实

幼儿一出生就处在一定的社会现实之中，社会现实为幼儿提供了丰富的认知源泉。一名幼儿刚刚来到这个世界上的时候，周围的一切对他来说都是陌生的，他要从一个自然人转变为一个社会人，就要融入这个社会，就要从认识周围的社会现实开始。幼儿对自己、对他人、对事物和对各种社会关系的认知都来源于社会现实。社会现实为幼儿的社会认知提供了依据，也为幼儿的社会教育提供了丰富的内容。

社会现实激发了幼儿的社会情感和社会行为。幼儿情感的发展需要经历一个从简单到复杂、从低级到高级的过程。两三岁以后，随着幼儿社会性需求的逐渐增多，其社会性情感也逐渐发展起来。幼儿社会情感的发展离不开一定的社会生活现实，社会现实中的人、事、物逐渐成为幼儿情感产生的来源。随着幼儿越来越多地参与社会生活，幼儿的道德感、理智感和美感等高级情感也相继产生并发展起来。与此同时，幼儿的社会行为也逐渐发展起来。由此可见，社会现实是幼

互动平台

观看"京师爱幼"平台"我爱幼儿园——《咕噜咕噜漱一漱》"活动案例，结合其中的主题网络图，任选两个活动，尝试分析一下每个活动需要哪些方面的教育内容。

学习笔记

儿社会认知、社会情感和社会行为发展的源泉。

2. 社会已有的知识体系为幼儿提供了丰富的学习内容

社会现实中已有的知识体系是选择社会教育内容的重要依据。这些知识包括社会学知识(社会机构、社会组织、社会互动等)、伦理学知识(伦理关系、社会道德、伦理规范等)、地理学知识(行政区划、地理特征、物产等)、经济学知识(劳动、商品、贸易、货币等)、历史学知识(人类的演进与发展、国家民族的发展、社区的发展等)、心理学知识(自我意识、对他人的认识、个性、社会情感和社会行为等)和文化学知识(风俗习惯、民间文化、艺术形式等)等。这些知识为幼儿社会教育提供了全面、科学和丰富的内容。幼儿社会教育内容越贴近幼儿的现实生活,就越容易被幼儿接受,也越有利于教育目标的实现。

3. 幼儿社会教育内容需要反映社会生活的发展变化

党的十八大以来,中国特色社会主义进入新时代。到了2021年,我们已在中华大地上全面建成了小康社会,我国现代化建设取得了巨大成就。如今,经济、科技迅速发展和进步,整个社会都在发生着巨大的变化。与此同时,人们的价值观念、生活方式、行为方式、人际关系也都在发生着变化。在选择幼儿社会教育的内容时必须充分体现和反映社会的发展变化,这样才能起到引导幼儿主动适应变化着的社会的作用,这样的社会教育才具有现实意义。

相关链接

党的二十大报告指出,党的十八大召开以来,我们经历了对党和人民事业具有重大现实意义和深远历史意义的三件大事:一是迎来中国共产党成立一百周年,二是中国特色社会主义进入新时代,三是完成脱贫攻坚、全面建成小康社会的历史任务,实现第一个百年奋斗目标。这是中国共产党和中国人民团结奋斗赢得的历史性胜利,是彪炳中华民族发展史册的历史性胜利,也是对世界具有深远影响的历史性胜利。

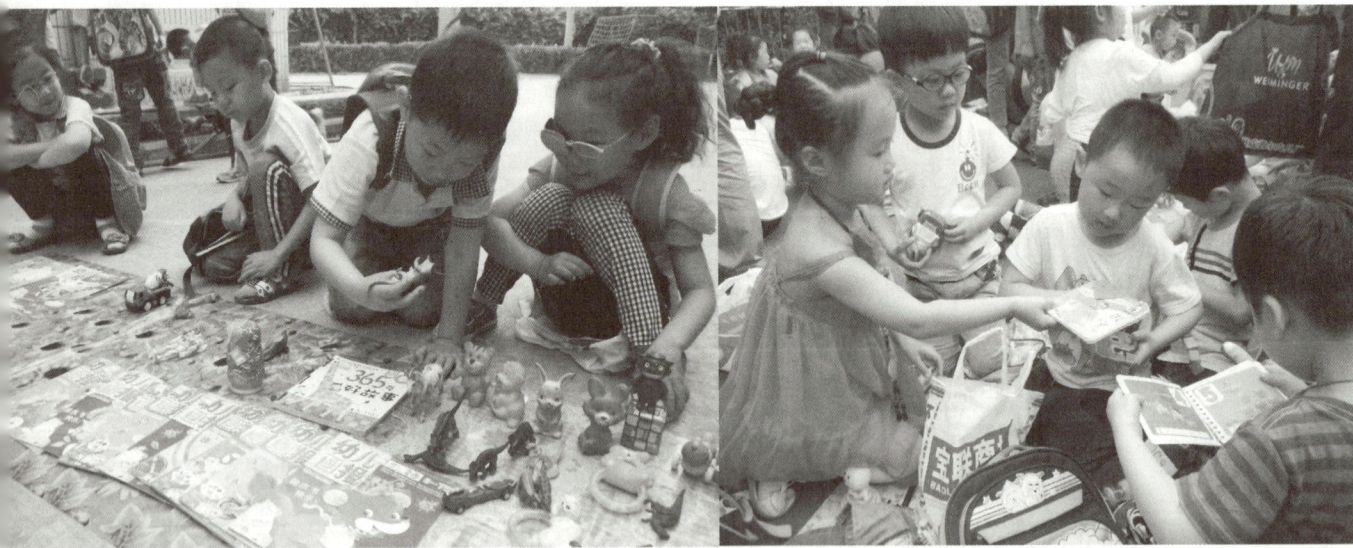

图 3-3　在幼儿园跳蚤市场上,孩子们在交换自己的物品

(安阳市幸福泉幼儿园提供)

(三)幼儿社会性发展水平

依据幼儿的社会性发展水平选择社会教育内容,主要有以下两方面原因。

1. 幼儿现有的生活经验和学习能力制约着社会教育内容的广度和深度

幼儿拥有的生活经验较为有限,主要涉及家庭、幼儿园及一些常见的社会机构。幼儿的学习能力也正处于发展过程中,其认知水平处于前运算阶段,以形象思维为主，抽象思维能力才刚刚萌芽。因此在选择社会教育内容时，必须以幼儿已有经验为基础，有针对性地对这些经验进行扩展，并以各种可被幼儿感知的方式呈现，使教育内容能够真正被幼儿理解和接受。

2. 幼儿的经验和发展状况不是笼统的，而是具体的、具有一定结构的

幼儿社会性发展的具体结构存在较大的个体差异。因此在选择幼儿社会教育内容时，应考虑到这种差异，考虑到幼儿在学习和发展上的不同特点和需求，充分理解和尊重幼儿社会性发展进程中的个体差异，支持和引导每一名幼儿从原有水平向更高水平发展。

⚓ **连线考证**

简述幼儿社会教育活动内容选择的依据。

模块三单元2云测试

思考与练习

一、单选

1. 幼儿社会领域的学习与发展过程是其社会性不断完善并奠定其健全人格基础的过程。下列活动不属于社会领域活动的是(   )。

A. 帮助幼儿学习礼貌交往的活动　　B. 帮助幼儿学习交通法规的活动

C. 认识"1和许多"的活动　　　　　D. "爱妈妈"的活动

2. "了解社会风俗习惯、民间文化"这一活动属于(   )。

A. 科学活动　　B. 艺术活动　　C. 健康活动　　D. 社会活动

3. 幼儿社会教育的内容具体可以划分为(   )方面。

A. 两个　　　　B. 三个　　　　C. 四个　　　　D. 五个

4. 下面不属于幼儿社会教育中社会规范方面的内容的是(   )。

A. 知道人与自然之间是相互依存的关系

B. 不妨碍别人，独立完成力所能及的事

C. 积极思考，举手回答问题

D. 有公德意识，会使用文明礼貌用语

5. "社会中稳定的价值取向、行为方式、精神风貌及其多种表现形式"指的是(   )。

A. 人际交往　　B. 社会环境　　C. 社会规范　　D. 社会文化

6. 了解自己的优缺点并接纳自己的优缺点，属于幼儿社会教育(   )方面的内容。

A. 人际交往　　B. 社会适应　　C. 自我意识　　D. 社会规范

7. 影响幼儿社会教育内容广度和深度的直接因素是(   )。

A. 社会教育目标　　　　　B. 社会现实

C. 幼儿社会性发展水平　　D. 教育政策

8. 下面不属于幼儿社会教育中人际交往方面的内容是(   )。

A. 在交往中做到自尊、自信、自主

B. 遵守购物规则、交通规则

C. 关心、理解、尊重、欣赏他人，学习掌握最基本的交往技能

D. 协调自己与他人的想法、做法和兴趣，与同伴友好相处

二、简答

1. 简述选择幼儿社会教育活动内容的主要依据。

2. 幼儿社会教育的具体内容有哪些?

拓展阅读

1. 克斯特尔尼克，等. 儿童社会性发展指南：理论到实践[M]. 邹晓燕，等译. 北京：人民教育出版社，2008.

2. Fields M V，Fields D. 儿童纪律教育：建构性指导与规训[M]. 原晋霞，蔡菡，陈晓红，译. 北京：中国轻工业出版社，2007.

3. 周念丽. 幼儿社会教育中的"一脑三育"[J]. 幼儿教育，2012(10).

所谓"一脑"是指"社会脑假设"理论，"社会脑"是分布在大脑各个区域的一个处理人际关系的网络。"三育"是指社会交往中的礼仪教育、社会生存中的安全教育、社会情绪中的情绪管理教育。

根据这一脑科学研究成果，如能在幼儿园一日活动中让幼儿有更多识别他人面部表情的机会，更多处理人际关系的机会，更多学习人际交往技能的机会，就能更好地促进他们"社会脑"的生长发育。这不仅可以在行为层面和心理层面为他们将来获得社会成功奠定基础，更重要的是能为他们的社会性发展奠定坚实的生理基础。

基础练习

1. 结合实际，谈谈你对《幼儿园教育指导纲要(试行)》中关于幼儿社会教育目标的理解。

2. 作为一名幼儿园教师，在实现幼儿社会教育目标的过程中应注意哪些问题?

3. 阅读《3~6岁儿童学习与发展指南》中关于社会教育方面的部分，任选其中一项目标并思考，如果要实现这一目标，应选择哪些方面的社会教育内容? 选择这些内容的依据有哪些?

4. 结合实际，谈谈你对幼儿教师要具有明确的社会教育目标意识价值的理解。

5. 人际交往是幼儿社会性发展的核心，其主要内容有哪些?

实践训练

1. 给下列教育活动制定具体的活动目标。

(1)让幼儿学会拉拉链。

(2)到别人家做客,如何做小客人?

(3)国庆节活动。

(4)讲述故事《小羊过桥》。

2. 部分家长只重视孩子的学习成绩、衣、食、住等,而忽视了孩子的独立生活能力、吃苦耐劳和向困难挑战的精神。而这些"精神上的东西",正是适应社会高速发展、培养新时代人才所必需的,也是孩子心理发展所需要的。《3~6岁儿童学习与发展指南》在社会领域"人际交往"部分,对大班幼儿提出了"主动承担任务,遇到困难能够坚持而不轻易求助"的发展要求。

根据上面的内容构思一个大班社会活动,写出活动名称和活动目标。想一想,如果实施该活动,需要哪些方面的社会教育内容?

3. 到幼儿园观摩一次社会教育活动,就该活动的目标和内容进行讨论。

学习反思

模块四

幼儿社会教育的实施

名人名言

最有价值的知识是关于方法的知识。

——达尔文

学习导航

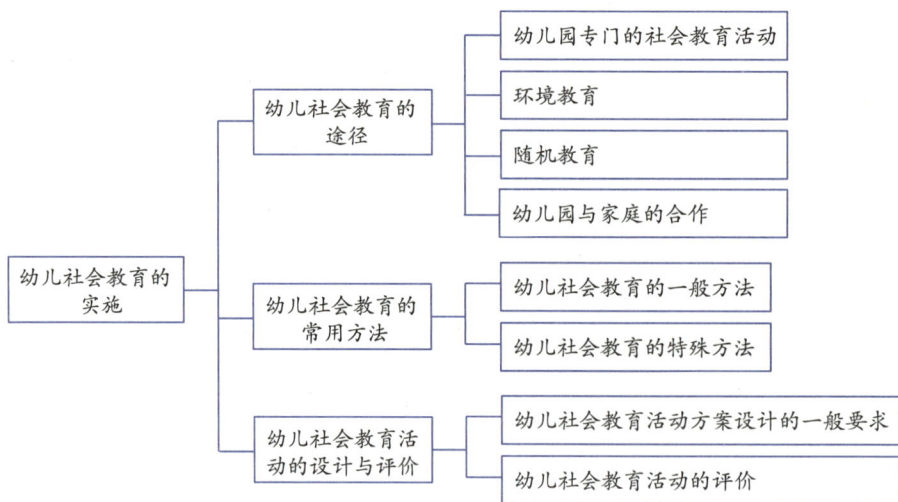

学习目标

- 了解并掌握幼儿社会教育的常用方法。
- 能依据实际情况选择使用适当的教育方法。
- 了解并掌握幼儿社会教育的途径。
- 了解并掌握幼儿社会教育活动方案的构成要素。
- 能够初步设计一个幼儿社会教育活动方案。
- 了解并掌握幼儿社会教育活动评价的内容和标准。

单元1 幼儿社会教育的途径

幼儿社会性的发展是一个长期的过程，受多种因素的影响。在对幼儿进行社会教育时，要根据社会教育的目标、内容和幼儿的年龄特点，通过不同的教育途径，科学有效地开展社会教育活动。幼儿社会教育可通过多种途径进行，主要包括以下几种。

▶▶ 一、 幼儿园专门的社会教育活动 >>>>>>>

专门的社会教育活动是指幼儿教师根据教育目的，按照《纲要》和《指南》的要求，结合本班幼儿的身心发展特点和规律，采用合理的教育方法，对幼儿进行社会教育的形式。专门的社会教育活动具有明确的目标和计划性，教育内容比较集中和系统，教师对幼儿的组织和指导作用比较直接，效果明显，且具有较强的针对性。例如，刚入园的幼儿大多会存在程度不一的分离焦虑问题，教师在悉心照料之外，可以开展一些认识小朋友、认识幼儿园的游戏活动，让幼儿缓解焦虑，尽快适应幼儿园的生活；针对有些幼儿不懂分享、过于自我中心等情况，教师可以组织"我的好朋友""拔萝卜"等教育活动，帮助幼儿认识到与同伴友好相处的重要性并学习相应的方法等。

幼儿园专门的社会教育活动形式多样，主要有以下四种。

(一)综合教育活动

综合教育活动是指教师围绕一个教育主题，综合运用上课、游戏、参观、社会实践、谈话等多种教育形式，并将社会领域与其他领域的活动相结合，发挥多种教育手段的作用，在多种形式的活动中发展幼儿社会性的一种社会教育形式。在综合教育活动中，教师采用多种教育形式和教育方法，将幼儿社会性发展的现状、幼儿的兴趣和需要与幼儿园社会教育目标结合起来，促进幼儿社会性的发展。经过精心设计的综合教育活动往往采用多种活动形式和教育方法，活动过程环环相扣，能使幼儿在较短的时间内，对某一特定主题产生系统、全面的认知和感受，并获得一定程度的社会行为，具有比较好的教育效果。

🔗 相关链接 ▶▶▶▶▶▶

大班社会活动：快乐的动物园①

活动目标

1. 幼儿初步了解各种小动物的特征，能运用各种材料将自己打扮成各种小动物。

2. 幼儿能在游戏中大胆创造和表现，感受在做中玩、玩中学的愉悦。

3. 幼儿能够在活动中学会合作、互助，体验游戏的快乐。

---

① 教育部教育管理信息中心．全国优秀幼儿社会教育活动课例评析[M]．重庆：西南师范大学出版社，2011.(选入时有改动)

活动准备

1. 物质准备：各种装扮材料、宽敞的活动室、音乐《快乐的动物园》、音响设备等。

2. 经验准备：幼儿预先了解几种常见的小动物的基本特征和生活习性。

活动过程

1. 让幼儿讨论自己心目中可爱的小动物。

由于在本次活动之前进行了相关的主题活动，所以幼儿对小动物的印象极为深刻，在活动室里你一言、我一语地发表自己的看法。

2. 引导幼儿回想、讨论各种小动物的特征，试着想一想自己想变成哪种小动物。

活动中幼儿纷纷发表意见，畅所欲言。例如，路路想要变成一只可爱的小山羊，欣欣渴望自己成为一只惹人喜爱的小花猫……

3. 幼儿自主选择材料，装扮自己。

幼儿七嘴八舌地讨论着：用毛线贴在白色衣服上可以当作绵羊身上的毛；在蛋糕壳上画格子，就成了乌龟背上的壳了；用果冻盒可以做梅花鹿的角……

4. 幼儿互相帮助进行装扮。

幼儿互相合作、互相帮助，教师以合作者、参与者、指导者的身份参与制作，为幼儿出谋划策。

活动中，波波帮助文文把毛线贴在背上作为"羊毛"；菲菲和佳佳合作共同制作了"贝壳"，装在了背上；珊珊把果冻盒"安装"在希希头上……

虽然幼儿是初次进行装扮动物的活动，但是由于他们已经积累了丰富的知识经验，所以顺利完成了装扮环节。这一环节为他们提供了充分展示的舞台，即利用一切废旧物品表现自己对动物的喜爱。

5. 对同伴的装扮进行评价。

波波装扮后俨然成了一个"孙悟空"。他先是拿一块布围在身上，再拿一个小朋友的发箍套在头上，眨眼间，一只"猴子"现身了。

路路拿了两个一次性杯子，做成了山羊角。

……

幼儿在欣赏别人的作品后，欢快地唱起了歌曲《快乐的动物园》。

6. 布置运动会比赛场地，并介绍游戏规则。

幼儿分4组比赛，每组从第一个幼儿开始。幼儿坐在羊角球上，紧握两个手柄向前跳动，穿越"山洞"，走过"独木桥"，拿到水果后，按原路返回。

7. 幼儿进行游戏过程中，教师做裁判，指导幼儿游戏。

幼儿在游戏中情绪高涨，十分活跃。

8. 活动结束，引导幼儿收拾物品回家休息。

幼儿、教师一起将活动场地收拾干净。

评析：

喜欢小动物是每个处在学前阶段儿童的共性。这一活动正是在幼儿喜欢小动物的基础上开展的。活动设计贴近幼儿的生活，提高了孩子的动手能力、相互合作的能力、大胆设计与创作的能力，激发了幼儿的表演欲望，培养了幼儿的想象力，实现了活动目标。该活动虽是社会活动，但也融入了其他领域的内容，将各领域内容进行了有机整合，注重综合性、趣味性、活动性。活动采用了多种教育方法，寓教于生活、游戏之中。

(二)游戏活动

游戏是幼儿每天生活的重要内容，是幼儿最喜爱的活动。游戏不仅可以满足幼儿参与成人生活的愿望，而且对于幼儿的社会性发展也具有其他教育形式不可替代的作用。在幼儿园中，游戏可以独立作为社会教育的活动形式，也可以和其他教育形式结合起来使用。

对幼儿社会性发展影响较大的游戏是角色游戏和表演游戏。这类游戏对幼儿社会性发展的作用主要表现在以下方面。

1. 有助于幼儿发展社交能力和掌握行为规范

在游戏中，幼儿需要就游戏的主题、角色分配、情节、玩法等进行协商和交流。在"娃娃家"游戏中，幼儿需要协商分配游戏角色、布置游戏环境和选择材料等。在游戏过程中，幼儿有时会因玩具或角色分配而发生争执，如争演同一个角色，这就要求幼儿学会合作、分享、谦让等人际交往技能，逐渐掌握人际交往规则。角色游戏还能起到社会角色示范的作用。例如，通过对父母等角色的扮演，感受到父母对孩子的关心和疼爱，懂得孩子应该尊重父母；通过对医生角色的扮演，体会到病人应该尊重医生，医生应该关心、爱护病人等。在游戏中，幼儿会逐渐懂得什么该做，什么不该做，从而掌握一定的社会行为规范，形成良好的品德。

2. 有助于幼儿增强自制能力，克服自我中心倾向

幼儿在角色游戏中，会按照各种角色的身份及其情感体验来行动，从以自己为中心转变到从他人的角度来看待问题并理解他人，从而克服自我中心倾向。为了更好地玩游戏，幼儿必须学会使自己的意见和他人的看法协调起来，学会相互理解和帮助，学会与同伴协商、合作以及适当让步等。一旦幼儿在游戏中学会了自我控制和延迟满足，其自制力就会得到增强。

游戏对幼儿的社会性发展发挥着独特和重要的作用。教师应重视游戏在幼儿社会性发展中的重要作用，使游戏真正成为幼儿社会教育的重要途径。教师可以针对幼儿出现的社会性问题，有意识地设计游戏活动，给幼儿创造在游戏中自己解决问题的机会。教师应尊重幼儿、相信幼儿，让幼儿自己解决游戏中遇到的问题。教师可以在时间、空间和操作材料上为幼儿的游戏活动提供便利。

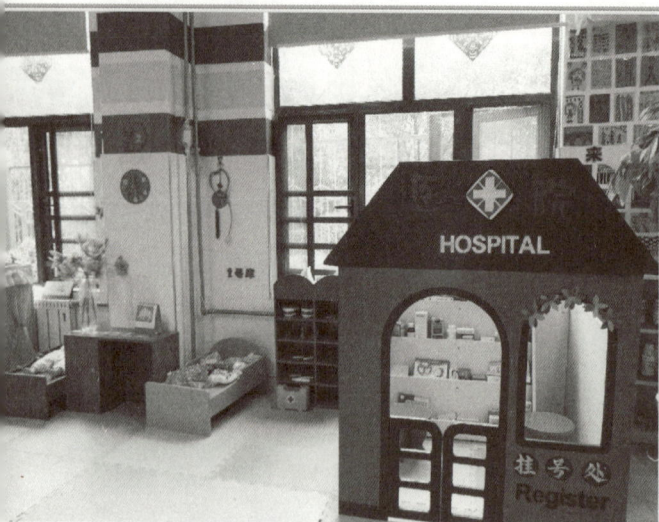

图 4-1　娃娃医院

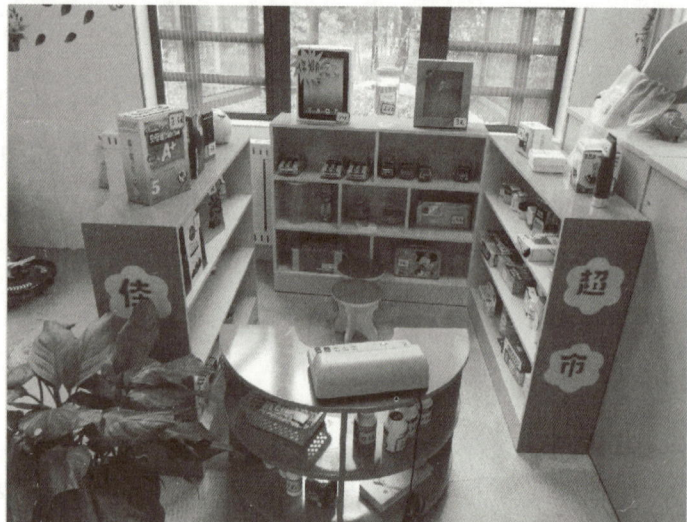

图 4-2　娃娃超市

（图 4-1、图 4-2 由武汉市小红帽幼儿园提供）

（三）区域活动

区域活动是教师以幼儿感兴趣的活动材料和活动类型为依据，将活动室的空间相对划分为不同区域，让幼儿自主选择活动区域，并通过与材料、环境和同伴的充分互动使幼儿获得学习与发展的教育形式。

区域活动是幼儿园社会教育的主要途径之一。区域活动的最大特点在于为幼儿提供了自主互动的机会。在区域活动中，幼儿可以自主选择和自发地开展活动，可以自由交往和自由表现，增进幼儿对彼此的了解。幼儿园所创设的活动区主要有：角色游戏区、表演、音乐区、益智区、建构区、美工区、科学区、语言区、阅读区、种植区、饲养区等。

通过区域活动对幼儿进行社会教育，主要是通过活动区域环境的创设和活动材料的投放来满足幼儿的需求，实现社会教育的功能和目标。因此，创设有利于幼儿社会性发展的区域活动环境，特别是投放适宜的活动材料就显得尤为重要。教师在投放活动材料时应考虑以下两个问题。

第一，活动材料的数量应该是充足的，能够满足幼儿的需要。研究表明，在活动面积较大、活动材料数量充足的情况下，幼儿在活动中出现的竞争性行为、破坏性行为和攻击性行为，从程度和数量上都远低于活动空间狭小、活动材料缺乏的情况。

第二，活动材料的种类应根据幼儿的年龄特点和发展需要来提供。例如，在建构区，大型的实心积木有利于幼儿之间的协商、分工、合作，能使幼儿在活动中学习处理人际关系、解决矛盾和问题。但需要注意，这种大型积木虽适合大班幼儿，但不适合小班幼儿。

图 4-3 建构区
(山东科技大学幼儿园提供)

图 4-4 美工区
(岳麓教育集团第六幼儿园提供)

(四)利用社区环境进行教育

社区是幼儿生活中所接触到的另一重要环境。社区环境本身就是一部教材，蕴含着丰富的教育资源。《纲要》指出，幼儿园要"充分利用社会资源，以引导幼儿实际感受祖国文化的丰富和优秀，感受家乡的变化和发展，激发幼儿爱家乡、爱祖国的情感"。社区中的博物馆、图书室、活动中心、医院、超市、名人故居、名胜古迹、各种公共设施等都是幼儿社会教育的资源。

教师要有意识地发掘、利用社区教育资源，在保证安全的前提下通过让幼儿参观、访问以及参与社区活动等方式，引导幼儿认识社会及其发展，激发幼儿参与社会生活的愿望和兴趣。例如，幼儿园可组织幼儿到邮局参观，了解工作人员的工作程序和邮件的传递过程；到商场进行购物实践，了解售货人员的工作特点等。这些活动可以让幼儿体会到这些机构给大家提供的服务和便利，懂得尊重工作人员的劳动，珍惜劳动成果，都能起到相应的社会教育作用。

作为社区的成员，利用社区资源对幼儿进行社会教育，还意味着要积极引导幼儿参与某些适合幼儿参加的社区服务活动。让幼儿在服务社区的同时喜欢并适应群体生活，从而提高幼儿的社会适应能力，让幼儿对所在社区形成基本的认同感和归属感。例如，带领幼儿参与一些社区庆祝活动，带领幼儿到敬老院给社区老人表演歌舞。

▶▶ 二、 环境教育 >>>>>>>>

幼儿社会性发展和教育是一个长期的过程，受到多种因素的影响和制约。在幼儿社会教育活动中，环境是一种重要的教育资源。幼儿社会教育具有潜移默化的特点，因此我们说环境是无言的教师。环境也是一种隐形课程，可以起到暗示

学习笔记

的作用，能够引发幼儿积极社会行为的产生，其效果甚至超过了教师的言传身教。从某种意义上讲，幼儿社会领域的教育就是一种环境教育。教师应创设和利用好环境，有效促进幼儿社会性的发展。幼儿园环境一般包括物质环境和精神环境。

(一)幼儿园物质环境

幼儿园园舍的整体设计要力求功能合理，建筑外观要活泼、协调、富于变化；色彩要清新、亮丽、雅致，在吸引幼儿喜爱上幼儿园的同时，也要有利于陶冶幼儿的性情。幼儿园整体空间要安排适当，既不拥挤，也不空旷，让人感到温馨、舒适，有利于幼儿开展活动。

幼儿园的活动室布置要注意物品种类丰富而不繁杂，物品摆放有条不紊，并尽可能摆放一些幼儿自己的美工作品。室内环境整体上要简洁，不需太过精致、讲究，环境整洁、色调明亮即可，也可以摆放一些花草，使幼儿乐于置身其中，与环境产生积极的交流互动，从而促进幼儿之间的互动交往，使幼儿保持愉快的情绪。在室内空间安排上，要注意空间密度适度，既不可过分拥挤，以免造成幼儿攻击性行为的增加；也不可过于空旷，以免导致幼儿消极社会性行为的产生。为了配合主题活动的开展，可以对环境进行特殊设置。例如，借助国庆节的节日气氛组织"爱祖国"的主题活动，可以让幼儿收集祖国各地名胜古迹的图片贴在活动室墙上或展板上进行展览。幼儿在收集图片、布置展览的过程中，会对祖国产生新的认识，激发对国家的认同感和归属感。

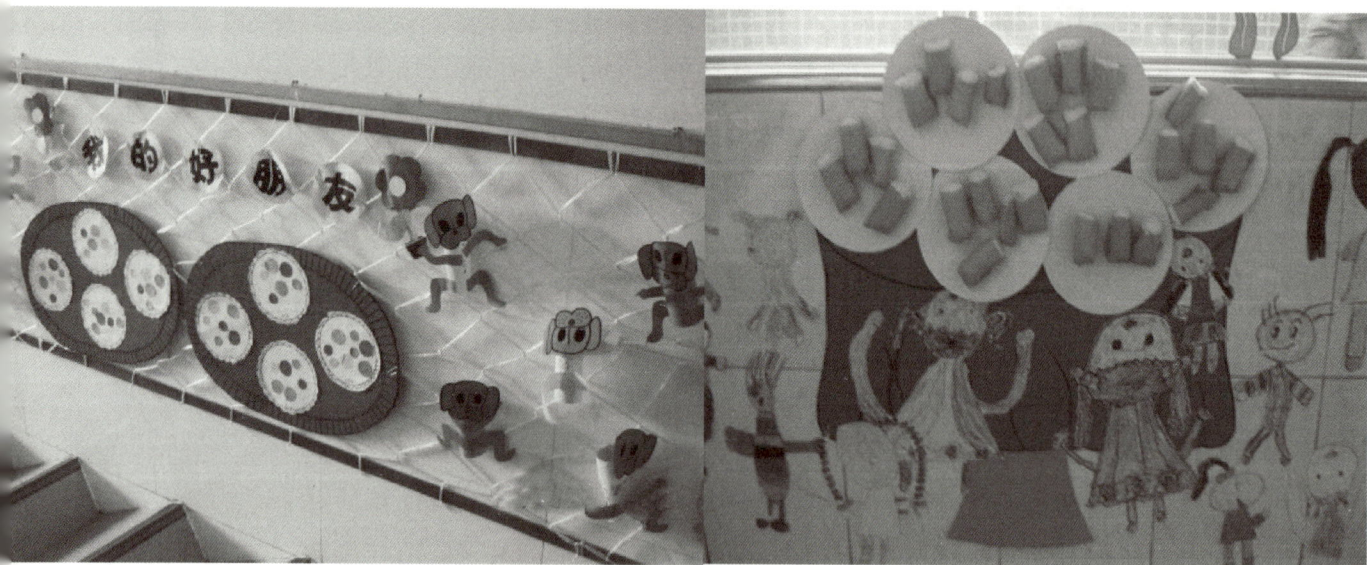

图 4-5　楼道装饰
(北京市丰台区第一幼儿园提供)

动员幼儿参与环境创设也是对幼儿进行社会教育的一种手段。陈鹤琴认为："用幼儿的双手和思想布置的环境，会使他们更加深刻地理解环境中的事物，也会使他们更加爱护环境。"让幼儿按照自己的意愿和想法来参与幼儿园环境创设，幼儿的主体意识、责任感，以及幼儿之间的信任感、合作精神都可以得到发展。幼儿在环境创设过程中会对自己的能力产生新的认知，体验到成功的快乐，其自尊心和自信心也得以产生和发展。在这一过程中，环境与幼儿、教师与幼儿、幼儿之间会充分互动，使幼儿认识到相互协商、分工合作和相互帮助的重要。因此，幼儿参与环境创设的过程本身就是一个社会教育的过程，潜移默化地促进了幼儿社会性的发展。

（二）幼儿园精神环境

《指南》指出："幼儿的社会性主要是在日常生活和游戏中通过观察和模仿潜移默化地发展起来的。"对于幼儿的社会性发展而言，精神环境虽然是无形的，却能直接影响幼儿的社会性发展，相比物质环境，精神环境甚至更为重要。

幼儿园精神环境创设主要是指建立融洽、和谐、健康、有效的人际关系，主要通过教师与幼儿的交往、幼儿与幼儿的交往以及教师与教师的交往实现。

1. 教师与幼儿的交往

《纲要》在社会领域的指导要点中指出："要创设一个能使幼儿感受到接纳、关爱和支持的良好环境。"教师应当用积极的态度、接纳和宽容的心理去面对幼儿。教师在和幼儿互动时应对幼儿表现出支持、尊重、接纳的情感态度和行为。教师要善于理解幼儿的各种情感需要，不能对幼儿有偏见，要相信幼儿有自我判断和做出正确选择的能力，要善于对幼儿做出积极的行为反馈。教师还应当以民主的态度来对待幼儿，允许幼儿自由表达自己的想法和建议，而不能凭借教师的权威去命令和压制幼儿。这种自由而不放纵、指导而不支配的民主教育态度和方式，能使幼儿感受到尊重和鼓舞，有利于激发其学习动机并使其保持良好的情绪状态。教师在与幼儿的交往中，可以尽量采用多种肢体语言动作，如微笑、注视、点头、摇头、肯定性或否定性手势、轻拍肩膀、亲吻、拥抱等。以"此时无声胜有声"的方式，表达教师对幼儿的关心、接纳、鼓励或者不满意、希望停止当前行为等。幼儿能从教师的态度中感受到一个积极的"他人眼中的自我"，感受到教师的爱，从而产生亲近、喜爱、相信教师的情感，使教育行为收到良好效果。

2. 幼儿与幼儿的交往

第一，教师应为幼儿创设更多积极交往的机会，引导幼儿学会相互交流思想和感情。例如，对于刚入园的幼儿，教师可以让他们相互介绍自己，使他们消除胆怯心理和彼此间的陌生感。教师通过营造积极的气氛，引导幼儿向同伴表达自己的思想和感情，并了解别人的需要和情绪状态等，使幼儿产生移情，进而产生帮助、合作等行为。教师在日常活动中应鼓励幼儿相互说说对某件事情的感受，让幼儿学会观察他人的表情、了解他人的心理状态等。

第二，教师应创设友爱的气氛，引导幼儿互相关心、互相帮助。让幼儿学会关心他人的正确方式，在全班营造友爱的气氛是良好精神环境创设的一项重要内

学习笔记

容。这样的教导应体现在日常生活中的每一个细节中。例如，一个幼儿摔倒了，教师可以让其他小朋友把他扶起来；在游戏时要玩具共享，不能抢夺；相互间应习惯说"请""谢谢""对不起"等礼貌用语。教师要鼓励缺乏交往技能或过分害羞的幼儿积极参与到班级活动中来，并提示其他幼儿与其交往，使其获得更多交往成功的愉快感，增强其自信心和积极的情感。教师还可以通过生日庆祝会等活动，促进幼儿之间的相互了解，增进幼儿之间的友谊。

对于幼儿自由交往中出现的问题，如果不影响其他幼儿和教师的话，教师可以采取积极忽略的态度，关注但不干涉幼儿之间自己解决问题。当发生严重的问题或较大的冲突时，教师再介入进行恰当指导。

3. 教师与教师的交往

教师之间的交往对幼儿的社会性发展具有重要的影响。教师是幼儿的榜样，教师间的交往为幼儿同伴间的交往提供了模仿和学习的机会。教师教育幼儿要互相关心、帮助、合作、分享等，如果教师自己坚持这样做，那么幼儿在耳濡目染中，很容易模仿和产生类似的行为。教师间的相互关心和帮助，还会给班级内带来温暖的气氛，容易激发出幼儿积极的社会性行为。在工作中，教师之间还要注重相互帮助，相互维护，不诋毁他人，不互相拆台，不当着幼儿的面说别的教师的坏话等。

幼教故事 ▶▶▶▶▶▶▶

中一班的配班教师刘老师生病了，作为主班教师的王老师在班上对小朋友们讲述了刘老师平时是如何不辞辛苦地为小朋友们做这做那的，小朋友们听了之后都非常感动。随后，王老师又让全班小朋友回家之后打电话问候刘老师。当第三天刘老师来上班，刚走到教室门口的时候，小朋友们就不约而同地出来看刘老师，一双双明亮的眼睛望着刘老师。这个问："刘老师，您好一点儿了没有?"那个问："刘老师，您是怎么了?"孩子们的关切之情溢于言表，感动得刘老师的泪水在眼眶里直打转……

▶▶ 三、随机教育 ▷▷▷▷▷▷▷▷

幼儿的社会性发展和教育是一个长期的过程。在这个过程中，除了教师有目的、有计划组织的社会教育活动外，幼儿的日常生活、自由活动、意外突发事件以及其他领域也蕴含着很多社会教育机会。因此，在专门的社会教育活动之外，教师还应重视各种情况下随机出现的社会教育机会，并能抓住机会对幼儿进行社会教育。

连线考证
如何在一日生活中实现社会领域的教育目标。

(一)日常生活中的随机教育

在幼儿的日常生活中蕴含了大量的社会教育机会，可以大致分为两类。第一类是主动的随机教育，这类随机教育在一定程度上是可计划、可控制的。例如，在幼儿入(离)园的时候，可以渗透礼貌教育；进餐时，可以渗透节约粮食、进餐礼仪和饮食文化等方面的教育；饮水时可以渗透节约水资源、轮流排队的教育……总之，在幼儿一日生活的各个环节都可以渗透随机教育。第二类是针对生活中的偶发事件进行的随机教育。例如，某个幼儿过生日，教师可以引导其他幼儿向他表示祝贺，并通过分蛋糕和他一起分享过生日的快乐；某个幼儿生病了，教师可以引导幼儿给他打电话进行问候，激发幼儿间的友爱之情；幼儿在游戏时因争夺玩具发生了冲突，教师可以对他们进行分享、谦让和团结友爱的教育等。

教师应提高随机教育的意识和自己处理问题的能力，抓住一切机会对幼儿进行随机的社会教育，促进幼儿社会性的发展。

📎 **相关链接** ▶▶▶▶▶▶▶

让感谢成为习惯①

我在幼儿园担任体育教师，一个偶然的机会，我被临时安排到大班带生活活动。自主游戏后便是喝奶时间，我请孩子们排队来我这里打牛奶。我有个习惯，就是要等孩子说"谢谢老师"后，我才把牛奶递给他，这是几年前当保育员时形成的习惯。这倒不是我想满足被孩子尊重的虚荣心，而是想让孩子学会感谢别人。

第一个来打牛奶的小男孩什么也没说，只是用力拉我手中的杯子，表情疑惑，似乎对我的举动很是不解。我也没说什么，只是对着他笑，杯子在空中僵持了一阵，我小心地松开手，叮嘱他回座位的时候要小心。接着第二个孩子将杯子递过来，第三个、第四个……直到最后，也没有一个孩子想到说"谢谢"，我有些失落。等孩子们喝完牛奶后，我忍不住举起紧握在手中的杯子，对孩子们说："刚才可能不少小朋友已经注意到，老师在给你们打牛奶的时候，没有把牛奶马上递给你们，是吗？"

孩子们都注视着我，表情疑惑。

我用平静的目光从他们天真无邪的脸上一一滑过，说："老师给你们出一道思考题：你怎么才能让老师将打好的牛奶马上递给你？"话音刚落，孩子们七嘴八舌地说开了。

"趁老师不注意，一下夺过来。"一个铜铃般的声音从耳边划过。

"那如果牛奶泼出来烫伤人怎么办？"我否定了她的回答。

"挠老师的痒痒，这样老师的手就松开了。"坐最后一排的小男孩大声说道。

"这个小朋友动了脑筋，但要思考怎样才能让老师心甘情愿地把牛奶递给你？"我示意他坐下再思考。

这时，坐在角落里的一个扎羊角辫的高个儿女孩引起了我的注意，她的手犹豫地举到半空又怯怯地缩了回去，反复了几次。

我慢慢走过去，一边微笑着用眼神鼓励她，一边示意她回答。

"……亲亲老师的脸……"她站起来怯怯地说。孩子们一听，顿时哄堂大笑，乱成一团。

这个回答还真出乎我的意料，我示意孩子们安静。"这倒是一个很不错的方法，那你为什么要亲

---

① 代卫国. 让感谢成为习惯[J]. 幼儿教育(教育教学)，2007(10). (选入时有改动)

老师的脸呢?"

"因为……因为老师帮我打了牛奶。"小女孩一边说,一边挠着耳朵。我连忙接过她的话:"因为老师帮你打了牛奶,你心里很……"

"感激!"孩子们抢着帮她回答了。我满意地笑了笑,示意她坐下。接着,孩子们你一言我一语地抢答,什么帮老师捶背,帮老师捏胳膊,话音此起彼伏。

等孩子们的声音逐渐减弱时,我说:"刚才你们所说的方法都是想表达对老师的感激之情。其实有一种方法更简单也更有效。那就是对老师说一声——"我故意拉长了声音。

"谢谢——"孩子们积极应答。

我笑着说道:"记住,以后老师给你们打牛奶或盛饭的时候,在你们有困难得到别人帮助的时候,千万别忘记说声'谢谢'。"

这件事已过去一段时间了,但孩子们接过牛奶时那理所当然的眼神时常在我脑中闪现。我并不责怪他们,因为他们毕竟还小。而作为教育工作者不去教孩子们这些为人处世的道理,则是失职。有一句话是这样说的:"播种思想,收获行动;播种行动,收获习惯;播种习惯,收获性格;播种性格,收获命运。"这不正指向教师肩负的责任吗?感恩之心是沉睡在孩子心灵深处最美的花朵,愿天下所有教师能用一颗感恩的心去叩开孩子的心扉,去唤醒这朵花,让感谢成为习惯。到那时,我们的世界就会弥漫着爱的芳香。

(二)其他领域中的社会教育机会

幼儿园五大领域教育的内容是相互渗透和交叉的,在其他领域的教育活动中也蕴含着丰富的社会教育内容和契机。在语言领域活动中,很多文学作品和活动形式都带有社会教育的意味。例如,故事表演《狼来了》可以教育幼儿要诚实、不撒谎;《小羊过桥》可以教育幼儿要相互谦让;《小猫钓鱼》可以教育幼儿做事要专心致志,不能三心二意。在艺术领域活动中,可以利用各种艺术作品和艺术活动(音乐欣赏、绘画、唱歌、舞蹈、表演等)让幼儿体验、表达社会情感,并与同伴交流沟通,养成良好的社会品质。例如,通过演唱《李小多分果果》,培养幼儿慷慨大方、先人后己的品质;通过美术活动"画妈妈""画我的幼儿园""画家乡"等,引导幼儿在绘画过程中体验和表达对亲人、幼儿园和家乡的情感;通过舞蹈《摘果子》教育幼儿要热爱劳动。在健康领域活动中,教师可以利用多种活动形式培养幼儿坚强、乐观、勇敢的精神和互相配合的能力。例如,在各类竞赛性的游戏中,可以教育幼儿要团结一致;在跳绳、丢沙包、拍皮球等游戏活动中,可以教育幼儿要相互协助、相互体谅,要胜不骄、败不馁等。在科学领域活动中,也可以渗透社会领域教育的内容。例如,数学活动"果子丰收""分月饼"等,可以让幼儿在学数学的同时,感受到丰收的喜悦,并加深对传统节日的认知。

幼儿园每个领域的活动都在从不同角度、用不同的手段和方式促进幼儿的社会性发展。教师在实施不同领域的教育活动时，不仅要关注某一领域教育目标的实现，同时也要抓住对幼儿进行社会教育的机会。为此，教师应提高自身的社会教育意识，要善于发掘各领域活动中的社会教育因素，把握教育契机，对幼儿进行全面的教育。

此外，在节日活动中渗透社会教育也是一条非常有效的途径。例如，在三八妇女节庆祝活动中，对幼儿进行爱妈妈的教育；在植树节进行环境保护教育；在五一劳动节进行爱劳动教育；在国庆节进行爱国主义教育；等等。

图 4-6 元旦包饺子

图 4-7 三八妇女节，孩子给母亲洗脚

（图 4-6、图 4-7 由安阳市幸福泉幼儿园提供）

▶▶ 四、幼儿园与家庭的合作 >>>>>>>>>

影响幼儿社会性发展的因素是广泛的，单靠幼儿园的力量难以完成幼儿社会教育的目标。幼儿园必须与家庭、社会充分合作，共同促进幼儿社会性的发展。幼儿社会性的发展是三方共同教育的结果，其中家园合作的价值尤为突出。

（一）家园合作的重要意义

幼儿园有良好的教育条件和丰富的教育资源，有受过专门训练的保教人员，是对幼儿实施社会教育的专门机构。相比幼儿园而言，家庭是幼儿生活、学习的主要场所，家庭对幼儿社会性发展的影响是潜移默化的，具有连续性和相对稳定性的特点。家长比教师更能系统、细致地了解自己孩子的脾气、性格以及优缺点，也有更多的时间和精力与孩子进行面对面地沟通和交流，进行一对一的教育指导。家庭教育如果得当的话，其教育效果会更加明显。家庭对幼儿社会性发展的影响是机构教育不可替代的。幼儿园必须与家庭合作，共同担负对幼儿进行社会教育的责任。

良好的家园合作能够达到事半功倍的效果。家园合作有利于家庭教育和幼儿园教育保持一致。作为幼儿社会教育的两个重要场所，幼儿园与家庭只有密切合作、协调一致，才能更加高效地实现幼儿社会教育的目标。家园合作有利于统一双方的教育观念，发挥双方的优势。家园一致的教育行为可以减少幼儿的困惑和不安，增强幼儿对家长和教师的信任感。如果家园缺乏合作，就可能导致幼儿在家一个样、在幼儿园一个样的现象，会削弱甚至抵消幼儿园教育的效果。

家园合作有利于幼儿园向家长传播先进的社会教育理念，传授科学的教育方法和技巧，增强家长的教育信心和能力。因此，幼儿园应积极带动家庭进行社会教育，全方位促进幼儿的社会性发展。

(二)家园合作中应注意的问题

家园合作在幼儿社会教育中发挥着重要的作用。幼儿园与家庭合作需要注意以下四个问题。

第一，要获得家长的信任。获得家长的信任是有效实施家园合作的前提和基础。教师要想获得家长的信任，就必须像家长一样真诚地关爱孩子，就必须以平等、真诚的态度对待家长，就要设身处地为家长着想，帮助家长解决教养过程中的实际问题与困难。幼儿园只有将"一切为了孩子"作为教育的出发点和归宿，才能获得家长的信任。只有获得家长的信任，幼儿园采取的合作措施才能被家长接受和认可，家园合作才有可能取得实效。

第二，要做好和家长的沟通工作。幼儿园与家长联系沟通的渠道、方式很多，可以通过面谈、电话交谈、写信、家长会、家园联系园地、家园联系手册、家长委员会等传统方式，也可以通过电子邮件、QQ、微信等现代交流方式。与家长的沟通工作要及时。利用 QQ、微信等能够实现和家长及时沟通，及时向家长传递幼儿信息。教师可以建立班级 QQ 群、微信群，实现教师与家长、家长与家长间的在线沟通与交流，在分享幼儿社会性培养经验的同时，也有利于家长之间组织幼儿共同活动，给幼儿提供更多的交往机会，促进其社会性的发展。另外，给家长写信或发电子邮件也是一种很好的沟通方式，虽然比较耗费时间和精力，但有时会收到意想不到的效果。与家长的沟通工作还要做到有效。与家长沟通的目的是幼儿的成长，如果不能实现这一目的，仅仅是取悦家长，沟通就失去了意义和必要性，也背离了家园合作的本意。

第三，要获得家长对幼儿园教育理念和教育方式的认可，并能使其主动与幼儿园保持一致。幼儿园与家庭在教育理念上的不一致，可能导致教育力量的冲突和教育效果的相互抵消，导致幼儿行为反复和两面性，严重影响幼儿社会性发展。幼儿园应通过各种途径和方式向家长宣讲现代幼儿教育理念，影响并促使家长形成科学的育儿观，使家长在幼儿园的影响下，能够在家庭中为幼儿树立良好的榜样，创设民主、和谐的家庭氛围，采取科学的教养方式，促进幼儿社会性的发展。

第四，要充分挖掘和利用家长资源。每名家长都有不同的职业、社会背景和广泛的社会关系，其中蕴含着丰富的教育资源。这些资源对幼儿园来讲是一笔等待挖掘和利用的巨大财富。例如，幼儿园某班将木偶教育作为该班的特色项目，是因为该班有一名幼儿家长是当地木偶剧团的演员；在"我会打电话"的主题活动中，可以请当警察的家长来给幼儿讲解应当在哪些情况下拨打"110"报警电话；在"认识我自己"的主题活动中，可以请当牙医的家长来给幼儿讲解牙齿的构造、换牙知识和牙齿保护的方法。每次请家长来参与活动时，幼儿都具有很高的兴趣和积极性，听得认真仔细，学得开心投入，活动效果非常好。虽然多数家长不是学前教育专家，但部分家长所具有的一些专业知识背景是幼儿园教师不具备的，能很好地补充幼儿园教育资源。此外，有些家长具有丰富的家庭教育经验，对学前教育有独到的见解，在组织家教经验交流时，这些家长的经验对其他家长和幼儿园而言都是宝贵的财富。

思考与练习

一、单选

1. 幼儿园促进幼儿社会性发展的主要途径是（　　）。

A. 人际交往　　　B. 操作练习　　　C. 教师讲解　　　D. 集体教学

2. 采用多种活动形式和教育方法，活动过程环环相扣，使幼儿在较短时间内获得一定程度的社会行为。这种幼儿园专门的教育活动是（　　）。

A. 综合教育活动　　　　　　B. 游戏活动

C. 区域活动　　　　　　　　D. 利用社区环境进行教育

3. 下面不属于幼儿园精神环境创设的主要内容的是（　　）。

A. 教师与幼儿的交往　　　　B. 幼儿与幼儿的交往

C. 教师与家长的交往　　　　D. 教师与教师的交往

4. 大班的明明生病了，已经两天没来幼儿园了。下午离园前，芳芳老师建议孩子们回家后打电话问候一下明明，关心一下明明的病情。这种教育活动属于（　　）。

A. 专门教育活动　B. 环境教育　　　C. 随机教育　　　D. 家园合作教育

5. 家园合作在幼儿社会教育中发挥着重要作用，幼儿园有效实施家园合作的前提和基础是（　　）。

A. 做好和家长的沟通工作

B. 获得家长的信任

C. 家长要认可幼儿园教育理念和教育方式

D. 发掘和利用家长资源

6. 幼儿园每个领域的活动都可以从不同角度促进幼儿的社会性发展，教师在实施不同领域的教育活动时，不恰当的做法是（　　）。

模块四单元1云测试

A. 专注于该领域教育目标的实现

B. 提高自身的社会教育意识

C. 发掘社会教育因素，抓住社会教育机会

D. 把握教育契机，进行全面教育

7. 对幼儿社会性发展具有较大影响的游戏是（　　）。

A. 智力游戏　　　B. 体育游戏　　　C. 角色游戏　　　D. 建构游戏

8. 在利用社区环境对幼儿进行社会教育过程中，不恰当的做法是（　　）。

A. 参观社区医院，了解医护人员的工作职责和工作环境

B. 参加某企业的促销活动，在现场进行表演

C. 在社区组织的国庆庆典活动中进行表演

D. 在养老院给社区老人进行歌舞表演

二、简答

1. 幼儿社会教育的途径主要包括哪些？

2. 幼儿园专门的社会教育活动主要有哪些？

3. 幼儿园与家庭合作需要注意哪些问题？

单元2　幼儿社会教育的常用方法

⚐ 连线考证

幼儿社会教育各种方法的概念及使用时的注意事项。

教育方法是教师为完成教育任务、实现教育目标所采取的措施和手段，在教育活动中起着非常重要的作用。在幼儿社会教育中，只有选择适宜的教育方法才能实现社会教育活动的目标，才能提高幼儿社会教育的质量和效果。幼儿社会教育的内容丰富多彩，影响社会教育过程的因素多种多样，因此教育方法也有许多选择。下面介绍几种常用的教育方法。

✎ 学习笔记

▶▶ 一、幼儿社会教育的一般方法 ＞＞＞＞＞＞＞＞

一般方法是指不仅适用于社会教育领域，在其他各领域也都适用的教育方法。幼儿社会教育常用的一般方法主要有以下七种。

（一）讲解法

讲解法就是教师以幼儿能够理解的口头语言对社会教育内容进行通俗易懂、深入浅出的解释和说明，使幼儿能够正确理解社会教育的内容和意义，学会正确的行为方式。

讲解法的优点有：①信息量大，可使幼儿在较短的时间内获得较多的知识信息。②主题明确，有利于幼儿直接接受。③反馈及时直接，教师可从幼儿的状态和幼儿的回答中得到反馈，有利于及时调整讲解的内容和方式。

讲解法的局限性有：①讲解的形式相对单调，幼儿的注意力不易保持。②讲

解的内容、方法较为单一，难以照顾到幼儿的个体差异。③幼儿以听教师讲为主，不能对学习内容及时作出反应，学习的积极性和主动性不易充分发挥。

讲解法简单易用，其他许多方法都需要和它配合使用。教师在使用讲解法时应注意以下三点。

第一，讲解要有针对性。不是所有的内容都适合使用讲解法，只有那些幼儿无法实践和体验的、难以理解的内容才适合由教师专门讲解，而一些非常简单的，幼儿容易理解的内容，就无须教师讲解。

第二，讲解要具体、直观、形象。受语言理解能力的制约，幼儿对一些观念性的、概括性的内容很难理解。教师在进行社会教育内容讲解时应尽量做到具体、直观、形象。对一些观念性、概括性的内容，必须以幼儿能听懂的语言，简单明了地讲给幼儿，化抽象为具体，变深奥为浅显，以利于幼儿理解和接受。

第三，讲解方式要多样化。幼儿听讲时注意力保持时间很短，难以专心倾听单调的讲解。因此教师讲解时除了要吐字清晰、语言简练外，可在语气、语速、语调、角色身份上加以变化，以保持对幼儿的吸引力。例如，采用游戏的方式讲解穿衣方法。教师扮演猫妈妈，要带小猫出去玩。教师以猫妈妈的口吻说："小猫们，我们开火车到很远的地方去玩，现在就出发。"然后边唱儿歌边教幼儿穿衣服："火车呜呜响（衣服套头），咔嚓咔嚓上山岗；钻山洞，过大桥（穿进袖筒），运客运货忙又忙（拉拉链或系扣子）……"这样幼儿便会按要求去做。

（二）谈话法

谈话法是指教师与幼儿通过对话的方式，相互提问、对答交流的一种教育方法。教师向幼儿提出问题，也解答幼儿的问题，不受限制，在课内、课外，面对幼儿个体、集体时都可以采用。谈话可以激发幼儿的思维活动，有助于培养幼儿的独立思考能力和语言表达能力。在谈话过程中，教师可以直接了解幼儿对教学内容的掌握情况，有利于教师根据幼儿对社会教育内容的理解程度进行有针对性的引导。

谈话法可以一对一地个别进行，也可以面向小组和全体幼儿，但无论以哪种形式使用谈话法，都应注意以下几点。

第一，谈话的内容一定是幼儿熟悉的。只有幼儿熟悉的内容，才能使幼儿积极地参与到谈话中来，成为交谈的一方，在谈话中获得新的社会认知，并与教师在情感上产生共鸣。谈话的主题要贴近幼儿的生活，只有幼儿熟悉的谈话主题，才能使幼儿感兴趣，才能实现教育的目的。

第二，谈话是一种双向交流，教师要避免单方面的讲述。对于幼儿提出的问题和表达的看法，教师都要耐心倾听，要给予积极的鼓励和关注。

第三，教师要精心设计语言，引导幼儿的谈话兴趣，步步深入。教师在与幼儿谈话时，提出的问题要具体、明确、难易适度，使大多数幼儿都能对问题进行思考。

第四，谈话结束后要有总结。总结的方式要避免单一化，可以由教师进行总结，也可以由幼儿自己总结。

🔗 **拓展阅读** ▶▶▶▶▶▶

ICPS——我能解决问题①

"我能解决问题"(I Can Problem Solve，ICPS)是由默娜·B. 舒尔博士研发设计的一种通过谈话来帮助孩子思考自己及其他人的感受、行为的后果，以及其他的做法，引导幼儿自己解决问题的谈话技巧。这种方法最大的特点在于不是教孩子思考什么，而是教孩子如何思考，从而让他们能自己决定该做什么、不该做什么，以及为什么要那样做，提高孩子的人际交往能力和社会适应能力。下面是一个运用该技巧解决问题的典型案例。

有一天，在幼儿园里，亚历克斯把他的吸铁石给同学乔纳森玩，但后来他想要拿回来时，乔纳森很快地踢了亚历克斯一脚，于是两人就开始打架。亚历克斯气得满脸通红，开始尖叫，踢得也更厉害了。乔纳森被吓住了，亚历克斯拿回了他的吸铁石。

当亚历克斯想要拿回吸铁石的愿望遭到乔纳森的拒绝时，他想不出别的解决办法来，从而产生了强烈的紧张感和愤怒情绪。对亚历克斯而言，打一架是不可避免的了，因为他想不出(或者根本没有想)还有其他做法。他可能更在意"现在"怎么做管用，而不管这么做以后可能会发生什么。

"我能解决问题"的重点不总是要立刻"正确地"解决问题，而是强调帮助孩子练习思考怎样解决问题。如果你不断地告诉孩子做什么，他们就没有机会自己思考、探究其他选择了。下面是亚历克斯妈妈在开始使用"我能解决问题"法之前，如何就打架的问题与亚历克斯交流的。

妈妈：亚历克斯，老师告诉我你又和小朋友抢玩具了。你为什么要那么做？

亚历克斯：因为轮到我玩了。

妈妈：你们应该要么一起玩，要么轮流玩。抢可不好。

亚历克斯：可吸铁石是我的！

妈妈：你要学会和其他小朋友分享自己的玩具。如果你不想分享，那就不要把玩具带到幼儿园去。乔纳森很生气，不想再和你做朋友了。

亚历克斯：但是妈妈，他不愿意把吸铁石还我。

妈妈：你不能随便抢东西。如果他对你这么做，你会愿意吗？

亚历克斯：不愿意。

妈妈：明天你跟他说对不起。

在这段对话中，妈妈没有给亚历克斯任何选择"正确的"解决办法的机会。下面是亚历克斯的妈妈在学过"我能解决问题"的方法后，为帮助儿子思考抢玩具问题而展开的对话。

妈妈：亚历克斯，老师告诉我你又抢玩具了。告诉我是怎么回事？(帮助孩子认识问题。)

---

① 舒尔，迪吉若尼莫 . 如何培养孩子的社会能力[M]. 张雪兰，译 . 北京：京华出版社，2009.(选入时有改动)

亚历克斯：乔纳森拿了我的吸铁石，不肯还给我。

妈妈：你当时为什么一定要拿回来？（妈妈要了解更多的信息。）

亚历克斯：因为他已经玩了很长时间了。（妈妈了解到了一些情况，如果她只是要求儿子分享，是了解不到这些的。她的儿子已经分享了自己的玩具，问题的性质似乎变了。对话继续。）

妈妈：你那样抢玩具，你觉得乔纳森会有什么感觉？（帮助孩子考虑其他孩子的感受。）

亚历克斯：很生气，但我不在乎，因为吸铁石是我的。

妈妈：那你有什么感觉？（帮助孩子思考自己的感受。）

亚历克斯：生气。

妈妈：你生气，你的朋友也生气，并且他打了你。你能想一个你们俩都不生气，而乔纳森也不会打你的方法拿回玩具吗？

亚历克斯：我可以请他给我。

妈妈：那样的话可能会发生什么呢？（指导孩子思考这种解决办法可能产生的后果。）

亚历克斯：他会说不。

妈妈：他可能会说不。你还能想到什么别的办法拿回玩具吗？（把重点继续放在孩子的问题上，鼓励他想出更多的解决办法。）

亚历克斯：我可以让他玩我的玩具汽车。

妈妈：好主意。你想到了两种不同的办法。

亚历克斯的妈妈帮助儿子思考了他自己及其他人的感受、他的行为的后果，以及其他的做法。她在教孩子如何思考，用解决问题的方式与儿子谈话，这就是"我能解决问题"谈话法。

(三)讨论法

讨论法是指在幼儿社会教育中，教师指导幼儿就某些社会性问题、现象，相互启发、交流看法以获取新的社会认知的一种教育方法。讨论法可以让幼儿自由地表达自己的感受和意见，甚至不用顾虑自己意见的对错。在与教师、同伴的讨论过程中，每个幼儿都可能站在不同的角度思考问题，因而会引发幼儿的社会认知冲突。也正是因为这种冲突，幼儿的社会认知得到了深化，情感也能自然地流露出来。在讨论过程中，幼儿的思想处于活跃状态，认知兴趣被激发，分析问题和解决问题的能力也得以提高，有利于幼儿独立思考。此外，讨论法能在一定的时间内增加幼儿口头表达的机会，提高幼儿口头表达能力。

讨论的具体方式有成对交换意见、分小组讨论、全班讨论三种。运用讨论法应该注意以下几点。

第一，选好讨论的主题。讨论的主题要贴近幼儿的生活，是幼儿熟悉且感兴趣的，这样幼儿才会愿意参与讨论。选择的主题要有讨论的价值，即要有助于增进幼儿的社会认知，培养幼儿的社会情感。

第二，创设平等、宽松的讨论环境。讨论时，要让幼儿畅所欲言，自由地发表自己的看法，教师要引导幼儿进行讨论，但不要随意打断或评价。

第三，要考虑幼儿的年龄问题。年龄太小的孩子不适合参与讨论，只有当幼儿具备一定的口语表达能力和知识经验储备时，讨论才能顺利进行下去，讨论才有价值。

第四，讨论要有始有终。讨论开始时，教师心中要有明确的目标，并且要把握好讨论的方向。讨论结束时，教师可以结合讲解法对讨论进行总结，既要强化讨论的主题，纠正幼儿的一些错误认识，又要保护幼儿参与讨论的热情，以利于以后的讨论。

相关链接 ▶▶▶▶▶▶

中班社会活动：拾到东西应该还给别人

活动目标

1. 让幼儿懂得拾到东西应该还给失主。

2. 让幼儿了解并初步学会怎样寻找失主。

3. 让幼儿体验丢东西和拾到东西后的心情，以及找到东西和把东西还给别人的心情。

活动准备

小猫和小兔头饰。

活动过程

1. 活动导入

教师讲小猫丢东西的故事，吸引幼儿的兴趣。

2. 情境表演

让一个小朋友扮演小猫，丢东西后在急切地寻找。另一个小朋友扮演小兔，拾到东西后在寻找失主。两个小朋友进行小猫与小兔相遇后的情境表演。

3. 幼儿分组讨论，体验不同情境的心情。

(1)你有没有丢过东西？当时的心情怎样？

(2)别人把你丢的东西还给你时，你的心情怎样？

(3)你有没有拾到过别人的东西？你是怎么做的？当时的心情怎样？

(4)找不到失主该怎么办呢？

4. 幼儿发言

找4个小朋友分别就以上4个问题谈一谈自己的感受。

5. 教师总结

我们拾到别人的东西后，应该把东西还给别人，这样失主很高兴，我们也很高兴。以后我们拾到东西后都应该想办法还给失主，我们也要保管好自己的东西。

评析：

拾金不昧是中华民族的传统美德。幼儿刚刚开始步入社会，开展此类活动，对帮助幼儿成长十分必要。活动以讲故事开始，虽然是常规方法，但效果很好，马上吸引了幼儿的注意力。中间进行情境表演，其目的不仅在于进一步吸引幼儿，其本身也是对幼儿的一种暗示和教育，为随后的讨论做铺垫。讨论活动进行得也很充分，但教师还应关注那些没有丢、拾物品相关经验的孩子，考虑怎样让他们也受到教育。

(四)观察、演示法

观察、演示法是指在幼儿社会教育中，向幼儿呈现图片、录像、直观教具、实物等可以被幼儿感知的材料，使他们通过观察获得相应的社会认知、社会情感及社会行为的一种教育方法。观察、演示法具有直观性、形象性和真实性的特点，可以激发幼儿的学习兴趣，有利于幼儿理解和记忆所学知识。

观察、演示法具有较好的效果，大多与讲解法、谈话法结合起来使用。教师在具体运用时应注意以下三点。

第一，演示的目的要明确。要根据社会教育的实际需要，有针对性地运用观察、演示法。演示设计要有利于突出活动内容的重点和突破活动内容的难点，既不能为演示而演示，也不能单纯为了引起幼儿的兴趣、活跃课堂气氛而演示。

第二，演示前，教师要做好充分的准备；演示过程中，要尽可能地使每个幼儿都能观察到演示对象与过程。教师在演示时要将之与讲解法等其他教育方法结合起来使用，使幼儿将间接经验与观察结合起来，而不只是停留在直观感知上。

第三，教具的演示要适时恰当，避免分散幼儿的注意力。如果活动时准备演示动物标本等实物，教师不能过早地把这些教具展示出来，应在需要时进行展示，并在幼儿都看清楚后及时把它们收起来。如果标本一直放在幼儿眼前，便会持续吸引幼儿的注意，影响后面的讨论和总结。

(五)参观法

参观法是教师依据一定的教育目标，组织幼儿观察某个公共设施或社会机构，使幼儿在对设施或机构的观察和思考中获得相应的社会知识和社会规范的教育方法。教师对参观活动的组织和指导是幼儿观察与了解社会现实、获得社会认知的重要保证。

教师在运用参观法时，应注意以下四点。

第一，参观对象要安全。教师在组织幼儿参观前，应先去参观场所进行实地考察，以便了解参观场所是否安全(包括卫生安全)，是否存在安全隐患等，并要与现场接待人员商量好具体的参观安排。参观场所的安全性是参观活动能否进行的前提条件。

第二，参观前要充分做好准备工作。教师在组织幼儿参观前应制订出详细而周密的参观计划。该计划应包括参观的具体目标、时间、路线，通过参观幼儿应获得的社会认知，参观过程中教师引导幼儿进行观察和学习的措施，参观过程中幼儿所需要的物资(水、卫生纸等)，参观活动的安全预案等。此外，参观前教师还应帮助幼儿做好心理和经验准备。教师可以让幼儿观看相关内容的图片来激起幼儿参加活动的兴趣，通过简单的谈话让幼儿获得必要的相关知识等。

第三，参观中要对幼儿进行必要的指导并时刻注意安全。参观过程中，教师或参观现场工作人员应根据幼儿及参观对象的实际情况进行必要的讲解，引导幼儿注意观察参观对象的主要方面。教师还可以围绕参观对象引导幼儿提出问题，启发幼儿进行思考，并适时给予解答。参观过程中，教师要时刻做好幼儿的组织工作，维持好参观活动各环节的秩序，以保障幼儿的安全。

第四，参观后要做好总结和巩固工作。参观之后的总结是非常必要的，通过教师的总结，可以使幼儿的社会知识更充实、更有条理。教师还可以开展讲故事、绘画、游戏等延伸活动，让幼儿把参观活动的成果巩固下来。例如，参观图书馆后，让幼儿把书架的样子和自己最喜欢图书的封面画出来；参观完超市后，让幼儿玩超市购物的游戏。

> **互动平台**
>
> 观看"京师爱幼"大班参观活动——《我看到的小学生活》案例，结合活动过程思考，教师在组织参观活动时要注意哪些问题？

相关链接 ▶▶▶▶▶▶▷

中班社会活动：参观图书馆①

活动目标

1. 让幼儿知道图书馆是收藏书籍的地方，人们可以在图书馆看书和借书。
2. 让幼儿知道在图书馆看书要安静，学会借阅图书。
3. 让幼儿知道要爱护书籍，对文字产生兴趣和求知的欲望。

活动准备

1. 联系好参观的地点，并确定参观的路线。
2. 教师和解说员备好课。

活动过程

1. 参观前向幼儿介绍参观的地点，并提出参观的要求。告诉幼儿图书馆是个安静的地方，进入图书馆后要保持安静，认真听解说员的介绍。

2. 带领幼儿参观图书馆。

(1)到图书馆门口，引导幼儿注意大门口的"图书馆"三个字，提醒幼儿轻轻地走进图书馆，有礼貌地与工作人员打招呼。

(2)在解说员的带领下，让幼儿边观察、边听介绍。

①带幼儿参观阅览室，引导幼儿观察人们是怎样认真、专注地看书的，感受阅览室安静的氛围。

②带幼儿参观书库，观察书库里一排排整齐的书架，向幼儿介绍一些书名，让幼儿知道书是为了帮助人们学习知识的。

③请解说员介绍电子图书、缩微卡片等。

---

① 虞永平．社会 中班[M]．南京：南京师范大学出版社，1997.(选入时有改动)

3. 参观结束，告别图书馆的工作人员，组织幼儿返园。

4. 参观后和幼儿讨论图书馆的用处，使幼儿知道人们看书是为了获得知识、增长智慧，从而激发幼儿的求知欲。

活动延伸

1. 组织幼儿开展"我们如何办小图书馆"的讨论活动。讨论：图书馆有哪些功能区？人们在图书馆干什么？在图书馆看书要注意什么？

2. 和幼儿一起布置本班图书角。如果图书不够多，也可让幼儿从家中带一些，教师指导幼儿对这些图书进行分类、编排，安排阅览室、借书处、书库等地方，教师与幼儿共同制定规则，进行活动。

3. 请小朋友轮流担任图书角管理员，负责借书和整理图书。

评析：

参观活动是幼儿通过观察和感受获得社会认知的重要途径。该活动组织上准备充分，参观过程合理有序，能够有效实现活动目标。活动延伸环节可以使幼儿获得的经验马上应用于实践，效果非常好。美中不足的是，参观活动方案也应重点考虑参观过程中的安全问题，并在活动设计方案中有所体现。

(六)行为练习法

行为练习法是指教师在幼儿社会教育的过程中，让幼儿按照正确的社会行为规范要求自己，并在各种活动和交往中进行实践，以形成良好社会行为习惯的方法。行为练习法是幼儿形成和巩固社会行为最有效的方法。

行为主义心理学认为幼儿的良好行为是在不断的试错与练习过程中建立起来的。因此，幼儿良好的行为习惯、生活习惯，以及人际交往能力的养成，不是简单靠几次活动和说教就能实现的，必须经过反复认识和练习，才能形成自觉行动，以使幼儿不需懂得很多道理就能自觉地做出正确的行为，在实践中不断适应社会。

行为练习法有多种方式：一是在各种自然生活环境中练习，如每天来园和离园的礼貌行为练习，用餐前后的个人卫生行为练习等。二是在教师组织的多种实践活动中练习，如在擦桌子的过程中练习清洁的技能，在角色游戏中练习交往技能等。三是在教师特意创设的情境中练习，如教师创设打电话的情境，让幼儿练习打电话的礼仪等。

教师在运用行为练习法时，应注意以下三点。

第一，行为练习要有明确的目的和要求。教师要有目的、有计划地对幼儿进行行为练习指导，即教师首先要示范正确的行为，以便幼儿进行学习与模仿。

第二，行为练习的方式要多样化。幼儿是各种行为练习的主体，要达到练习的目的和效果，就要发挥幼儿的主动性和积极性，吸引幼儿对行为练习的兴趣和愿望。为此，教师要以多样化的方式开展行为练习，避免练习过程的简单枯燥，让幼儿在练习中体验到快乐。行为练习不是一个机械模仿的过程，教师要在适宜的情境中对幼儿进行灵活的引导。

第三，行为练习要反复进行，持之以恒。幼儿社会学习具有反复性的特点，要实现行为练习的目的就必须反复进行，不断坚持，这样幼儿的行为才能得到巩固。

(七)行为评价法

行为评价法是指教师对幼儿的社会行为表现给予肯定或否定的评价，以增强和巩固其良好的社会行为，削弱、消除其不良的社会行为的方法。正确地对幼儿的社会行为进行评价，可以激发幼儿的上进心，促进他们良好社会行为的形成和发展，同时也能抑制其不良行为的产生和发展。行为评价法是幼儿社会教育中常用的一种方法。

行为评价可分为积极的行为评价和消极的行为评价。积极的行为评价是一种强化，是对幼儿的良好行为表现给予表扬和奖励，能够提高幼儿的积极性，激发幼儿产生更多的亲社会行为。积极的行为评价主要有言语表扬、微笑、点头、竖起大拇指、轻拍肩膀、轻轻摸一下头、精神奖励(发给小红花、五角星，获得某种优先权)等方法。消极的行为评价是一种惩罚，是对幼儿不良行为给予警告、规劝、批评、惩戒等否定性评价，能够纠正幼儿的不良行为。消极的行为评价主要有批评、摇头、皱眉等。

教师在运用行为评价法时，应注意以下四点。

第一，要以表扬、鼓励为主。教师要对幼儿的行为进行正向引导，激励他们严格要求自己，发扬优点，克服缺点，积极上进，以取得更大进步。使用批评时要以尊重和肯定为前提，避免伤害幼儿的自尊心和自信心。

第二，行为评价要及时、一致。当幼儿出现积极社会行为或消极社会行为时，教师应及时予以评价反馈，使幼儿的积极社会行为得以保持，消极社会行为得以消退。如果时间过长，评价所起的作用就会减少或消失。对同一种行为，教师的评价要保持一致，不能今天一个态度明天又一个态度，这会使幼儿无所适从，不利于幼儿行为习惯的养成。

第三，行为评价要恰如其分。教师在评价时要把握好量和度的关系。过于频繁的外部评价可能剥夺幼儿练习做出决定或对行为选择做出自我评价的机会，影响幼儿自主做决定的经验和信心。例如，过多、过度的表扬和奖励非但不能使幼儿感到光荣，反而容易使幼儿对表扬和奖励产生满不在乎的心态。这样的强化对幼儿的行为养成就是一种干扰。批评和惩戒是一种消极的方法，容易使幼儿产生消极情绪，教师在运用时要非常慎重，一般情况下不要轻易使用。

第四，严禁对幼儿进行体罚、恐吓、辱骂和变相体罚。我国的教育法规和教师职业道德规范严格禁止对儿童进行体罚和变相体罚。教师不能以劳动、恐吓和辱骂作为批评、惩戒的手段。

▶▶ 二、 幼儿社会教育的特殊方法 >>>>>>>>

幼儿社会领域教育与其他领域教育有着密切的联系。它们有许多共通的地方，又有各自的特点。幼儿社会教育作为一个独立的课程领域，还有一些不同于其他领域的特殊教育方法。这些方法体现了幼儿社会教育的特点，具有较强的针对性。

(一)榜样示范法

榜样示范法是指教师以他人的英雄事迹或者优秀思想和行为作为榜样去影响和教育幼儿，使幼儿形成良好社会行为和品质的方法。幼儿具有很强的模仿能力，具体、直观、生动的典型人物和事例易于感染幼儿，能够激发他们模仿榜样的热情。榜样客观上为幼儿的模仿行为起到了示范作用，教师应为幼儿树立榜样并鼓励幼儿模仿学习。此外幼儿在有意无意间也会进行模仿，这样就可以有效地促进幼儿良好社会行为和品质的形成和发展。教师在运用榜样示范法对幼儿进行社会教育时，要选择对幼儿影响较大，而且又符合幼儿的社会性发展水平和实际需要的典型人物和事例。对幼儿影响较大的榜样有三种：第一，英雄模范人物。英雄模范人物的生平事迹具有很高的教育价值，能自然地激发幼儿的敬佩之情。第二，教师本人。教师在幼儿心中具有较高的地位，是幼儿模仿学习的天然榜样。第三，同伴。同伴之间年龄相近，同伴对幼儿而言没有距离感，是幼儿榜样的主要来源。

在运用榜样示范法时，应注意以下四点。

第一，选用榜样事例时应考虑幼儿的社会性发展水平和实际需要，要让幼儿能够理解和接受，要避免脱离幼儿现实生活的空洞说教。

第二，发挥榜样示范的正面作用。幼儿具有很强的模仿能力，但辨别是非能力比较差。因此，教师要用正面事例对幼儿进行教育，避免幼儿模仿错误的行为。

第三，教师要严格要求自己，用美的语言、美的行为、美的心灵来影响幼儿。教师在日常生活中要注意自己的言行举止，避免给幼儿以错误的示范。

第四，教师要善于发现幼儿身上的闪光点，从幼儿的同伴中选择榜样人物。以同伴为榜样更接近幼儿的生活，感染力更强，对其他幼儿的教育效果更好。

(二)移情训练法

移情又叫感情移入，指个体在特定情境下对他人情感体验的理解和分享。移情是一种替代性的情感反应，也就是当一个人感知到别人的某种情绪时，他自己也能体验到相应的情绪，即由于对别人情绪的觉察而导致自己情绪的唤起。例如，幼儿看到别人快乐，自己也感到快乐；看到别人痛苦，自己也感到痛苦，这都是移情。在现实生活中，移情往往不是自然产生的，需要在教育中、生活中进行训练。

移情训练法是指教师通过幼儿的现实生活事件或通过讲故事、情境表演等方式，引导幼儿设身处地地从别人的角度考虑问题，使幼儿体验和理解他人的情绪情感，并与之产生情感共鸣的教育方法。采用这种教育方法，能够使幼儿去自我中心，产生利他思想，并可能表现出帮助、同情、分享等亲社会行为。移情训练法是幼儿社会教育的一种很重要的教育方法。

移情训练的形式很多，主要有讲故事、续编故事、情境表演、生活情境体验、主题游戏等。教师无论采用哪种形式，在运用移情训练法时都应注意以下七点。

第一，教师创设的情境应是幼儿熟悉的社会生活，或是幼儿具有一定生活经验、能够看懂和理解的内容，只有这样，幼儿才能有情感体验并产生移情。

第二，教师在进行移情训练的过程中要通过换位让幼儿理解他人的情绪情感。教师可先以自身的情绪情感体验去感受、理解幼儿的情感需要，以唤起幼儿的情感共鸣。

第三，移情训练的目的不仅是让幼儿在训练活动中产生移情，而且是让幼儿能够在以后的社会生活中对他人的情感产生理解和共鸣，便于幼儿建立良好人际关系。

第四，移情训练不能只关注幼儿的情绪情感，还应对幼儿进行良好的行为教育，使幼儿养成良好的行为习惯。移情训练应让幼儿不仅产生移情，更能够以良好的行为习惯去关心、帮助他人。

第五，移情训练中应变换移情对象的身份、性别，以利于训练幼儿对各种不同人物的移情，扩大移情对象，便于幼儿在日常生活中对此种情感进行迁移。

第六，在移情训练中，教师要与幼儿一起真正投入情感，不能作为旁观者。教师的情绪对幼儿具有很强的感染力，教师加入移情训练并同幼儿一起移情，会极大地感染幼儿。如果教师在训练幼儿时自己不能产生移情，幼儿将会产生疑惑和矛盾，从而不利于移情的发生。

第七，移情训练法应与行为练习法等其他方法结合起来运用，以便取得更好的效果。

(三)角色扮演法

角色扮演是指一个人扮演另一个在实际生活情境中并不属于自身的角色的行为过程，通过角色扮演可以获得该角色的社会生活经验和行为习惯。在幼儿社会教育活动中，角色扮演法就是教师创设现实生活中的某些情境，让幼儿在其中扮演一定的社会角色，并表现出与该角色一致且符合该角色规范的社会行为的教育方法。幼儿在扮演角色的过程中，亲身体验他人的角色，进而能够更好地理解他人的感受和处境，体验他人的内心情感，促进幼儿掌握自己承担的社会角色所应遵循的社会行为规范和道德要求。

在现实生活中，每个人都处于一种或几种角色定位中，每种角色都有自己特殊的行为规范和行为要求。角色扮演活动有利于丰富幼儿的社会认知，强化幼儿的社会情感，培养幼儿良好的行为习惯。可以说，角色扮演的过程就是幼儿社会学习的过程。

在现实生活中，教师要创设情境，引导幼儿扮演一定的角色并模拟社会生活，使幼儿在扮演中感知、体验社会角色及其行为规则，从而使幼儿习得一种新的行为模式。在幼儿园中，角色扮演活动深受幼儿的喜爱和欢迎。

教师在运用角色扮演法时应注意以下六点。

第一，教师创设的情境应是幼儿熟悉和喜爱的，幼儿所扮演的角色应与他们的身心发展水平相符合，即幼儿所扮演的角色能够被他们认知和理解。

第二，教师应根据教育活动的目标和幼儿的社会性发展水平创设相应的教育活动情境，以使角色扮演具有针对性。

第三，幼儿所扮演的角色应以正面角色为主，如果需要扮演反面角色，教师切忌固定让几个幼儿扮演反面角色，以避免幼儿学会错误的行为方式。

图 4-8　超市购物
（镇江润扬幼儿园提供）

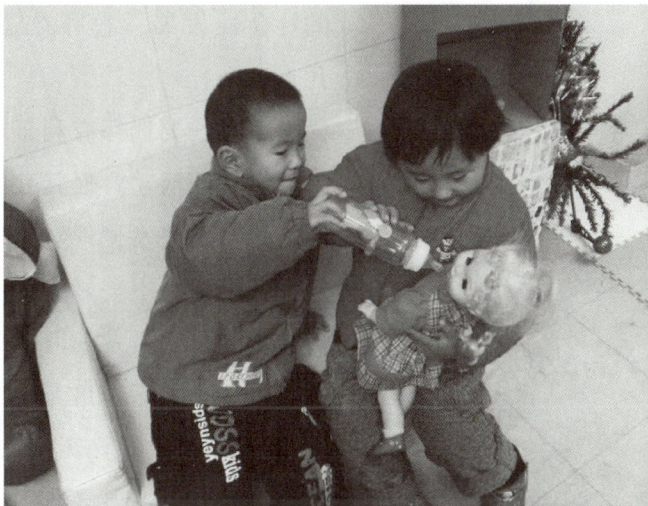

图 4-9　给玩偶"喂奶"
（宁波小港中心幼儿园提供）

第四，在角色扮演活动中，教师要尊重幼儿自主地选择角色、变换角色、创造角色，以充分发挥幼儿的积极性、主动性和创造性。教师应注意不要经常地分配角色、导演角色。

第五，教师如需在活动中扮演角色，应尽量与幼儿平等地去扮演。

第六，活动情节要简单，内容要短小、活泼；动作、对话不要过多，要适合幼儿的表演能力。

（四）陶冶熏染法

陶冶熏染法是指教师利用环境条件、生活氛围以及自身的言谈举止等，潜移默化地对幼儿的社会态度和社会行为进行感化和熏陶的一种教育方法。主要包括环境陶冶法和艺术感染法。

1. 环境陶冶法

环境陶冶法是指教师通过优美的自然环境、良好的社会环境和教师有意识创设的教育情境，对幼儿进行社会化培养的一种教育方法。教师在运用环境陶冶法对幼儿进行社会教育时，应注意以下几点。

第一，应制定明确的目标和详细的计划，充分发挥整体环境对幼儿社会性发展的陶冶促进作用。

第二，要创设积极的社会环境氛围，使每名幼儿都能享有得到表扬和奖励的机会，以培养幼儿的良好品德。

第三，要积极利用良好的人际关系影响幼儿积极的社会情绪情感的发展。

2. 艺术感染法

艺术感染法是指教师利用音乐、美术、舞蹈等艺术形式，感染、熏陶和激发幼儿的情感，并使之转化为幼儿自身行动的一种教育方法。艺术感染法的最大特点在于以情感染和触景生情，利用艺术的感染力激发幼儿的情感，进而促进幼儿的社会性发展。教师在运用艺术感染法对幼儿进行社会教育时，应注意以下几点。

第一，要选择有利于幼儿社会性发展的有潜力的作品，创造机会，让幼儿参与艺术实践活动，使其获得与社会性发展有关的积极情感体验。

第二，要发掘现实生活中的各种资源，这些资源既包括自然界中的山水草木以及社会生活中美好的人和事，也包括教师创设的各种模拟情境。以引导幼儿在情境中学习，激发学习欲望，学会热爱生活、热爱艺术，感受生命的美好。

第三，要逐步培养幼儿的审美情趣和提升幼儿的审美素养。

"教育有法，而无定法"，这是教育方法的一个重要特点。教育方法的确定和选择不是任意的，既要依据教育过程本身所具有的规律性，也需要教师发挥教学机智，根据条件和需要，对教育方法进行艺术性的再创造、再加工，并灵活、艺术地将之运用于教育实践。教师要不断学习新的教育理论，探索和掌握新的教育方法，提高社会教育的水平，以促进幼儿社会性的发展。

📜 思考与练习

一、单选

1. 让幼儿扮演站岗的哨兵，结果发现，孩子们竟能原地不动地"守卫"很长时

间，这在平时是绝对不可能的。这里使用的训练方法是（   ）。

　　A. 环境体验法　　B. 行动操作法　　C. 角色扮演法　　D. 移情训练法

　　2. 在幼儿园社会教育活动中，教师依据社会教育目标，向幼儿出示实物、图片、直观教具、录像等可以被观察和感知的材料，使幼儿通过观察获得相应的社会知识、社会情感及社会行为。这种教育方法是（   ）。

　　A. 讲解法　　　　B. 谈话法　　　　C. 讨论法　　　　D. 观察、演示法

　　3. 下列哪一种情形是运用讨论法时应该避免的？（   ）

　　A. 让幼儿想到什么就说什么。

　　B. 营造一个充分自由说话的氛围。

　　C. 发现幼儿的表述有错误时立即制止。

　　D. 设法让幼儿感觉到轻松愉快。

　　4. 更适合在大班使用的社会教育方法是（   ）。

　　A. 谈话法　　　　B. 讨论法　　　　C. 行为练习法　　D. 行为评价法

　　5. 通过模仿现实社会中的某种情境，让幼儿扮演其中相应的社会角色，使幼儿表现出与该角色一致的社会行为的方法是（   ）。

　　A. 行为练习法　　B. 讨论法　　　　C. 角色扮演法　　D. 榜样示范法

　　6. 下列不属于幼儿社会教育特殊方法的是（   ）。

　　A. 行为评价法　　B. 榜样示范法　　C. 角色扮演法　　D. 移情训练法

　　7. 利用环境条件、生活气氛以及教育者自身的言语举止等，潜移默化地影响幼儿社会态度和社会行为的方法是（   ）。

　　A. 移情训练法　　B. 角色扮演法　　C. 陶冶熏染法　　D. 行为练习法

　　8. 明明在续编环卫工阿姨的故事的活动中，深刻理解了环卫工作的辛劳，这种教育方法是（   ）。

　　A. 移情训练法　　B. 榜样示范法　　C. 角色扮演法　　D. 行为评价法

二、简答

　　1. 幼儿社会教育的一般方法有哪些？

　　2. 幼儿社会教育的特殊方法有哪些？

单元3　幼儿社会教育活动的设计与评价

▶▶ 一、 幼儿社会教育活动方案设计的一般要求 ＞＞＞＞＞＞＞

　　幼儿社会教育活动方案设计是教师根据一定的社会教育目标，选择合适的教育内容，并在此基础上优化活动形式和活动过程，最终形成教育活动安排的过程。幼儿社会教育活动方案是教师确保教育活动顺利实施的重要保障。教师在进行社会教育活动方案设计时，应当使之符合《纲要》的精神，参照《指南》中所指明

的幼儿社会性发展目标和教育建议的要求，综合考虑各方面因素，从整体到具体地设计社会教育活动方案。

(一)幼儿社会教育活动方案构成要素

当社会教育活动内容确定后，教师应精心设计社会教育活动的具体方案，以保证社会教育活动的顺利实施。一般情况下，社会教育活动的具体方案包括活动名称、活动目标、活动准备、活动过程等要素，有时还包括设计意图和活动延伸两方面内容。

1. 活动名称

活动名称就是社会教育活动的名字，它应能概括地反映出社会教育的主要内容，并表明适宜的年龄班，如"小班社会教育活动：我爱妈妈""中班社会教育活动：快乐的中秋节"等。

2. 设计意图

设计意图就是为什么要开展这样一个社会教育活动，以及开展本活动的意义是什么。在编写具体活动方案时，要把社会教育活动的由来及意义写明白、写清楚。如小班社会教育活动"会说'不'"的设计意图是："由于小班幼儿年龄较小，对父母的依恋心理较强，自我保护的意识和能力欠佳，缺乏是非判断能力，遇到陌生人会很容易跟他们走。为提高幼儿的安全意识，我设计了这个活动。"

3. 活动目标

活动目标是预期社会教育活动实施后，幼儿应获得的学习结果或达到的水平。一般情况下，社会教育活动目标应尽可能包括社会情感、社会认知、社会行为三个方面。社会情感目标指在教育活动实施后，教师预期幼儿在社会情感方面可能发生的变化。社会认知目标是指预期幼儿在社会认知方面可能发生的变化，社会行为目标是预期幼儿在动作行为能力方面可能发生的变化。例如：

社会情感目标："在和小朋友共同玩玩具的过程中，体验分享的快乐。"

社会认知目标："了解十二生肖一年一种属相，十二年一循环的规律。"

社会行为目标："能够在日常活动中关心、帮助需要帮助的小朋友。"

教育活动包含了"教师的教"和"幼儿的学"两方面的互动。在表述活动目标时，既可以从教师的角度进行表述，也可以从幼儿的角度进行表述，但同一方案的表述角度宜统一。随着幼儿教育观念的发展和进步，现在更多地从幼儿的角度来表述社会教育活动目标。活动目标应是幼儿在参与社会教育活动之后，他们在社会情感、社会认知、社会行为等方面发生的变化。如果社会教育活动目标从教师的角度来表述，如"教育幼儿外出时不离开父母，不跟陌生人走"。那么对教师而言，在活动中教育过幼儿了，他的教育目的就达到了，但幼儿的社会认知和社会行为是否发生了变化，则难以检验。从幼儿的角度来表述活动目标，体现了幼儿教育观念的转变，即由关注教师的教，转向关心幼儿的学习与发展，这有利于提高社会教育活动的实际效果，避免教师在教育活动中对教学手段和形式的过度追求。

4. 活动准备

活动准备是指活动前教师和幼儿应做好的准备，包括物质方面的准备和知识经验方面的准备。物质方面的准备主要有完成活动所需要的玩具、教具、图片、音像资料，以及需要特别选择的时机和场所、需要家长配合的事项等。知识经验方面的准备是幼儿必须事先掌握的知识技能和有关经验。如果幼儿缺乏相关的知识经验，或活动内容与幼儿已有的经验相差很大，就会导致幼儿放弃活动或被动接受成人强加的内容，直接影响活动的最终效果。教师应明确写出活动需要做哪些准备，以"小班社会活动：玩具分享日"的活动准备为例：

物质准备：①幼儿选择一两件自己喜欢的玩具带到幼儿园来。②教师写一封"给家长的信"，让家长知道并配合这项活动。

知识经验准备：幼儿熟悉自己的玩具，能进行简单的介绍。

5. 活动过程

活动过程是教育活动方案的主体部分，包括教育活动的全部活动步骤和主要内容。一般来讲，活动过程大致可分为开始部分、展开部分、结束部分三个环节。

(1) 开始部分

开始部分又称为活动的导入，其主要作用是吸引幼儿的注意力，激发幼儿参与活动的兴趣，为随后的活动营造一个积极良好的氛围。导入部分要短而精，主要采取以下形式。

①教师向幼儿直接提出疑问，或以谜语、儿歌的形式间接提出。

②教师引导幼儿观看彩图、实物标本等。

③教师让幼儿听一段短小的故事。

④教师创设一定的情境并利用情境进行表演。

⑤教师和幼儿做一个小游戏。

(2) 展开部分

展开部分是整个教育活动的主体环节。该部分的设计涵盖了教师的教法和幼儿的学法，是教师的教育思想、教育观念和具体教育行为的体现。在设计该部分内容时，教师应着重考虑如何引导幼儿积极主动地参与活动，如何具体落实活动目标，如何有效地发展幼儿的社会情感和社会行为技能等。

(3) 结束部分

在活动的结束部分，教师应引导幼儿总结、归纳活动中所获得的经验、技能，分享获得的情感体验，强化积极的社会行为，提升社会认知水平。

在设计整个活动过程时，教师要重点思考以下几个问题。

①社会教育活动各环节设计的目的是什么？为什么要这样设计？

②社会教育活动各环节的设计是否体现了活动目标？你想怎样实现活动目标？

③社会教育活动各环节应使用什么方法和策略来突出重点，引导幼儿学习？

④社会教育活动各环节所取得的成果能否被其他环节使用？

⑤幼儿在活动中怎样得到发展？师幼、幼幼之间如何有效互动？

⑥幼儿在每个活动环节中可能会出现什么问题？你准备怎样解决？

教师要全面考虑这些问题，对这些问题要有清晰的思路和解决方案，只有这样才能设计出更高效的活动过程。

相关链接 ▶▶▶▶▶▶

幼儿社会教育活动过程设计思路

社会教育活动过程设计是整个教育活动设计的核心环节，活动过程设计的质量直接关系着整个社会教育活动的成败。下面就以幼儿人际交往教育活动为例，详细谈一下活动过程的具体设计思路。

幼儿人际交往教育活动是指教师创设一定的情境，引导幼儿学习某种人际交往技能的活动。根本目的在于通过为幼儿提供人际交往的机会和平台，培养幼儿关心理解、尊重和赞赏他人的人际交往态度，学习与掌握人际交往技能，逐渐学会与人友好相处。基于此，活动过程的设计可以按照三个步骤来展开。

第一个步骤，创设人际交往情境。可以先通过朗诵诗歌、观看动画片、观看图片、听故事、猜谜语、做游戏等激发幼儿参与活动的兴趣，再由教师创设某个具体的人际交往情境，让幼儿在轻松、友好、快乐的氛围中积极交往。

第二个步骤，学习人际交往技巧。教师可以使用直接呈现法，直接教给幼儿人际交往的技巧，让幼儿感受到这种交往技巧能够给人带来快乐。教师也可以使用间接呈现法，让幼儿讨论教师提供的反面事例，进而逐步引出人际交往技巧。其目的在于让幼儿初步体验人际交往技巧，建立对人际交往技巧初步的感知。

第三个步骤，运用人际交往技巧。教师可以采用角色扮演法，设计一些需要运用技巧的具体交往情境，让幼儿分组或集体表演。教师也可以采用讨论法，利用相关的故事，让幼儿结合自己的交往经验，讨论什么样的行为受欢迎、如何得到别人的接纳等。这一步是核心环节，目的在于进一步强化幼儿学习的人际交往规则和技能，帮助幼儿掌握所学到的人际交往技巧的使用场合和对象。

6. 活动延伸

社会教育活动结束后，教师可根据活动内容本身及其特点、幼儿在活动中的兴趣和效果等，生成与此活动内容相关的其他活动，从而利用其他教育活动的教育资源和教育机会拓展幼儿的经验。例如，"小班社会活动：玩具分享日"的活动延伸设计——"在'玩具分享日'里进一步引导幼儿尝试与同伴合作玩玩具，体验一起玩的快乐"。

相关链接 ▶▶▶▶▶▶

小班社会活动：玩具分享日①

活动目标

1. 使幼儿愿意与同伴交往，体验与同伴交往的快乐。

2. 使幼儿初步学会用征询的语言与同伴交换玩具。

3. 使幼儿懂得与同伴礼貌交往能给别人带来快乐的道理。

活动准备

1. 物质准备：

(1)幼儿选择一件或两件自己喜欢的玩具带到幼儿园。

(2)教师写一封"给家长的信"，让家长知道并配合这项活动。

2. 知识经验准备：幼儿熟悉自己的玩具，能进行简单的介绍。

活动过程

1. 体验交往

(1)幼儿自由地玩自己带来的玩具，并与同桌小朋友自由交换自己的玩具。

(2)教师不做任何提示，让小朋友随意交换玩具。

看到小伙伴有这么多好玩的玩具，你们想玩一玩吗？现在你们去找小伙伴交换玩具吧！如果成功地交换到别人的玩具，就取一个"笑脸"小贴纸贴在自己的身上。

2. 说说想想(玩具放在凳子下)

(1)让幼儿说说自己交换到的玩具，再说说是如何交换的，并向小伙伴演示交换过程。

你换了几件玩具？(数数身上的小贴纸)你是怎样换到这么多玩具的呢？

分析：在这个过程中，有些小朋友身上小贴纸的数量较多。通过交流和演示发现，在这些小朋友中有的是通过语言交流来达到交换目的的，而有的是用肢体动作来达到交换目的的，如用玩具去碰碰小朋友，或直接向同伴展示玩具等。在演示的过程中，教师应指导幼儿努力用语言来表达自己的想法。

你身上的小贴纸很少，是遇到了什么困难吗？你是怎样做的呢？谁能帮助他？(请贴纸数量多的小朋友与他合作演示。)

分析：小贴纸数量少的幼儿，大多是性格比较内向或胆子比较小的孩子。在此环节教师要把握住孩子的心理特点，以语言评价的方式多鼓励和帮助孩子，保护孩子与同伴交往的积极性。

(2)师生讨论：想与别人分享玩具时，应该怎么做？

小结：与别人分享玩具时，先要有礼貌地向他借，征得对方同意后才能拿，并要有礼貌地说"谢谢"。

师生共同归纳出以下几句征询语：

我和你换着玩，可以吗？

① 教育部教育管理信息中心.全国优秀幼儿社会教育活动课例评析[M].重庆：西南师范大学出版社，2011.(选入时有改动)

我想玩你的玩具，你同意吗？

你的玩具是怎么玩的，你教我好吗？

我们一起玩，好不好？

你想不想玩我的玩具，我们换着玩吧？

3. 分享时光

(1)幼儿练习用新经验去获得分享玩具的机会。教师告诉幼儿，如果别人使用的礼貌用语让你觉得快乐，你就奖励他一个小贴纸(另一张颜色的贴纸，与前一种有区别)。

(2)教师也参与到分享游戏中，在游戏中对个别幼儿给予隐性的指导和鼓励性评价。

(3)集体交流。让幼儿说说分享游戏给自己带来的感受，以后还想玩这样的游戏吗？(共同商定"玩具分享日"的时间。)

讨论中，老师参考了小朋友提出的不同建议，确定了"玩具分享日"的时间：周一、周三的早餐后，周五的晚餐后。

4. 爱护玩具

教师：带来的玩具能否整天放在自己身上？为什么？

教师引导幼儿看4张照片，说说图片中的小朋友是怎样放置玩具的？(分类放置，轻拿轻放。)

请小朋友按照片的标志(毛绒玩具、小车玩具、其他玩具)，将自己带来的玩具分类放到不同的篮子中。

活动延伸

在"玩具分享日"里进一步引导幼儿尝试与同伴合作玩玩具，体验一起玩的快乐。

评析

幼儿的社会学习是一个漫长的过程。幼儿的交往、合作、争议、妥协和分享等社会行为技能需要在具体情境中自己建构，而不是被动接受。在这个活动中，教师充分践行了这一教学理念，创设了一个深受幼儿喜爱的交往体验空间，通过师幼之间、幼幼之间的相互学习、相互评价让孩子们获得了与他人交往的经验和技能。

本活动设计充分体现了"心中有目标，眼里有孩子"的教育观点，符合幼儿的年龄特点和社会性发展需要，目标明确、层次清晰。在活动设计上，小贴纸的运用非常巧妙，整个活动过程流畅自然，体现了"教者有心，学者无意"的教育境界。

🔗 **相关链接** ▶▶▶▶▶▶▶

中班社会活动：妈妈我爱您①

设计意图

有的孩子认为父母对自己好是应该的，出现了对妈妈说话没有礼貌、依赖妈妈、比较任性等现

---

① 教育部教育管理信息中心．全国优秀幼儿社会教育活动课例评析[M]．重庆：西南师范大学出版社，2011.(选入时有改动)

象。中班幼儿常常很依赖妈妈，很少体会妈妈的辛苦，也很少会想到为妈妈做事。设计本活动意在使幼儿体会到母爱的无私与伟大，激发幼儿爱妈妈的情感。

活动目标

1. 帮助幼儿了解妈妈的工作和妈妈的喜好，使其了解和喜欢妈妈。

2. 让幼儿通过表演节目和动手制作，表达对妈妈的情感。

3. 让幼儿知道要帮妈妈做事情，自己的事情自己做。

活动准备

1. 歌曲如《我的好妈妈》《小乌鸦爱妈妈》《世上只有妈妈好》等。

2. 妈妈在家里辛苦做事以及在单位辛苦工作的视频。

3. 搭建舞台的材料，如积木、桌布、花盆、彩色纸等。

活动过程

1. 庆祝活动

在歌颂妈妈的乐曲中，妈妈们入座。

分析：安排座位时，可让妈妈们坐在舞台前，幼儿坐在周围。

2. 活动进行

(1)主持人引导幼儿说说庆祝会的意义。

(2)幼儿按节目单表演节目。

分析：主持人的语言应根据节目内容设计，使幼儿在表现自己时，感受到快乐情绪的鼓舞，同时也使妈妈们为孩子的表现感到高兴。

(3)播放妈妈在家辛苦做事和在单位工作的视频。

分析：直观真切地展示妈妈平时生活的视频，能对幼儿产生较大的感染力。视频可以是教师设计录制的，也可以是某一幼儿家长提供的。

(4)妈妈说心声。

分析：通过妈妈代表说心声，让幼儿体会妈妈爱自己的情感，同时也激发幼儿爱妈妈的情感。

(5)集体表演"我的好妈妈"。

分析：幼儿在体会爱妈妈的情感中，表达对妈妈的爱。这是感情的高潮，也是庆祝会的高潮，教师的引导和激发尤为重要。教师可作为主持人充满激情地组织表演，如当幼儿说完悄悄话时，教师可以说："悄悄话是我们的心声，妈妈，谢谢你们！妈妈，祝你们身体好！"幼儿齐声说："祝妈妈身体好！"

3. 制作礼品

(1)选择妈妈喜欢的彩纸，做一朵花，贴在妈妈的手上。

(2)祝福，送礼物。

分析：幼儿在送礼物的过程中，能充分体会和表达爱妈妈的情感。教师可以和幼儿一起说一些祝福的话，如祝妈妈永远漂亮。

活动延伸

1. 幼儿回家后与妈妈共同制作"我帮妈妈"的记事本，记录幼儿主动帮妈妈做的事情。

2. 让幼儿在生活中体会妈妈的辛苦，进一步养成自己的事情自己做的习惯。

评析

该活动针对幼儿习惯接受爱、不会表达爱的问题，教师进行家园对接，利用一系列活动对幼儿进行爱妈妈的教育，培养幼儿爱妈妈的情感。在活动中，幼儿体验了爱妈妈的情感，家长也感受到了孩子们那份真诚和纯真的爱。通过活动，幼儿和家长之间加深了沟通，幼儿更了解妈妈、理解妈妈、愿意帮妈妈做事，这有助于让幼儿养成自己的事情自己做的习惯。这种活动方式不仅孩子乐于接受，也将使家长与幼儿园的配合更加密切。

图 4-10　给妈妈做生日手链
（常州市中央花园机关幼儿园提供）

连线考证

各种内容和主题的社会教育活动设计，要求设计出完整的活动方案。

（二）幼儿社会教育活动方案设计应注意的问题

幼儿社会教育活动方案是教师为组织和指导社会教育活动精心设计的施教蓝图，包含了将要达到的目标、需要完成的任务、将要采取的各种教育活动措施等诸多内容。教师在进行活动方案设计时应注意以下几个问题。

1. 方案要具有很强的可操作性

教师要将社会教育活动中具体教学内容的选择、教育活动方法的运用、教育活动时间的分配以及活动中细节的处理等诸多问题考虑清楚，对这些问题都要在方案中做出明确、具体、详细的规划和安排。方案越详细具体，越具有可操作性，这样才能成为教师组织社会教育活动的有力依据。

2. 方案要切实可行

教师在设计社会教育活动方案时，既要考虑本幼儿园及本班所具备的教育活动资源条件，还要考虑教师本人的职业素养以及本班幼儿社会性发展的实际情况。只有全面考虑这些问题并对相应问题做好准备，社会教育活动方案才具有可行性。

3. 方案要具有经济性

教师要充分考虑社会教育活动方案的效率，使活动方案具有较强的经济性。社会教育活动在设计时，要力求以付出较少的人力、财力、物力获得最佳的教育效果。

4. 要给幼儿更多参与活动的机会

幼儿是教育活动的主体，教师应让幼儿在活动中更多地主动参与，以帮助幼儿获得更丰富的感知体验。只有让幼儿在活动中经过自己的思考、实践练习，将社会规则、技能内化，才能达到社会教育活动的目的。教师在活动设计时，要为幼儿提供更多动手操作的机会，让幼儿主动参与到活动中来。

5. 要精心设计教师语言

教师语言对教育活动的顺利进行起着关键作用。教师语言要具体明确，避免成人化语言和专业术语，确保与幼儿的有效沟通。此外，教师还要对各活动环节的指导语做到心中有数，以便教育活动能顺利、紧凑地进行。

在编写社会教育活动方案时，教师要将教育活动实施过程中的每个环节、每个步骤在自己头脑中进行一遍或多遍预演。这样做能使教师有身临其境之感，有利于教师对教育活动细节进行周密考虑，有利于发现和解决可能出现的问题，最终保证社会教育活动的顺利进行。

（三）幼儿园社会教育活动方案的编写形式

当前，幼儿园为了便于管理，一般要求教师采用表格式教案的编写形式。表格式教案能够使教育活动方案内容一目了然，便于教师自我反思和幼儿园管理（可参考表 4-1）。

表 4-1　幼儿园教育活动方案表

教师：＿＿＿＿＿＿　　班级：＿＿＿＿＿＿　　活动时间：＿＿＿＿＿＿

活动名称	
设计意图	
活动目标	
活动准备	

学习笔记

互动平台

观看"京师爱幼"大班社会活动——《有趣的符号》活动案例，结合该活动案例，谈谈自己对幼儿社会教育活动方案设计应注意问题的理解。

续表

活动过程	
活动延伸	
活动反思	

注：本表中"活动反思"一栏是在活动实施后填写的。

▶▶二、 幼儿社会教育活动的评价 ＞＞＞＞＞＞＞

幼儿社会教育活动是幼儿园对幼儿进行社会教育的重要途径。幼儿社会教育活动的质量，关系着幼儿社会性发展的目标能否实现。因此，依据一定的标准对幼儿社会教育活动进行评价是十分必要的。幼儿社会教育活动评价就是对幼儿社会教育活动的过程和效果进行价值判定的过程。评价对于幼儿社会教育活动的有序开展具有指引方向和反馈调节的作用。评价结果有助于教师对社会教育活动进行反思，有助于教师提高自己的社会教育能力，有助于促进教师的专业发展。

(一)幼儿社会教育活动评价的主要内容

对社会教育活动进行评价，可以从社会教育活动的组成要素入手。评价的主要内容包括活动名称评价、活动目标评价、活动准备评价、活动过程评价、活动延伸评价等。

1. 活动名称评价

社会教育活动名称应包含年龄班、活动名称等要素。活动名称可以多种多样，应能体现出活动的主要内容或活动的意图等。

2. 活动目标评价

社会教育活动目标应包括社会认知、社会情感、社会行为能力三个维度。活动目标应根据情况尽可能涵盖这三个维度，并做到重点突出。活动目标的数量要合适，难度要适中，要具有可行性。活动目标在表述上应该清晰、准确，各目标的行为主体应该一致，要具有较强的可操作性。活动结束时可以逐条对照，看目标是否全部实现。

3. 活动准备评价

活动准备包括物质准备、环境创设的准备和知识经验及心理的准备等内容。活动准备的材料种类要丰富，各种操作材料在活动中要充分利用，各种教具准备要充分合理。配合活动的环境创设准备要到位，幼儿的知识经验和心理准备要合理和必要。在活动过程中，可观察环境创设、材料的利用率等各种准备的情况并进行评价。

4. 活动过程评价

社会教育活动过程大体包括活动导入、引导幼儿参与活动、引导幼儿思考、引导幼儿进行总结四个环节。对活动过程的评价可以从以上四个环节入手。要首先看该活动是否完整具备以上四个环节，然后再对每个环节分别进行评价。在这四个环节中最先出现的是活动导入环节，可着重评价导入的形式及效果；在引导幼儿参与活动和引导幼儿思考环节，主要评价幼儿参与活动和思考的积极性以及幼儿参与活动和教师引导幼儿思考的反馈情况，可着重考察幼儿是否有机会观察、体验、表达和操作，幼儿是否有成就感，活动中的师幼互动是否和谐、自然等。在前三个环节中，可能存在重合的情况，评价时要注意活动开展的层次性和条理性，此外还要考察教师是否能面向全体幼儿以及尊重幼儿的个别差异，是否灵活地使用了多种教育方法。在第四个环节的评价中，要看教师是否进行了活动总结，以及教师是否引导幼儿进行总结，引导总结的水平如何等。

5. 活动延伸评价

活动结束后，一般情况下会安排活动延伸。在评价活动延伸时，首先要评价是否需要活动延伸，其次评价教师采用的活动延伸的方法和内容是否具有可行性和可操作性，最后评价活动延伸是否有益于活动效果，即是否能对幼儿的发展产生积极的促进作用和意义。

(二)幼儿园社会教育活动方案评价标准

了解幼儿园社会教育活动方案评价标准，有利于教师设计出更加规范的社会教育活动方案(可参考表 4-2)。

表 4-2　幼儿园社会教育活动方案评价表①

项　目	评　价　要　点	权　重	分　数
活动方案基本要素齐全	活动方案应包括活动名称、活动设计意图、活动目标、活动准备、活动过程和活动延伸等。	10	
活动设计意图	对本活动的由来及活动的意图做出清晰的说明。	5	
教育活动目标设计	1. 教育活动目标全面，包括社会认知、社会情感和社会行为习惯三方面目标。	5	
	2. 教育活动目标具体明确，具有可操作性、可测评性。	5	
	3. 教育活动目标相互协调，表述层次清晰。	5	
	4. 教育活动目标符合本班幼儿的实际情况。	5	
	5. 教育活动重点、难点准确。	5	
教育活动准备设计	教育活动准备以教育活动目标为中心，服务于教育活动目标的达成，各项准备充分、合理、必要、到位。	10	

学习笔记

🌂 互动平台

观看"京师爱幼"大班的我——活动三《我劳动，我快乐》，尝试对该活动案例进行评价。

---

① 参见韦凌云. 幼儿教师实用教育教学技能[M]. 北京：中国轻工业出版社，2012.

续表

项　目	评　价　要　点	权　重	分　数
教育活动 过程设计	1. 教育活动过程设计符合幼儿教育学、幼儿心理学。	5	
	2. 教育活动过程设计具有可行性、可操作性。	10	
	3. 教育活动过程设计思路清晰，组织教学步骤完整，结构合理，时间分配科学。	10	
	4. 重点突出，活动过程有利于难点的突破，有利于目标的实现。	10	
教育活动延伸	1. 活动延伸能使幼儿的知识经验得到巩固和强化。	5	
	2. 体现出"渗透"的教育思想，且渗透得自然合理。	5	
教育活动特色	设计新颖、有特色、有创意。	5	
总体评价		总分	

思考与练习

一、单选

1. 在某教师设计的社会教育活动方案的活动目标部分中，下列哪项属于从幼儿角度表述的？（　　）

A. 培养幼儿对幼儿园生活的好奇心。

B. 教会幼儿使用礼貌用语向长辈表达自己的要求和想法。

C. 能与同伴协商制定游戏和活动规则。

D. 培养幼儿爱护身边的环境和节约资源的意识。

2. 下列社会教育活动方案构成要素的表述中，哪一项是不恰当的？（　　）

A. 活动名称要能概括反映社会教育主要内容并包含适宜年龄班。

B. 在表述活动目标时要统一从幼儿的角度进行表述。

C. 活动准备包括物质准备和知识经验准备。

D. 一般情况下，每一个社会教育活动方案都应尽可能包含三维目标。

二、简答

1. 幼儿社会教育活动方案的构成要素有哪些？

2. 关于幼儿社会教育目标表述角度的要求有哪些？

3. 设计幼儿社会教育活动方案时要注意哪些问题？

基础练习

1. 区域活动是幼儿园社会教育的主要途径之一，在区域活动中进行社会教育时，教师应注意哪些问题？

2. 游戏对幼儿社会性发展的作用有哪些？

3. 幼儿园中蕴含着很多社会教育机会，作为一名幼儿教师应当怎样抓住随机出现的机会对幼儿进行社会教育？

模块四单元 3 云测试

4. 什么是角色扮演法？使用角色扮演法时要注意哪些问题？

5. 教师在使用移情训练法时要注意哪些问题？

6. 小韩老师在幼儿园观摩了一节社会教育活动，在随后的评课中，她可以从哪些方面对这节社会教育活动进行评价？

7. 试述如何在一日生活中实现社会领域的教育目标。

实践训练

1. 幼儿挑食是一个比较普遍的问题，影响幼儿的健康成长。如果你是幼儿园老师，会怎样帮助幼儿改掉挑食的毛病呢？结合幼儿社会教育的途径与方法谈一谈。

2. 晶晶过五岁生日的时候，姑姑买了一双系鞋带的漂亮小皮鞋作为生日礼物送给她。鞋子很漂亮，但当晶晶看到需要系鞋带时，马上把鞋扔到了地上，噘起了嘴，满脸的不高兴。姑姑很疑惑，马上问她："怎么了，晶晶，你不喜欢吗？"晶晶嘟着嘴说："我不穿系鞋带的鞋。"原来是因为晶晶系不好鞋带，所以她就不喜欢系鞋带的鞋，这下姑姑明白了。

系鞋带是一项基本的生活能力，可是有很多孩子因系不好鞋带而不穿系鞋带的鞋，一直到十多岁仍是这样。尝试设计一个幼儿社会教育活动，帮助幼儿学会系鞋带。

3. 阅读下面社会活动的导入环节，分析存在的问题。

活动开始时，教师在其身后放置一个手偶，提问："小朋友们猜猜，老师把谁请到了我们的教室？"

幼儿："小狗。"

教师："不对，再猜！"

······

教师一直让幼儿不断猜测，最后从身后拿出一个小女孩的手偶，引来幼儿一阵阵叹息。

4. 选择三位家长进行访谈，了解他们经常带孩子参加哪些社会教育活动。作为幼儿园教师，思考幼儿园怎样才能参与到这些活动中去，通过家园合作进行社会教育？如果幼儿园要开展专门的集体教育活动，尝试就某个活动的内容设计一个幼儿社会教育活动方案。

学习反思

模块五
幼儿自我意识与教育活动设计

名人名言

什么是教育？教育就是帮助学生学会自己思考，作出独立的判断，并作为一个负责的公民参加工作。

——赫钦斯

学习导航

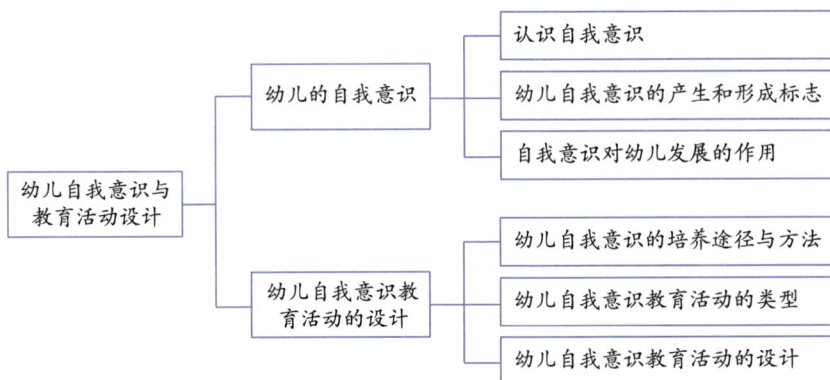

学习目标

- 理解自我意识的内涵，掌握自我意识的结构。
- 厘清幼儿自我意识产生和发展的过程。
- 领会幼儿自我意识教育的作用。
- 知道幼儿自我意识教育的途径。
- 能设计适合不同年龄阶段的幼儿的自我意识教育活动。

单元1 幼儿的自我意识

▶▶ 一、认识自我意识 >>>>>>>

(一)自我意识的含义

自我意识是意识的一种形式，也称自我，是人格心理学中的一个基本概念，也是幼儿社会化的重要组成部分。对于自我意识的含义，在中西方心理学中，不同的学者有不同的理解，有的认为自我意识是指个体对自身的认识和态度；也有的认为自我意识是对自己存在的觉察，即个体认识自己的一切，包括认识自己的生理特征（如性别、身高、体重、容貌等）、心理特征（如兴趣、爱好、能力、性格、气质等）以及自己与他人的关系（如自己与周围人的相处、自己在群体中的位置与作用等）。简言之，自我意识就是个体对所有关于自己身心状况的认识，是一个人对自己以及自己与周围世界关系的认识，尤其是人我关系的认识。自我意识是一个联结个体、社会影响和社会行为的概念。

从这些表述来看，自我意识可以说是个体对于自己所有身心活动的觉知，既包括内部心理状态，也包括外部体貌和言行表现，同时还包括个体对与外界的人、事、物相互作用关系的认识。自我意识是个体社会化的结果，是个体的社会实践和人际交往的产物。

人的自我意识是物种心理演化进程中的一个飞跃，虽然心理学研究发现灵长类动物也有类似自我意识的表现，但人的自我意识已构成一个多维度、多层次的复杂心理系统，在个体的成长中不可缺少。借助自我意识，人能够将自身与环境区分开，并将主体身心状况也纳入自己的认识范围。可以说，自我意识使个体深入理解了自身与客观世界的关系，也为主体积极适应环境、完善自我和改造世界提供了有力的支持。

(二)自我意识的结构

自我意识是一个多因素、多层次的整体结构，它既包含生物的、生理的因素，又包含社会的、心理的因素，可以从形式和内容两方面来认识。

1. 形式方面

自我意识表现为认知、情感和意志三种形式，分别称为自我认识、自我体验和自我调节。

（1）自我认识属于自我意识的认知成分，是个体对自己的认识，回答的是"我是谁?""我为什么是这样的人?"等问题。它包括自我感觉、自我观察、自我分析、自我概念、自我评价等。其中自我概念和自我评价是自我认识中最主要的方面，集中反映着个体自我认识乃至整个自我意识的发展水平。自我概念指个体对自己的印象，包括对自己存在的认识及对个人身体能力、性格、态度、思想等方面的认识。自我评价是在对自己身心特征了解的基础上对自我作为的判断。个体的自我评价是在社会生活中通过实践和交往逐渐形成的。

(2)自我体验属于自我意识的情感成分，是伴随着自我认识产生的内在感受，反映为对自己的满意状况。主要涉及"我是否喜欢自己""我是否对自己感到满意"等，主要是一种自我的感受。包括自尊感、自卑感、自豪感、自信感、内疚感、羞耻感等。其中，自尊感是自我体验中最主要的方面。

(3)自我调节属于自我意识的意志成分，是个体对自身的心理与行为的主动支配和掌握，即指一个人不受外界因素的干扰，对自己的情感、欲望和行为的调控。它主要涉及"我如何成为自己理想的那种人""我怎样才能成为一个更有自信的人"等，包括自主、自立、自我监督、自我控制、自我完善等。个体通过自我调节，使自己的行为适合于周围的情境，从而逐步适应社会环境。它的一个突出表现是自我控制，包括坚持性和自制力。

自我认识是自我体验和自我调节的基础，自我体验能强化自我调节，自我调节的结果又会强化、校正和丰富自我认识。以上三者互相联系、有机组合、完整统一，成为一个人个性的核心内容。

2. 内容方面

自我意识大致包括四项内容：生理自我、社会自我、心理自我和道德自我。

(1)生理自我是自我意识最原始的形态，是个人对自己身体形态(身高、体重、容貌、身材、性别等)的认识及由此产生的占有感、支配感和爱护感，如个人对自己体形的胖瘦、容貌的美丑等的认识和态度。例如，有的人觉得自己的眼睛不够美，所以总用头发遮着或者化妆。

(2)社会自我是个体对自己在社会关系、人际关系中的角色的意识。即自己在集体中的地位及自己与他人相互关系的评价和体验，是对自己在社会生活中的经济状况、声誉、威信等方面的自我评价和自我体验。例如，是否受人尊重和信任，在集体生活中对他人而言是举足轻重还是无足轻重等。

(3)心理自我是个体对自己的心理活动的意识，即对自己心理品质的自我认识和评价。主要是对自己个性心理特征的意识，包括对自己性格、智力、态度、爱好等的认识和体验。例如，对自己的理解力、记忆力是强还是弱，思维敏捷还是迟钝，做事果断还是不果断等的认识。

(4)道德自我是指对自己遵守道德行为规范、遵守法纪、思想政治品质、生活和思想作风等方面的自我认识和自我评价。

▶▶ 二、 幼儿自我意识的产生和形成标志 >>>>>>>>

(一)幼儿自我意识的产生

自我意识的产生和发展是人和动物在心理上的最后分界线。动物不具有自我意识。猴子换糖的实验就证明了这点。猴子用木块换糖，换到最后，木块用完了，猴子就用自己的尾巴来换，这说明猴子不能把主体与客体分开。而人则不同，人有高度发达的大脑，人有语言能力，所以人能够认识自己以及自己同周围世界的关系。但必须指出，人的先天素质只是自我意识发展的前提，而起决定作用的是人的社会活动。

人并不是生来就有自我意识的，幼儿的心理只有发展到一定的阶段才能形成自我意识。那么，幼儿的自我意识是怎样产生的呢？苏联心理学家安南耶夫指出，在婴儿生活中，其心理上的主观的最初现象，是同有目标的运动相联系着的。起初出现简单的有结果的动作，然后出现有一定目的的动作。婴儿会说话以前，这种初步的实地动作是其意识形成的最初源泉。运动器官只有在实地活动中才能成为活动的手段。因此，最初自我体验的感觉泉源，不是任何的随意运动（如把手伸向东西），而是已具有一定对象性的运动。当婴儿的自身运动在对象中反映出来时，他就开始紧张地体验着，并与情绪发生联系。婴儿从实地动作的构造中主观地区分出自己的动作，这最初是与"大人对小孩"的情境的评判关系相联系的。婴儿在评判这种共同动作的情况中，学会区别自己的动作与这一动作的对象。他还指出，据谢切诺夫的意见，婴儿意识到他自己本身与意识到外在世界遵循着同样的道路，都是从感觉过渡到表象，再从表象过渡到思维。

关于儿童自我意识产生的标志，安南耶夫认为包括一系列准备阶段。他把自我意识的出现同儿童从动作对象中分出自己动作的能力联系起来，认为这发生在生命诞生的第一年年末。这种能力是在由成人组织和指导的初级游戏活动过程中形成的。成人指导儿童游戏时创造了评价情境，这是培养儿童从动作对象中分出自己动作能力的重要条件。相对于此，更重要的是在所希望的物体出现时抑制、阻止动作。在这种条件下，儿童初步意识到自己的动作、动作动机和目的，也就发生了初级的自我意识。

另外一个较为复杂的阶段，是儿童把自己同自己的动作分开，也就是他意识到他所做的动作是"他的动作"，这些动作的原因是他自己，他是活动的主体。

儿童语言的发生、发展加快了其自我意识发生的进程。儿童在谈到自己时开始叫自己的名字。安南耶夫认为，从发生学的观点看，使用自己的名字是儿童意识发展中的巨大飞跃，是过渡到把自己当作固定的整体，从变化着的动作的连续进程中分出来的标志。儿童主动口述自己的名字不同于他对成人喊他的名字的感觉反应。安南耶夫把儿童叫自己的名字的技能看成是自我意识形成的最重要因素，并把这个因素与以自己的愿望和动作表象为形式概括"自我感觉"的能力的出现联系起来。

儿童从叫自己的名字过渡到谈自己时使用代名词"我的""我有"，特别是有意识地使用第一人称代名词"我"，这说明儿童已经从自己的表象向思维过渡。至此，儿童的自我意识已明显地产生了。[①]

---

① 杨丽珠.试谈儿童自我意识的发展[J].辽宁师范大学学报(社会科学版)，1985(2).

拓展阅读 ▶▶▶▶▶

婴儿期的自我分化①

尽管对于自我的起源有着不同的看法，人们还是近乎一致地认为，这种能力在出生后2～3个月已经初现端倪。让我们回忆一下皮亚杰(和其他人)对婴儿早期认知发展的描述。2个月大时，宝宝会重复那些能使自己获得快感的动作(如吮指和挥舞手臂)，这是在练习他们的反射图式。换言之，这表明他们开始熟悉自己的身体能力。在研究中我们了解到，如果将活动的物体或视听器械系在2～3个月大的婴儿身上，他们的小手小脚就会不停乱动，以此获得有趣的视觉和听觉刺激。对此，8周大的婴儿也能保持2～3天的记忆，当把绳索解下，他们会增大动作幅度，当发现动作无效后，又会变得相当沮丧。2个月的婴儿似乎已经有了一定的个体动因感(对个体自身成为事件原因的认识)，或者说知道有的事情是由他们引发的，这也使得他们兴奋不已。

总之，对于新生儿是否真的能将自己同周围环境区分开来仍有争议。然而，即使暂时无法做到这一点，他们在1～2个月大时也很可能发现了自己身体的局限，此后不久便可由其控制的外物中分化出身体自我。所以，要是2～6个月大的婴儿可以说话，对于"我是什么样的人"这个问题，他们或许会说："我能看见，我能吃东西，我能伸手，我能抓住东西，只要我做出什么动作总会发生点事情。"

📝 学习笔记

(二)幼儿自我意识的发展

1. 幼儿自我意识发展的一般趋势

婴儿从刚生下来时物我不分，到把自己同自己的动作区分开，意识到自己是活动的主体，意识到自己的存在和力量，儿童语言的发生、发展加快了其自我意识发生的进程。当幼儿在谈到自己时开始叫自己的名字，特别是有意识地使用第一人称代词"我"时，才标志着其自我意识的形成。随着年龄的增长，幼儿的自我意识会不断地发展变化，主要呈现出以下一些发展趋势。

第一，幼儿自我认知的内容从反映外部的、可以直接观察的、具体的、有明确参照系统的向与其相反的方向发展。

第二，幼儿自我的结构从简单的结构发展到分化的、多重的结构，最后逐渐出现层次性，形成复杂的、整合的自我结构系统。又如，幼儿最初产生的是生理自我，之后逐渐形成行为自我和社会自我，到青春期时心理自我才获得充分的发展。例如，三四岁时，幼儿只知道自己的年龄、性别，只能说出一些自己会做的事；四五岁时，幼儿不仅知道自己的兴趣、爱好，还知道自己的一些优点和长处，此时的自我评价就具有了一定的层次性。

第三，幼儿的自我评价从以他人评价为主发展到独立的自我评价，与此同时幼儿不断脱离自我中心，其自我评价的客观度也随之提高。

第四，幼儿自我功能上表现出社会适应性逐渐提高的特点。幼儿区分外部自

---

①　Shaffer D R，Kipp K. 发展心理学：儿童与青少年[M]. 邹泓，等译. 北京：中国轻工业出版社，2009.

我和内部自我的能力不断增强，逐渐能够比较实际地判断社会交往情境，并据此做出判断，从而表现出复杂的社会自我。同时，自我的结构日趋稳定，幼儿能够根据自己的内部价值标准、信念体系以及外部情境的需要来调整自己的行为。

2. 幼儿自我意识发展的内容

如前所述，自我意识包括三个方面：自我认识、自我体验和自我调控。

（1）幼儿自我认识的发展

自我认识主要包括自我概念和自我评价。自我概念的对象包括自己的身体、自己的动作和行动以及自己的内心活动。

①对自己身体的认识

初生的婴儿是没有自我意识的，他不能意识到自己同外界事物的区别。婴儿经常吮吸自己的手指，那是因为他把自己的手指当成了妈妈的乳头。当妈妈不在身边时，婴儿特别喜欢吮吸自己的手指，并能从这样的行为中得到心理上的安慰。

精神分析学家玛格利特·玛勒把新生儿比作"蛋壳中的小鸡"，因为他们不能把自己同外界环境区分开来，还不具备本体性，所以经常会把自己的小手或小脚当玩具来玩耍。

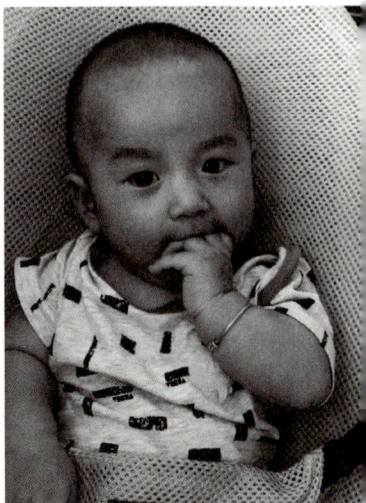

图 5-1　味道好极了

拓展阅读 ▶▶▶▶▶▶

婴儿最初的自我认识，主要来自成人照料他时的各种行为。比如，他是如何被喂养的，如何被拥抱的，成人是如何与他逗玩嬉戏的……婴儿会对成人的各种行为产生呼应，并产生基于直觉的行为、言语。更重要的是，婴儿从成人的脸上看到自己，如妈妈温柔地、充满爱意地看着他，婴儿就会体验到自己是受欢迎的、快乐的。这样，他对自己就会有较大的认同感。这种认同感能使其在成长的过程中体验到更多的自信和积极情绪。

随着认识能力的发展和受教育时间的延长，在 1 岁左右，婴儿开始认识自己身体的各个部分。但是，此时他还不能明确区分自己身体的器官和别人身体的器官。例如，当妈妈抱着孩子问他的耳朵在哪里时，孩子会用手摸摸自己的耳朵，又立即去摸妈妈的耳朵。另外，婴儿对自己的面貌和整个形象的认识，也要经过一个较长的过程。最初婴儿在镜子里发现自己时，总是把镜中形象当作别的孩子。对自己影子的认识则更晚一些。有报告指出，2.5~3 岁的幼儿还难以理解自己的影子，常常指着自己的影子叫"宝宝"，追着影子试图用脚去踩。

对自己身体的认识，既是幼儿认识自我存在的开始，也是幼儿认识物我关系（即物体和自己的关系）的开始。幼儿意识到自己对物的"所有权"，似乎是从这里开始的。

幼儿对于自己身体内部状态的意识，是到 2 岁左右才开始的，会说"宝宝饿"往往是最初的表现。婴儿很长时间不能把自己的名字和自己的身体联系起来。8、9 个月时，当成人用他的名字问"××在哪儿呢?"时，他能用微笑或动作做出正确的回答。但直到3岁左右，幼儿还倾向于用名字称呼自己而不用代词"我"，似乎是把自己和自己以外的人或物同等对待。

②对自己动作和行动的意识

动作的发展是幼儿产生对自己行动的意识的前提条件。1岁左右，婴儿通过偶然性的动作逐渐能够把自己的动作和动作的对象区分开来，并且体会到自己的动作和物体的关系。

培养幼儿对自己动作和行动的意识，是发展其自我调节和监控能力的基础。

③对自己心理活动的意识

对自己内心活动的意识，比对自己的身体和动作的意识更为困难。因为自己的身体是看得见、摸得着的，自己的行动也是具体可见的，而内心活动则是看不见的。对内心活动的认识要求更高的思维发展水平。

幼儿从3岁左右开始，出现对自己内心活动的意识。比如，开始意识到"愿意"和"应该"的区别，开始懂得什么是"应该的"，"愿意"要服从"应该"。

4岁以后，幼儿开始比较清楚地意识到自己的认识活动、语言、情感和行为。他们开始知道怎样去注意、观察、记忆和思维。

但是，幼儿往往只停留在意识心理活动的结果，而意识不到心理活动的过程。例如，他能做出判断，却不知道判断是如何做出的。

幼儿会使用第一人称"我"是自我意识形成的主要标志。幼儿从知道自己的名字发展到知道"我"，意味着他已经从行动中实际地成为主体，他已经意识到了自己是各种行为和心理活动的主体。

拓展阅读 ▶▶▶▶▶

婴儿的自我再认①

一旦婴儿意识到自己的存在(指他们独立于其他实体而存在)，他们就会考虑自己是谁，是什么样的人，这正是自我概念的基础。那么，婴儿何时才能认识到自己的生理特征，并将自己同其他婴儿区分开来呢?

解答这个问题的方法之一，是将婴儿置于自己的视觉表象(录像或镜像)之前，观察他们的反应。这类研究发现，5个月的婴儿对自己的镜像的反应就好像在面对熟悉的社会性刺激。例如，莱杰斯蒂和其助手让5个月大的婴儿观察自己和同龄人的动作，发现他们能区分自己和同伴，表现出对同龄个体的视觉偏好(对他们来说是新颖有趣的)而非自己(也许比较熟悉，就不那么有趣了)。那么，这么小的婴儿是如何将自己和他人的面孔加以区别的呢? 一种解释是宝宝们(至少在西方如此)在同看护者一起玩耍时，常能在镜子中看见自己的形象。这让婴儿有大量的机会将自己活动产生的本体知

① Shaffer D R, Kipp K. 发展心理学：儿童与青少年[M]. 邹泓，等译. 北京：中国轻工业出版社，2009.(选入时有改动)

觉信息和镜子里的动作形象相匹配，从而将自己和长辈们区分开来，因为他们的动作往往和自己不那么一致。

这些证据也许只能反映他们具备视觉能力，并不能说明他们已经意识到镜子或录像中的形象就是"我"。那么，要如何才能判定婴儿真的有了稳定的自我形象呢？

刘易斯和布鲁克斯·顾恩让母亲悄悄在婴幼儿鼻子上抹上一点胭脂（借口为之擦脸），然后将其置于镜子前，以此研究婴儿的自我再认（通过镜子或照片再认自己的能力）。如果婴儿具有自我面孔的图式（能认出镜像中的自我），他们就会注意到新出现的红点而去擦鼻子。研究者选择9~24个月的婴幼儿进行点红测验，其中比较小的幼儿无法自我再认，他们对自己镜像的反应如同是在对待其他小孩；一些15~17个月大的幼儿已经表现出了自我再认；但要等到18~24个月，大部分幼儿才会明显意识到自己脸上的异样而去摸自己的鼻子，这时的他们才真正知道镜子里的小孩是谁了。

有趣的是，那些游牧部落的幼儿，虽然平时没有机会接触镜子，但在点红测验中表现出自我再认的年龄，却和城里的幼儿一致。许多18~24个月大的幼儿甚至还能认出自己的近照，并用代词（我）或自己名字指代他们的照片。但在这个年龄段，幼儿还无法完全意识到自我是恒定的实体。

还有研究发现，让婴幼儿在延迟2~3分钟的录像或照片中第一次看到自己头顶上被放置了一根颜色鲜艳的小棍，3岁半以上的幼儿才会尝试去取下来。那些有了一定自我再认能力却不会寻找小棍的2~3岁大的婴儿，显然是由于他们的自我概念还局限在现在自我之内，他们不知道以前发生的事情和当前的自己是有联系的。在短暂延时条件下，4~5岁的儿童会去寻找小棍，但是如果录像时间早于一周，他们就不会这样做。年岁稍长的幼儿已经获得扩展自我——他们意识到在时间上自己是恒定的，知道：(1)近期发生的事情和当前状态有联系；(2)一周前录像中在他们头上的小棍现在不会还在，因为时间过去太久了。

📎 拓展阅读 ▶▶▶▶▶▶

影响自我再认的因素①

为什么18~24个月的幼儿能够再认自己的镜像？应当注意这个年龄的幼儿正将自己的感觉运动图式内化为心理表象——对其面部特征的表象化至少是其中之一。甚至那些罹患唐氏综合征的儿童，心理年龄到了18~20个月都能自我再认。在研究中我们还知道，3.5~4岁的幼儿开始将重要的事件在自传体记忆中进行编码，他们这时才清楚地意识到自我是恒定的实体，他们所能记起的事情是真真切切发生在自己身上的。

虽然一定的认知发展对自我再认来说是必需的，但社会经验同样重要。盖洛普发现，除非在完全孤立的社会条件下抚养长大，否则即使是青春期的黑猩猩也能轻易地认出镜子里的自我（点红测验）。和正常的黑猩猩不同的是，那些被社会孤立的黑猩猩对自己镜像的反应仿佛是在面对另一种动物。

---

① Shaffer D R, Kipp K. 发展心理学：儿童与青少年[M]. 邹泓，等译. 北京：中国轻工业出版社，2009.（选入时有改动）

影响人类自我意识的一个社会经验是对主要抚养者的安全依恋。佩普和助手对2～3岁的幼儿进行了一套复杂的测试，以考察幼儿对自己名字性别的知觉和自我再认。有研究表明，在2岁时，安全型依恋的幼儿成绩优于非安全型依恋的幼儿；在3岁时，两者在自我认知上的差异更大。

父母也会对幼儿的自我概念有所影响，他们往往会给孩子一些描述信息（"你都是个大姑娘了。""你真是个聪明的孩子。"），或者对幼儿的行为做出评价（"你那样做不对，大哥哥不应该跟小妹妹抢玩具。"）。父母还和孩子一起聊一些有意思的事，比如说去动物园或者游乐园。在这种交流中，父母一般会问诸如"上周我们去了哪儿？""这次游玩中你最喜欢什么？"。这些交流让幼儿能够将自己的经历按叙述故事的方式组织起来，在回忆这项事件时便因为是发生在"我"身上的，而具有了个人意义。这些最初在成人帮助下获得的自传体记忆，帮助孩子认识到自我的跨时间稳定性，从而帮助他们发展出了扩展自我。

在抚养方式上的文化差异也可能影响幼儿自我再认的获得。凯乐和其同事比较了3种不同文化下的抚养方式与幼儿自我再认之间的关系。他们观察了婴儿在3个月大时母亲的抚养方式，并关注不同文化下母亲对自主性要求的差异。自主性主要通过母亲与婴儿目光接触频率进行测量，而依赖性主要通过与婴儿身体接触进行评定。凯乐和其同事发现在3种文化下的母亲对3个月大的婴儿的抚养方式的确存在差异。有的母亲更强调依赖，有的母亲更强调自主，有的母亲则介于两者之间。接下来，研究者考察了这些孩子在18～20个月大时自我再认的能力（通过点红测验），母亲强调依赖的孩子在点红测验中自我再认的成功率较低，而母亲强调自主的孩子则更容易自我再认。总之，社会经验，包括相关的文化差异和抚养方式都会影响孩子获得自我再认的时间。

自我评价是自我认识发展的另一个重要方面，其主要包括：掌握别人对自己的评价，进行社会性比较（即从与别人的比较中对自己作出评价），以及自我检验。

幼儿的自我评价在2～3岁出现，4岁左右开始迅速发展，到5岁时，幼儿已经能进行较为客观的自我评价。幼儿自我评价的发展与其认知和情感的发展密切相关，其发展趋势如下。

①从主要轻信、依赖成人的评价到自己独立的自我评价

幼儿还没有独立的自我评价，他们的自我评价常常依赖于成人的评价，特别是在幼儿早期。低龄幼儿往往不加考虑地轻信成人对自己的评价，其自我评价只是对成人评价的简单重复。

在幼儿晚期，幼儿开始出现独立的评价。幼儿对成人对他的评价开始持有批判的态度。如果成人对他的评价不符合他的实际情况，幼儿会提出疑问或申辩，甚至表示反感。

②从带有主观情绪性的自我评价到比较客观的自我评价

幼儿往往不从具体事实出发，而从情绪出发进行自我评价。在一个实验里，研究者让幼儿对自己的绘画和泥工作品同别人的作品进行比较性评价。当幼儿知道比较的对象是老师的作品时，尽管这些作品比自己的质量差（这是实验者故意

设计的），幼儿也总是评价自己的作品不如对方；而当幼儿将自己的作品和小朋友的作品相比较时，则总是评价自己的作品比别人的好。这一实验结果充分说明了幼儿自我评价的主观性。

幼儿一般都会过高评价自己。随着年龄的增长，幼儿的自我评价会逐渐趋于客观。

③从笼统的、局部的、表面的自我评价到具体细致的、整体的、内在的自我评价

幼儿的自我评价受整体思维、认知发展水平的影响很大，这突出表现在以下几方面。

A. 幼儿的自我评价一般比较笼统，多数时候他们只从某个方面或局部对自己进行评价；随着幼儿年龄的增长，其自我评价逐渐向比较具体、细致的方向发展，幼儿开始能够作出比较全面的自我评价。

B. 从最初往往局限于对外部行动的评价，到逐渐出现对内心品质的评价。

C. 从没有论据的评价，发展到有论据的评价。

（2）幼儿自我体验的发展

自我体验是伴随自我认识产生的内心体验，是自我意识在情感上的表现。其主要具有以下发展特点。

①由低级向高级发展，即由生理性体验向社会性体验发展

自我体验最初与生理需要相关，如婴儿因为喂养需求被满足而表现出愉快的情绪；随着自我认识的不断发展，其自我体验逐渐复杂和丰富，并向着社会性体验转变，如出现委屈感、自尊感、成就感、羞愧感等情感体验。自尊感是最值得重视的社会性情感体验，大约于3岁开始萌发。研究表明，一个人的自尊需要如果得到满足，就会感到自信，体验到自我价值，从而获得自我肯定，对生活感到满意和幸福；相反，低自尊感则与压抑、焦虑、集体生活不适应相联系。

②自我体验发展水平不断深化

随着年龄的增长，幼儿自我体验的发展水平不断深化。例如，3~6岁幼儿对愤怒感的体验会不断加深，从"哭""不高兴""会生气"到"很生气""恨"等。

③易受暗示

因幼儿的情感具有情境性和敏感性，其自我评价又多依赖他人评价，所以他们的情绪体验易受暗示，特别容易受到主要照顾者、教师和同伴的影响。

（3）幼儿自我调节的发展

自我调节和自我控制虽常被交替使用，但两者实际上是有区别的。自我调节是指在没有外部指导和监视的情况下，个体维持其行为历程以达到某一特定目的的过程；自我控制是个体对自身的心理与行为的主动掌握，是个体不受外界因素的影响，自觉地选择目标、控制自己的情感和行为，从而保证目标的实现，它不

学习笔记

仅是人类个体意志力的表现，也是个体完成各种任务、协调与他人关系、成功适应社会的必要条件。自我意识的发展必须体现在自我调节和自我控制两个方面，因为个性发展的核心问题是自觉掌握自己的心理活动和行为。

幼儿自我调节和自我控制能力是逐渐产生和发展的，表现为幼儿开始时完全不能自觉调控自己的心理与行为，心理活动在很大程度上受外界刺激与情境特点的直接制约；以后随着生理的不断发育与成熟，在成人的指导教育下，幼儿逐渐能够按照成人的指示、要求调节自己的行为；最后，随着认知能力的发展及大脑皮质抑制机能的逐渐完善，幼儿能够自觉地调整自己的心理和行为（一般在幼儿晚期）。

总的来说，幼儿自我意识的发展，表现在能够意识到自己的外部行为和内心活动，能够恰当地评价和支配自己的认识活动、情感态度和动作行为，并且由此逐渐形成自我满足、自尊心、自信心等。

拓展阅读 ▶▶▶▶▶▶

棉花糖实验

心理学家曾做过一个有趣的实验，来验证不同的人面对诱惑的各种反应和后果。

实验的对象是一群三四岁的幼儿园小朋友。老师把他们一个接一个地单独带进装有监控摄像的小房间，房间的小桌上放了一颗棉花糖。老师对小朋友说："我要把你一个人留在这个房间十五分钟，桌子上的棉花糖是你的，你随时都可以吃掉。但是，如果你能忍住不吃，等我十五分钟以后回来了，我就会再奖励你一颗棉花糖。"

心理学家在隔壁的房间观看拍下来的录像，发现十几个小朋友面对棉花糖的诱惑做出了各种各样的不同反应。有的小朋友一等老师走出房间，想都不想就抓起棉花糖扔进了嘴里；有的小朋友把头搁在桌子上，东瞅瞅西望望，努力坚持了几分钟，最终还是忍不住把棉花糖拿起来吃掉；还有一些小朋友，拿起棉花糖看了又看，尽管嘴里咂巴咂巴，心里很馋很馋，但他们自制力却很强，最终把棉花糖重新放回桌上；另一些小朋友自制力更强，他们设法转移自己的注意力，动都没动棉花糖，一直等到老师回来。

心理学家跟踪研究这群小朋友十几年，发现意志力强的孩子长大后不仅学习成绩好，而且走上社会后成功的几率也大大高过那些意志力较差的孩子。

棉花糖实验的结果反映了一个人是否能够做到克己忍耐，以及为了收获长远成功而抵御即时诱惑的意志力的顽强程度。结果表明，意志力几乎可以决定一个人的未来。

▶▶ 三、自我意识对幼儿发展的作用 ＞＞＞＞＞＞＞＞

自我意识的产生和发展是自我教育的前提，是实现教育内化的关键。幼儿教育的最终目标是幼儿自我教育能力的形成。自我意识在个体身上的最明显表现是自我选择和自我调控能力的形成。如果一名幼儿能够对自己生活中的事情做出合理的选择，同时又具有调节自身行为来实现自己目标的能力，那么这名幼儿就会比较顺利地成长，即使遇到挫折也能够坚持下去。选择和坚持是人生中非常重要的两种能力，只有自我意识得到健康发展的人才能具备。因为自我意识是人的思想行为的监督机制，它对幼儿的心理活动和行为起着调节作用。自我意识对幼儿发展的积极作用具体表现在以下几方面。

（一）自我意识是个体认识客观世界的前提，有利于幼儿与外界互动能力的提高

自我意识能帮助个体通过认识别人、评价别人来认识自己、评价自己。幼儿的自我意识是在和周围人们的相互作用下，特别是在成人的教育影响下产生和发展的。在日常生活中，当幼儿做出良好行为时，成人就会表现出愉快的表情，并用"好""乖"等词加以强化；当幼儿做出不良行为时，成人就会表现出不愉快的表情，并用"不好""不乖"等词予以纠正。经过一段时间的实际训练之后，幼儿就能逐渐对自己和别人的社会行为做出判断和评价。例如，小班的幼儿看到别的小朋友有新奇玩具的时候，如果想起老师关于"别人不同意，强行拿别人的东西不乖"的教诲，就不会去随手拿别人的玩具了；自己有了好玩的玩具、好吃的东西，也能与别人分享，还会说："老师说的，有好东西能与人分享才是好孩子。"

（二）自我意识是个体主观改造的基础，有利于幼儿良好行为习惯的养成

自我意识能对幼儿的心理活动和行为起调节作用，帮助幼儿形成各种道德行为。人们以往的行为和活动以及从事这些活动的心理活动，都能以记忆的形式保留在大脑中，并能在必要时重新回忆起来，与当下活动相比较，这就是人的自我意识的调节作用。在成人的不断教导下，2岁以上的幼儿能懂得谦让和表现出同情心。例如，让别人先滑滑梯；把大的、多的食物让给弟弟、妹妹；别的小朋友生病了，会问"哪儿不舒服？疼吗？"，还会学着成人的样子用手去摸生病的小朋友的额头，或把自己最喜欢的玩具给他玩，表示安慰。

（三）自我意识是个体自觉性的前提，对自我教育有推动作用，有利于幼儿生存能力的提高

由于社会性体验不断加强，幼儿的自尊心和羞愧感都会慢慢地发展起来，他们开始知道什么是"好'我'"，什么是"坏'我'"，并会有意识地对自己的行为进行约束和控制。一般来说，5～6岁的幼儿就开始具有一定自控能力，这种自控能力有利于幼儿坚持性和独立性的发展。

独立性是自我意识的一种表现，两三岁的幼儿什么事情都想参与，而且越来越强烈地渴望独立进行各种活动。家长和教师千万不要忽视幼儿这种初步的独立性，正确的做法是积极为孩子创造有利于其独立性发展的条件，使其不断增强信心，学会依靠自己的力量去生活、学习和劳动。坚持性也是自我意识的表现之一，当幼儿独立做事时，一开始肯定会遇到各种困难与挫折，成人的态度与教育方式是决定其坚持性能否得到发展的关键要素。因此，成人既要给予孩子充分练习的机会，又要适时地给予一定的帮助。

正是由于自我意识对儿童发展的积极作用如此之大，所以在幼儿教育过程中，要加强对幼儿自我意识的培养，帮助他们形成正确的自我意识。

拓展阅读 ▶▶▶▶▶▶▶

自我调控能力是区分正常儿童与有缺陷儿童的一个重要标志①

莱文教授有一部记录一项有趣心理学实验的电影，这部电影的目的是通过观察儿童对同样一些物体的反应，来区分有缺陷的儿童和正常的儿童。这些儿童都来自我们的一所学校。他们年龄相仿，生活背景基本相同。实验道具是一张大桌子，上面放满了许多不同的东西，包括我们设计出来供儿童使用的一些玩具。

在电影中，我们可以看见一组儿童正走进教室。他们对面前的各种东西都很感兴趣，并被吸引住了。他们显得很快乐，他们的微笑表明，拥有这么多的东西使他们非常高兴。每个儿童都拿起一样东西开始玩，过一会儿就把它放在一边，又拿起别的东西玩了起来，这样反反复复，玩完这个又玩那个。

电影的上半部放完之后，我们看到第二组儿童正走进教室。他们慢慢地走，停下来并环顾四周。他们很少拿桌上的这些东西，只是聚在它们周围，似乎并不踊跃。从电影的下半部开始，这种情况一直持续到结束。

这两组儿童，哪一组是有缺陷的儿童，哪一组是正常的呢？答案是：有缺陷的儿童是高兴的、活泼的，他们到处走动，玩每一件东西。可是对看这部电影的人来说，这些儿童给人们的印象更聪明，因为通常成人习惯于把做了一件又一件事后仍表现出活泼又快乐的儿童看作更聪明的。

但实际上，正常的儿童是在以一种平和与安静的方式到处走动。在电影中，我们看到他们长时间地站着不动，沉思着注意一件东西。他们以惊人的方式表明：安静和有分寸的活动，并伴随着认真的思考，是正常儿童的标志。

莱文教授的实验与普遍接受的观念是相冲突的，因为在通常的环境中，聪明的儿童会像电影中有缺陷的儿童那样活动。

在我们学校里可以发现，一个正常儿童的行为则有所不同。虽然他缓慢并且沉思，但他的行动却受自我控制，并由理性指导。这样的儿童会被他所看到的物体吸引，并且会尽力弄清楚这个东西以便能充分利用它。可见，自我控制和有节制才是有价值的。重要的是，儿童应该掌握自己的运动器官，而不仅仅是毫无目的地到处乱闯。

在理性的指导下四处活动的能力，不仅仅会对感官刺激做出反应，而且能使人精力集中。这种能把精力集中在一个物体上的能力是非常重要的。

对一个人来说，有能力用一种审慎和沉思的方式活动，实际上是正常的。这是内心自律、外在有序的体现。当缺乏这种自律时，他就难以控制自己的活动，而容易受别人意志的支配。

---

① 玛利亚·蒙台梭利. 童年的秘密：揭开儿童成长奥秘的革命性观念[M]. 金晶，孔伟，译. 北京：中国发展出版社，2003.（选入时有改动）

思考与练习

一、单选

1. 幼儿自我意识产生的标志是（　　）。

A. 会叫自己的名字　　　　　　　B. 会叫自己宝宝

C. 知道行为与自己有关　　　　　D. 使用代名词"我"

2. 涉及"我是否喜欢自己""我是否满意自己"等的自我感受是（　　）。

A. 自我意识　　　B. 自我认识　　　C. 自我体验　　　D. 自我调节

3. 幼儿自我控制能力发展的关键年龄阶段是（　　）。

A. 2～5 岁　　　B. 3～5 岁　　　C. 3～6 岁　　　D. 3～7 岁

4. 自主、自立、自我监督、自我控制、自我完善都属于自我意识中的（　　）。

A. 意志成分　　　B. 情感成分　　　C. 道德成分　　　D. 意识成分

5. 幼儿开始意识到"愿意"和"应该"的区别，开始懂得什么是"应该的"，"愿意"要服从"应该"的年龄是（　　）。

A. 2 岁左右　　　B. 3 岁左右　　　C. 4 岁左右　　　D. 5 岁左右

6. 幼儿自我评价开始迅速发展的年龄是（　　）。

A. 2 岁左右　　　B. 3 岁左右　　　C. 4 岁左右　　　D. 5 岁左右

二、简答

1. 简述自我意识的结构。

2. 简述幼儿自我意识发展的一般趋势。

3. 简述幼儿自我评价发展的一般趋势。

单元 2　幼儿自我意识教育活动的设计

▶▶ 一、幼儿自我意识的培养途径与方法 >>>>>>>>

众所周知，人的先天素质作为一种物质性、基础性条件，它只是自我意识产生并获得发展的前提，而真正起决定作用的是人的社会交往等各式各样的社会活动。因此，我们要重视各种社会活动对幼儿自我意识发展的作用，同时还要注意创设各种良好的社会交往环境，以便更好地促进幼儿自我意识的发展。

（一）以日常生活为契机，寓教于乐，激励上进，发掘促进幼儿自我意识发展的主观因素

幼儿园的日常生活包括盥洗、进餐、喝水、午睡等环节，这些看起来很琐碎的事情，在幼儿的生活中占有相当多的时间，所以我们要抓住日常生活中的每一个教育契机，促进幼儿自我意识的发展。

模块五单元 1 云测试

学习笔记

1. 培养幼儿自我服务能力和简单的劳动技能，增强其自信心

现在的孩子在家中往往备受呵护和关爱，有的家长一味包办代替，无形中剥夺了孩子与世界互动的机会，在一定程度上造成了孩子自理能力差、依赖心理强等后果。由于缺乏锻炼和培养，孩子们在集体生活中会遇到很多难题，他们常常有恐惧感，怕自己做不好某些事，总畏首畏尾。针对这些情况，幼儿园可在日常生活中经常开展一些竞赛活动，或采用游戏的形式，锻炼幼儿的生活能力。例如，开展看谁穿衣服穿得快，扣子扣得齐，叠被子叠得好、叠得快等比赛游戏，让幼儿在轻松愉快的气氛中提高自理能力。另外，也可针对幼儿爱劳动的特点，建立值日生制度。教师可先教幼儿一些简单的劳动技能，如扫地、拖地、擦桌椅、整理床铺等，让幼儿在值日工作中展现自己的才能，以增强其自信心。当然，教师要尽可能多地关注那些缺乏自信心的孩子做值日生时的情况，每当这些孩子有了点滴进步，教师都要及时给予肯定和表扬，并引导其他幼儿看到这些孩子的长处，从而使这些缺乏自信的幼儿知道自己也很能干。在获得多次成功体验后，这些幼儿就会逐步正确地认识自我，增强自信心。

2. 充分利用环境资源，帮助幼儿认识自己，了解自己

幼儿教育应注重环境的创设。幼儿需在平等、尊重、信任的环境中生活和成长，教师要给他们营造一个轻松、和谐的氛围。对于那些自信心差、胆小畏缩、缺乏上进心的幼儿，教师要多给予他们一些爱护和关心，用亲切的微笑，和蔼的语言来打动他们，让他们从教师的每一个眼神、每一个动作和每一句话中都能感受到教师对他们的关爱。例如，幼儿早晨来园时，教师微笑着向他们问好，离园时帮他们整理衣装，交谈时摸摸他们的头，这些都可以让幼儿感受到教师对他们的喜欢。

教师还要利用各种活动后的谈话，引导幼儿认识自己，评价自己，并学习评价他人。例如，在区域活动、绘画活动和做完操以后，教师可以问问幼儿："你在哪个活动区活动，玩得怎么样？""你觉得你的画画得好吗？好在哪里？还有谁画得好，为什么？""你做操表现怎样？你觉得谁的操做得好，好在哪里？"另外，教师在一日生活中应注意时时用鼓励的、积极的语言来评价幼儿，让他们对自己有更新的认识。

(二)利用主题活动，促进幼儿自我的发展

幼儿园要有计划地设计一些专题或主题活动去引导幼儿正确认识自我，评价自我，学习自我控制，继而学习正确地评价他人。同时，在设计活动时，应因材施教，依据不同情况，针对不同个体，使每个幼儿的自我意识都能得到有效的发展。那些胆小、怕困难、做事畏首畏尾、缺乏自信心的幼儿通过参与活动，将正确认识自我、评价自我、评价他人，增强自信心，加强自我意识；而那些过分自信、觉得自己什么都好、别人都比不上自己的幼儿，将在活动中看

到别人的优点，逐渐学会正确地认识自己、相对客观地评价他人。

1. 帮助幼儿认识自我、了解自我，学会自我评价

例如，在组织活动"小小的我"时，可以让幼儿观看有关婴儿出生及成长的录像，了解生命的诞生与成长；还可以让幼儿把自己从小到大的照片带到幼儿园来，和小朋友、老师一起分享，同时讲一讲自己小时候的趣事，告诉大家"我"喜欢什么，不喜欢什么……教师还可设计认识自我的系列活动，如"自画像""特殊的我""我的进步""我很棒""我的志愿""我的优点""我的不足"等，让幼儿认识到"我"既有与他人相同之处，又有与众不同的地方，使幼儿在认识"我"的同时，修正对"我"的认识的偏差，并学着尝试设想自己的将来。

2. 在评价自我的基础上，学习正确评价他人

一般来说，班上那些做事不积极主动、总是跟在别人后面的孩子往往容易被老师和小朋友们忽视。为了让别人了解他们的闪光点，教师可设计"他的专长"等活动，让孩子们互相说一说每个人有什么优点和专长；也可设计"他画像"活动，让小朋友们在宽松、和谐的气氛中学习尊重别人，同时也感受别人对自己的尊重；或设计"看看谁能干"的活动，可让孩子们带来自己做家务的照片、录像等，互相观看、讲解、讨论，评一评谁能干，大家要向哪些小朋友学习等；还可设计"我的好朋友"活动，促使孩子之间更加亲密、融洽，那些平时默默无闻、经常独来独往的孩子也可以此为桥梁融入集体。组织这些活动，可使缺乏自信的幼儿自信心大增，让他们感到自己在同伴中是很重要的，小朋友们愿意和他们做朋友；同时也让过分自信的幼儿学会客观评价自我和他人，发现别人的优点并虚心向他人学习，逐渐摆脱自我中心。

3. 引导幼儿尝试自我体验

可采用谈、听、画、讲的方式，开展各种活动，如"我很高兴""宝宝很难过"等，让幼儿在活动中畅所欲言，表达自己的心情及思考造成这种心情的原因，并用纸笔将这种心情画出来，展示给教师、家长。在游戏中，幼儿可以自由舒展自己的肢体和放飞心灵，得到充分的快乐体验，获得自我的发展。

4. 帮助幼儿学会合作，懂得分享

幼儿获得别人的帮助和关心时，会体会到乐趣。教师可设计"分享"活动，由全班的孩子一起来协商怎样分蛋糕、水果等，并让小朋友自己来分。通过引导，幼儿会懂得要先分给长辈、父母和老师，再分给小朋友，最后才分给自己，理解分享的重要性。慢慢地，幼儿之间会形成彼此关心、互相友爱的氛围，幼儿也会逐渐懂得如何调整自己去适应他人、适应集体。

图 5-2　体验劳动的快乐
（南京市栖霞区第一实验幼儿园尧辰园提供）

拓展阅读 ▶▶▶▶▶

在绘本阅读教学中实现幼儿自我意识教育的路径①

——以绘本《糟糕，身上长条纹了》的阅读教学为例

一、生成积极的自我评价和自我体验

1. 积极自我评价的生成。自我评价是自我意识的心理成分中自我认知的一方面。幼儿的自我评价具有如下特点：从轻信成人的评价到建立自己独立的评价，从对外部行为的评价到对内心品质的评价，从比较笼统的评价到比较细致的评价，从带有很大主观情绪性的评价到比较客观的评价。幼儿在经历这些认知特点过渡期时，往往会遭遇困惑或障碍，正如绘本《糟糕，身上长条纹了》中故事主人公卡米拉在自我意识上所呈现的问题，这类问题的解决亟须积极自我评价的生成。

具体到该绘本阅读教学中，可立足于绘本的故事情节展开讨论，引导幼儿感知和内化积极的自我意识。可设问："卡米拉身上为什么会长条纹？"在幼儿回答"因为卡米拉喜欢吃青豆而不敢吃"后，进一步设问："卡米拉喜欢吃青豆，为什么不敢吃呢？"从绘本内容"卡米拉所有的朋友都不喜欢吃青豆，她想和朋友们一样"，启发幼儿得到答案："卡米拉觉得自己喜欢吃青豆是不好的事情！"由此不难发现，卡米拉的故事反映了幼儿自我评价易被他人言行举止和评价所干扰，进而误解并抑制自己的言行，这亦是幼儿自我评价易存在的问题之一。

据此，可引导幼儿讨论"卡米拉和朋友不一样，她喜欢吃青豆究竟是不是一件坏事"。另外，可针对幼儿日常生活中的自我评价状况，启发幼儿思考："你们有没有哪些自己喜欢做的事是其他小朋友不那么喜欢的？""当自己喜欢做的事和其他小朋友不一样时，你会怎么看自己？会怎么做？这些不一样有没有好处？"通过这一系列问题的探讨，教师结合平日对幼儿的了解，可以帮助幼儿意识到自己与其他小朋友不一样的特点及自己所具有的优点，教师对其特点、优点予以肯定和表扬后，引导幼儿学会对自己的特质说："我喜欢/能/可以/会……我真棒！"

2. 积极自我体验的生成。自我体验是自我意识的心理成分之一。它是伴随着自我认知而产生的内心体验，核心内容是自尊和自信。幼儿的自尊和自信的特点在于：由于幼儿对自己的力量和可能达到的成就倾向于浅表认知和低估，因此其自信不足、自尊发展迟缓。而积极的自我体验可促使认知内化为自我需求，引发和维持行动，或制止自己的行为。因此，作为幼儿教师，有必要帮助幼儿生成积极的自我体验。

在《糟糕，身上长条纹了》阅读教学中，在上述积极自我评价生成的环节里，当幼儿自我肯定自己的特质时，幼儿便获得了一些积极的自我体验。此外，教师还可趁热打铁，以幼儿感受故事主人公卡米拉的自我体验为起点，引导幼儿关注和强化自己的自我体验。例如，设问："在没有遇到像草莓一样的老婆婆之前，如果卡米拉吃了青豆，被她的朋友知道了，她觉得她的朋友会怎样……卡米拉的朋友嘲笑她，她会有怎样的心情？她能开心面对其他朋友吗？"

在幼儿寻找到答案后，教师再进一步引申提问："小朋友有没有这样的时候：因为自己做了别的

---

① 参见王梅，朱德全. 在绘本阅读教学中实现幼儿自我意识教育的路径：以绘本《糟糕，身上长条纹了》的阅读教学为例[J].现代教育科学(普教研究)，2012(4).

小朋友不喜欢做的事，而不好意思面对自己的朋友？"从而引导幼儿明晰：即使有时自己喜欢/能/会/可以做的事情，不为他人所接受，也要相信自己，并为此感到满意和愉悦，从而让幼儿学会对自己说："我相信自己喜欢/能/可以/会……我很开心！"

二、真诚面对自己的秘密

秘密是自我意识的一种潜隐形态。它在个体成长和发展中的功能好似一把双刃剑，利弊同在。而对于自我意识发展尚未成熟的幼儿，更需要引导他们以真诚的心态面对秘密，以便发挥秘密的有利功效。

1. 学会尊重自己的秘密。在幼儿阶段，个体拥有秘密，从某种角度而言意味着心理独立和自我再认知。秘密的体验有助于幼儿的自我认知和自我角色发展：幼儿可以通过秘密来体验别样的世界，探索未知的意义，获得深层的自我意识和自我认知；可以通过与他人分享秘密建立亲密、和谐的人际关系。故而秘密对幼儿的成长具有非同寻常的意义，教师需要引导幼儿正确认知自己的秘密。

结合绘本《糟糕，身上长条纹了》的阅读教学，教师可设问："卡米拉喜欢吃青豆，在没有遇到那个草莓一样的婆婆前，她的爸爸妈妈和同学知道吗？"幼儿回答"没有人知道"后，教师可接着问："喜欢吃青豆，是不是卡米拉的秘密呢？"得到幼儿肯定的答复后，老师继续设问："卡米拉有秘密，老师也有哟，小朋友有没有属于自己的秘密？""小朋友有自己的秘密后，心情是怎样的？"通过幼儿彼此分享拥有秘密的感受，引导幼儿知晓拥有秘密很正常，不要因此困惑或自责，进而引导幼儿学会尊重自己和他人的秘密。

2. 适度分享自己的秘密。对于幼儿而言，有秘密不仅意味着心理独立和自我再认知，还反映出幼儿要体验分离的痛苦。因为自己拥有了亲密的或依恋的家人、朋友不能得知的想法，所以需要意志力去承受这种秘密带给自己的异样的情绪体验，并体味着保守秘密的艰难。另外，幼儿有的秘密与某种欲求相关，若被压抑，幼儿可能会忍受着超负荷的心理压力。针对此，教师需要帮助幼儿学会适度分享自己的秘密。

在此，以《糟糕，身上长条纹了》绘本阅读教学为契机，教师可设问："当卡米拉的爸爸问她有什么需要帮助时，卡米拉很想吃青豆却没能说出来，她会有怎样的心情？""另外，像草莓一样的老婆婆对卡米拉说：'我知道你想吃青豆的，对吧？'卡米拉说：'没有人喜欢吃青豆，尤其是我！'这时，她的心情又是怎样的？"当幼儿回答"她很难过"后，教师可接着问："后来，卡米拉说出了'说实话，我真的很喜欢吃青豆'，并吃了很多青豆后，她的心情怎样？"通过对这些细节的提问，让幼儿感知到卡米拉保守秘密和分享秘密后的不同心情。而后，教师继续设问："小朋友们有没有秘密让自己很难过的？""有没有在说出秘密很开心的时候？"由此，引导幼儿意识到，当秘密成为自己难以解决的痛苦时，要学会向家人、教师或朋友寻求帮助，以此避免秘密给幼儿造成消极影响。

三、尊重自我意识的独特性

1. 学会做真实的"我"。个体的自我意识本身具有社会性，幼儿也不例外。随着年龄的增长，他们在与周围的人交往或互动时，会观察周围人的态度，关注他人对自己的评价和判断，并会把这些内化、整合为自己的心理模式，此后就以此为评价和改善自己行为的标准。在自我意识社会化的过程中，幼儿难免会遇到自己心理模式和他人评价标准存在矛盾的时候，是坚持自我，还是放弃原有心理模式，甚至是抑制自我需求，这将成为幼儿的内心冲突。解决此困境的方法，就是让幼儿学会倾听内心的声音，遵从自己的意愿和需求，做真实的自我。

在开展《糟糕，身上长条纹了》的阅读教学时，可从绘本中提炼出许多这样的元素，通过设问引发幼儿思考。"卡米拉在没有遇到草莓一样的老婆婆时，她没有吃青豆，她真的不想吃吗？""当卡米拉在学校时，同学喊'秀一些紫色圆点''棋盘方格'等，卡米拉身上的条纹就跟随着变化，卡米拉想这样吗？"。以及后面"专家来给卡米拉看病，专家说'可能是由病毒引起的''也可能是一种真菌'，结果卡米拉身上真的长满了病毒球和真菌斑块，卡米拉想这样吗……"当得到幼儿肯定地回应"不想"后，引导幼儿认识到卡米拉身上条纹状况之所以越来越严重，是因为她越来越在意别人的评价，总是不自觉地改变自己去迎合他人的言论。

接着引导幼儿探讨："小朋友有没有做过自己不想做，但是爸爸妈妈或其他小朋友让自己做的事？"请幼儿分享自己的故事，然后大家一起讨论："哪些事是应该做的？哪些事通过自己的努力是可以做到的？"接着由教师总结评讲，将那些应该改变和不需更改的事分类，并让幼儿懂得，当面对不需更改的事时，要学会听自己的声音："爸爸妈妈和小朋友让自己做的事，我做了会开心吗？"并对自己不断地重复："如果不开心一定要做我自己！"

2. 学会悦纳自己。在促成幼儿自我意识发展方面，人本主义心理学家罗杰斯认为人先是需要他人的积极关注，继而需要自己的积极关注，需要自己对自己行为持肯定的态度。然而，对处于幼儿期的个体而言，其自我意识处于懵懂期，对自我的认知往往依从于他人，他人对自己的不良态度容易使幼儿自我怀疑或自我否定，而这对于幼儿的人格成长容易产生消极影响。为避免这一状况，教师需要在教育中注重引导幼儿学会悦纳自己。因为能够悦纳自己的幼儿不会轻易否定自己，当遭遇他人非议时，他们相信自己的能力，会积极地去证实自己的价值，也会用一个理想中的形象替代那个令人沮丧的自我，在自我建构中去接纳自己。

将这样的教育理念渗透于《糟糕，身上长条纹了》的阅读教学中，可针对故事结尾提问："卡米拉最后吃青豆了，尽管她的朋友会觉得她很怪，但她还是会吃青豆。为什么她不像以往那样担心朋友嘲笑她了？"进而引导幼儿做换位思考："如果你们是卡米拉，你们会担心朋友嘲笑自己吗？自己该怎样做才好？"而后进一步联系幼儿已有经验："你们有没有遇到过事情做得不太好，被其他小朋友笑话的时候？""这时候你们会怎么样？"当幼儿分享自己的经历后，教师从中优选好的方法，如若没有好方法，教师可提供自己的经验，让幼儿渐渐学会悦纳自己，学会对自己说："我虽然不会/不能/不喜欢……但是我会/能/喜欢……这样很好，我喜欢这样的我。""其他小朋友不喜欢……但我喜欢……这没有什么不好，我喜欢这样的我。"

(三)家园共育，帮助幼儿形成良好的自我意识

家庭教育是幼儿教育的重要组成部分。成人的评价直接影响幼儿对自己的认识和评价。一个经常得到父母积极评价的幼儿，往往会对自己产生一种积极的看

法，能比较有信心地去面对各种问题，敢于面对失败。家长的支持与配合对幼儿自我意识的培养具有十分重要的作用，因此需要家园联动，可从以下三点开展。

1. 大力推进家长学校的建设

可通过开讲座、书面交流、QQ 聊天等方式，帮助家长更多地了解幼儿心理发展的特征、认识幼儿自我意识培养的重要性，促使其形成正确的教育观。

2. 帮助家长全面了解自己的孩子

孩子在家和在幼儿园的表现不一定完全一致，因此教师要经常和家长进行交流，通过面谈、请家长观摩活动、家长咨询活动、家园联系卡、家访等形式，让家长了解孩子在幼儿园的表现，并向家长了解孩子在家的表现，家园共同配合进行教育。

学习笔记

🔗 小资料 ▶▶▶▶▶▶

有人在幼儿园做过幼儿情绪动因研究，方法是与幼儿直接访谈。结果表明，使幼儿高兴的动因有：①受到成人的夸奖、表扬。②家长、老师喜欢我。③小朋友喜欢我或愿意和我一起玩，我和小朋友玩得好。④父母带我出去玩，或者陪我一起玩了。⑤和别人比赛赢了，如拍球、下棋赢了小朋友。⑥自己的活动取得了成功，如搭成了一样东西或解决了某个问题。⑦父母给买了好吃的东西。

使幼儿难过、不高兴的主要动因有：①受老师、家长批评，惩罚了，如被训斥了、挨打了。②老师、家长不喜欢我了，或者自己惹老师、家长生气了。③家长、老师不允许我做喜欢做的事，不让我出去游戏。④父母不守信用，不给买答应过的东西，或没办到答应过的事，如原说好带我到公园玩，但后来又不去了。⑤受到老师的误解或者不公平的对待。⑥小朋友不喜欢我，不和我玩，或者和小朋友发生争吵、矛盾。⑦父母吵架，关系不和。⑧亲人生病。

该研究团队也曾询问过孩子最怕什么。中、大班的幼儿普遍告诉我们，"最害怕老师不理我（或不喜欢我）""最怕没人和我玩""小朋友不跟我好""最怕爸爸妈妈不高兴，不喜欢我"，有的孩子则告诉我们"我最怕爸爸妈妈吵架""爸爸妈妈吵架时，我最害怕"。

（资料来源：汪乃铭、钱锋：《学前心理学》，上海，复旦大学出版社，2005）

3. 指导家长正确地评价孩子

幼儿常常模仿成人的语气去评价自己和他人，许多孩子说不出自己有什么优点和缺点，只是简单地重复成人评价自己的话。因此，教师应指导家长，不要将孩子同别的孩子横向比较，以免挫伤孩子的自尊心；要注意发现孩子的优点，多给予支持和鼓励，帮助孩子正确地认识和评价自己。

🔗 拓展阅读 ▶▶▶▶▶▶

幼儿自尊心发展的评价(小班)

活动目标

评价幼儿的自尊心。

活动准备

纸、笔、照相机。

活动过程

在日常生活中观察幼儿以下几个方面的情绪和行为表现，并做好记录：

(1)在开学第一周的每个早上，观察幼儿在父母离开时较平静还是很焦虑。(自尊心强的幼儿在父母离开时是比较平静的。)

(2)给幼儿多一些自由时间，观察幼儿能否主动选择活动。(幼儿与教师建立了密切的关系之后，有了安全感，就能主动选择活动，这也是幼儿自尊心发展的体现。)

(3)观察幼儿能否主动选择小伙伴。(能主动选择小伙伴一起游戏，则表示幼儿的自尊心有了进一步的发展。)

(4)观察幼儿在"娃娃家"或其他游戏区的表现：游戏主题、与哪些幼儿一起游戏、谁扮演主角、谁扮演配角、该幼儿扮演的角色、扮演的时间、与其他幼儿之间的互动类型等。(如果幼儿能自信地扮演角色，说明幼儿的自尊心发展到了一个新的水平。)

(5)观察幼儿受到不公平对待，如自己的活动或作品被人故意破坏、自己正在玩的玩具被人强行抢走、被别人嘲笑"你真笨"等时，是否能维护自己的权利。(自尊心强的幼儿会反应强烈，如表示气愤、用肢体阻止、用口头语言告诉别的幼儿自己的看法、向老师告状等。)

(6)观察幼儿独立做事的情况，如就餐、穿脱衣服、大小便、洗手洗脸、拿放玩具等。(自尊心强的幼儿总是想去尝试，而且往往最终能把事情做好。)

活动反思

教师在对幼儿以上六个方面的观察中，会发现不同的幼儿自尊心发展的状况是不一样的，应根据观察的结果，为不同的幼儿提供适宜的活动和帮助。

(资料来源：揭青、覃素香：《学前儿童社会教育与活动指导》，成都，西南财经大学出版社，2015)

学习笔记 ▶▶ 二、 **幼儿自我意识教育活动的类型** >>>>>>>>

　　按照自我意识的不同形式(自我认识、自我体验和自我调节)，幼儿自我意识教育活动可以分为发展自我概念和自我评价的活动、提高自信心的活动及增强自我调节的活动三种类型。

(一)发展自我概念和自我评价的活动

　　自我概念是指对自己身心特征的认识，其作为个体行为方式、理想及信念的重要参照，对人一生的发展起着至关重要的作用。幼儿主要是在人际交往中获得自我概念的，因而社会交往的广度和深度对幼儿自我的建构具有深远影响。自我评价是指个体对自己生理、心理及外部行为的一种判定。恰当的自我评价是个体行为的积极调节因素，有利于幼儿自我意识的发展。曾子曰："吾日三省吾身。"省，即自我评价、自我反省。要让幼儿从小懂得反省自身，看看自己的长处和短处。美国哈佛大学心理学教授加德纳指出，人类具有八种基本智能，其中一种就是个人自我认识智能，可见自我评价在幼儿成长过程中的重要性。

幼儿期是人一生中的关键期，处在这一时期的孩子已开始与成人、同伴交往，通过简单的实践活动，了解自己，认识他人，学习把自己的行为能力与别人的行为能力进行比较，学习简单地评价自己和同伴的行为。受认知发展水平的限制，幼儿自我意识发展的总体水平是比较低的，他们对自我的认识与评价，在很大程度上依赖于家长和教师的指引与评价。这就要求幼儿园必须通过各种形式的活动，如"我的名字""了不起的我""特别的我""我能做……""小手真能干"等，来促进幼儿自我概念的形成和自我评价能力的提高。

(二)提高自信心的活动

自我体验是个体对自己的一种情绪情感体验。自信心是自我体验的核心要素，它对幼儿个性的形成及未来的生活均有重要影响。因此，自信心的培养是幼儿社会教育中最为重要的一个部分。

在自信心的主要内容中，最为典型和重要的是自我接受和自我价值感。自我接受是指一个人对自己能否有一种基本的承认、认可以及自己对自己的接受态度。认识自己的特殊性，认识自己的自我本性，并且接受自己作为独立而特殊的个体的存在，便是自我接受的含义。唯有接受自己，我们才能相信自己、尊重自己。自我价值感是我们对自己的感觉、态度、认识和评价，比如我们因为经过刻苦的努力、辛勤的劳动而获得劳动成果感到满足。自我价值感与自我接受是密切相关的，珍惜自己的独特品质，不随便放弃或改变自己而模仿别人，这些都是自信心的基本内容。教师要根据本班幼儿自我意识发展的现状，有针对性地设计活动来提高幼儿的自信心。在进行这类活动时，需要注意自信心的形成一般会遵循以下规律：参与—成功体验—期盼—自信。

图 5-3 哈哈，我成功啦！

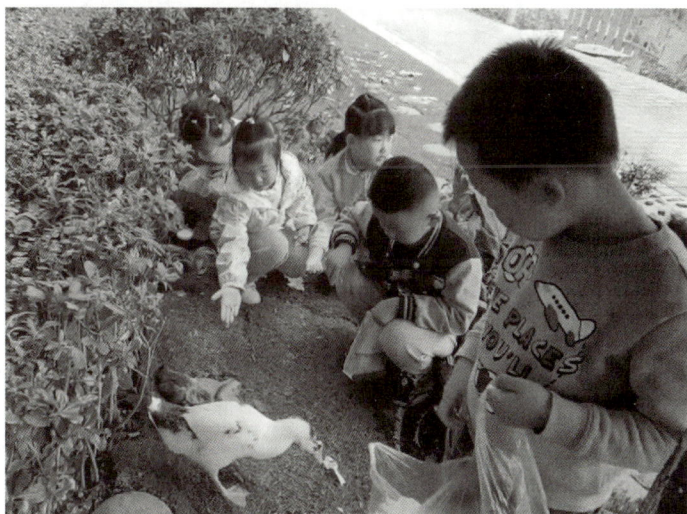

图 5-4 等它慢慢吃

(南京市栖霞区第一实验幼儿园尧辰园提供)

(三)增强自我调节的活动

自我调节是指自己对自身言语和行动的控制和制约,常与自我控制交替使用。自我控制是一种意志力的表现,具有发动和支配自己的言语和行动的发动作用,以及根据当时的情境抑制自己的言语和行动的制止作用。这两种作用的发挥都有赖于幼儿独立性的发展,因为只有一个具有独立性的人才会相信自己、依靠自己,并自觉地选择目标,而一个缺乏独立性的人不但总会寻求他人的照顾、心甘情愿接受他人的支配,而且遇事缺乏坚持性,易受环境与他人的左右,难以形成较强的自我调节能力。

幼儿的自我控制能力出现较晚,水平较低,虽然其在 2 岁左右已经开始萌生,但到 3~4 岁依然发展缓慢,到 4~5 岁才有较明显的发展。因此,幼儿园应在尊重幼儿自主性、独立性的基础上,有意识地设计一系列活动来增强幼儿的自我调节能力。比如,在小班可设计主题活动"一个宝宝两个样",在中班可设计主题活动"我选择……""做个好赢家",在大班可设计主题活动"我的情绪我做主"等,使幼儿在活动中发展自己的独立性,增强自我调节的能力。

▶▶ 三、 幼儿自我意识教育活动的设计 ＞＞＞＞＞＞＞＞

幼儿自我意识教育活动设计的总出发点应是:以幼儿为本,因材施教。教师需依据不同年龄段幼儿的特征,以幼儿自我意识的发展规律为线索,紧密联系幼儿的生活实际,来全面设计教育活动。此外,教师还需要结合幼儿成长发展中的典型现象和问题来提炼活动的主题,使活动更有针对性、效果更明显,从而促进幼儿健康成长。设计活动时,在理念上需要遵循以下要点。

📎 小资料 ▶▶▶▶▶▶

学前儿童社会教育活动设计的框架

教育内容	一级分解	二级分解	活动建议
自我意识	自我认识	自我概念	"我的身体"
			"我是男孩(女孩)"
		自我评价	"我上幼儿园了"
			"向大家介绍我自己"
	自我体验	自尊	"我爱我自己"
		自信	"我是能干的小宝宝"
	自我控制	延缓要求	"别人的东西我不要"
		自我调节	"我是勇敢的好宝宝"
个性心理	性格	活泼开朗	"幼儿园里真快乐"
		有责任心、心理健康	"难过的时候怎么办?"
	兴趣	广泛	"我的爱好"
		无不良倾向	"我最喜欢的活动"

续表

教育内容	一级分解	二级分解	活动建议
个性心理	道德	友好、互助	"就让我来帮助你"
		怜悯、同情	"小动物生病了"

(资料来源：周梅林：《学前儿童社会教育活动指导》，上海，复旦大学出版社，2009)

1. 在总体上，应考虑到幼儿自我发展的大致顺序和大致趋势，遵循教育规律，采用科学的方式方法。

2. 在组织形式上，应充分发挥社会互动的教育作用，因为幼儿的自我永远是在交往中形成并得到发展的。

3. 在内容上，注意与其他方面或领域进行整合或渗透，让幼儿在操作、游戏、体验、表现、创造等不同的活动中加深对活动的把握，获得丰富的成长经验。

4. 教师应有创新意识，要充分发挥主导作用。同一班级可以采取多种主题活动来完成同一目标；同一主题活动也可以通过内容上的调整，从而适应于不同年龄班级的幼儿。

案例 5-1 ▶▶▶▶▶▶

小班自我意识教育活动：表达心愿

设计意图

小班幼儿正处于自我意识形成初期，他们主要通过亲身经历、重要他人、环境等获得自我意识。帮助小班幼儿形成积极的自我意识对其自我人格的建构、社会性的发展具有积极的意义。

小班幼儿刚刚离开家庭进入幼儿园集体生活，他们从家庭有限的人际交往活动转向兴趣更广泛、人数更多的同伴间的交往活动，表达心愿活动的设计意在引导幼儿学习一些简单的交往技巧，懂得一些与同伴相处的规则，使他们逐步从"自我中心"中摆脱出来，在集体生活中更好地表达自己和理解他人。

活动目标

1. 能根据自己的心愿选择相应的生日礼物。

2. 会使用人称代词"我"与"你"说出完整的祝福语。

活动准备

1. 准备常见的玩具、物品图片及玩具食品等给娃娃的礼物若干。

2. 幼儿庆生的经验。

活动过程

(一)运用"给娃娃过生日"的游戏，导入活动主题

1. 播放音乐"祝你生日快乐！"，告诉幼儿，娃娃要过生日。

2. 启发幼儿思考："娃娃要过生日了，请小朋友们一起去为娃娃庆生，小朋友们要不要准备礼物呢？"

（二）为参加娃娃的生日活动，选择生日礼物

1. 组织幼儿讨论：娃娃要过生日，作为他的好朋友去为他庆祝，要准备什么样的生日礼物。

2. 逐一呈现准备的礼物，由幼儿说出名称，注意纠正幼儿不正确的发音。

3. 引导幼儿思考："娃娃过生日，我想送娃娃什么生日礼物？"

4. 挑礼物

幼儿每人挑一件礼物准备送给娃娃，并要说出为什么挑选这件礼物。

（三）游戏：小商店

1. 教师扮演售货员，请幼儿来买食品、图片或玩具，要求幼儿用完整句表达愿望，即买时要讲清楚，"我要买图片×××"或"我要买××"。

2. 幼儿表达愿望完整清楚，发音正确，就可以卖给他。如幼儿不能达到要求，教师可以进行提示，如问："你要买几张图片？你买这个想干什么……"要求幼儿回答。

（四）参加生日活动，送礼物

1. 参加生日活动，送上自己的礼物，送时要说："我要把××送给你，祝你生日快乐！""我送你××，祝你生日快乐！"（要求幼儿用完整的句子表达心愿。）

2. 吹蜡烛，许愿。

3. 唱《生日快乐》歌，结束活动。

活动延伸

在日常生活中，为幼儿创造交往的条件，启发幼儿交谈，在交流中把自己的心愿表达出来。

案例 5-2 ▶▶▶▶▶▶

中班自信心培养活动：我长大了

设计意图

自信是一个人对自己的积极感受，它源于对自身的认识和评价以及自我接受程度。《纲要》指出：要"鼓励幼儿大胆、清楚地表达自己的想法和感受，尝试说明、描述简单的事物或过程，发展语言表达能力和思维能力"，"为每个幼儿提供表现自己长处和获得成功的机会，增强其自尊心和自信心"。而幼儿阶段，尤其是中班这个年龄段，更是形成自信心的重要时期。因此，为了培养中班幼儿的自信心，我设计了活动"我长大了"，通过让幼儿说说自己的优缺点，引导他们更充分地了解自己，从而增强幼儿的自信心。

活动目标

1. 对自己的变化感兴趣，了解自己在不断地成长。

2. 找出自己的优点（或者能干的事情）并在集体面前大胆地讲述出来。

3. 初步认识自己的不足，且愿意作出改变。

活动准备

1. 请家长帮助幼儿了解自己小时候和现在在身体的生长发育上有哪些主要的变化。

2. 请家长为幼儿准备小时候的照片和现在的照片各1张，并将它们制作成视频相册。

3. 了解和掌握幼儿主要的能力发展情况及主要的优缺点，并把它们拍摄下来。

活动过程

(一)播放视频相册，引导幼儿发现自己小时候到现在的变化

1. 播放视频相册，边看边问：照片上都是谁？是什么时候的照片？

2. 请幼儿谈一谈："我们小时候是什么样子，现在又是什么样子？"

启发幼儿从外部的变化(如身高、体重等方面)进行；也可以从自己学会本领的变化(如念儿歌、画画等方面)进行。

教师小结：你们现在长高了、变重了，更重要的是你们学会了各种各样的本领，学会画画、顺倒数数等。那么，你觉得哪些本领学得最好？

(二)鼓励幼儿找出自己的优点(或者说出能干的事情)，并在集体面前展示出来

1. 教师和幼儿共同找找教师的优点，并且将与优点相对应的照片贴在白板上，激发幼儿的兴趣，引导他们说一说自己的优点。

2. 请幼儿说说自己的优点或者能干的事情，并且勇敢地在集体面前展示。

(1)请幼儿读一篇寓言故事"狐狸与仙鹤"。

(2)请幼儿上来拼图。(拼图时间会很长，因此要安排在前面，这样可以减少等待时间。)

(3)展览幼儿的绘画作品。(教师平常应有意识地收集幼儿的绘画作品，再用绳子串起来展示在教室里。)

(4)童话剧表演。请幼儿节选片段现场表演平日排练的童话剧。(排在绘画展览等几个比较安静的活动之后，动静交替，使活动进入一个小高潮，再次激发每个幼儿上来表演的欲望。)

(5)请幼儿上来弹一曲动听的乐曲，引导幼儿感受音乐旋律的优美。

(6)将幼儿平时关心集体的行为用录像录下来，再放出来给大家看，引起对其行为的赞扬。

(7)进行叠被子、系鞋带比赛，通过竞赛形式看到别人的长处。

(8)诗歌朗诵，有表情地朗诵。

教师小结：每个小朋友都说了自己的优点或强项，有的…有的…有的，并且能够勇敢地将自己的优点(能力)在集体面前展示出来。

(三)找找自己的不足(缺点)，鼓励幼儿今后努力作出改变

1. 找找自己的不足。

2. 请幼儿谈谈自己在关心集体、参加体育活动、画画等方面还要向哪些小朋友学习。

3. 鼓励幼儿今后要继续努力，争取更大的进步。

(四)总结活动过程，自然结束活动

活动延伸

1. 在一日生活中给幼儿多创造些表现自己和发扬长处的机会，鼓励幼儿的探索精神等。

2. 让家长鼓励幼儿自己的事情自己做。

案例 5-3 ▶▶▶▶▶▶

大班自我调节能力教育活动：了解自己的情绪[①]

设计意图

大班下学期幼儿的幼儿园生活即将结束，他们将进入小学，这要求幼儿在行为习惯、情绪调控等方面都要做好充分的准备。有研究表明，让幼儿学会调节自己的情绪，有助于其更快地适应小学的生活和学习。考虑到情绪是抽象、不易于理解的，因此从幼儿具体形象思维出发，以"辨认面部表情，然后学习判断情绪"为切入点，设计了"了解自己的情绪"这一活动，目的是让幼儿在参与丰富多样的操作活动的同时，尝试通过辨认面部表情初步学会感知、判断他人的情绪，从而了解良好的情绪有助于人的身心健康，并有意识地在学习和生活中尝试调节自己的不良情绪，为其能尽快适应小学生活奠定良好的心理基础。

活动目标

1. 能辨认六种常见的面部表情，并能根据面部表情判断人的情绪，知道良好情绪使人健康；

2. 体验交往中不同情绪带来的不同感受，学会调节自己的不良情绪。

活动准备

1. 六个表情面具(大笑、微笑、厌恶、生气、哭泣、害怕)。

2. 用大型图纸做一个脸谱转盘，在转盘的圆心放一根可随意旋转的指针。

3. "我的情绪"表、托盘、水彩笔等若干。

活动过程

(一)播放录像，谈话引题

1. 请幼儿带着问题观看教师事先录制好的小朋友在幼儿园的生活片断

问题一：你看到了录像中小朋友的表情是什么样的？

问题二：小朋友为什么在笑(哭、生气)？

2. 运用谈话法，调动幼儿的情绪经验

(1)引导幼儿从录像中人物的表情、动作出发，回答自己的观察结果。

(2)激发幼儿调动已有生活经验，初步获得关于情绪的知识。

"请你想一想，平时在幼儿园中有什么高兴的事，有什么不高兴的事？"

"遇到高兴的事，你的表情会怎样？遇到不高兴的事呢？"

3. 小结：通过表情可以判断他人的情绪。

---

① 参见徐燕芳. 大班社会活动：了解自己的情绪[J]. 教育导刊，2008(3).

(二)玩"变脸"游戏，识别不同的情绪

1. 出示表情面具并说明游戏规则：引导幼儿观察面具的各种表情，并尝试判断和描述表情。

2. 组织幼儿讨论，引导他们将几个表情面具从良好情绪和不良情绪两方面去归类，进一步了解表情与情绪之间的关联性，认识到不良情绪对人的消极影响。

3. 小结：情绪可分为"喜""怒""哀""惧"四种类型。"喜"属于良好的情绪，如微笑、大笑等，我们也可以说"心情好"；哭泣、生气等属于"怒""哀"的情绪。我们也可以说"心情不好"。

(三)玩"脸谱转盘"游戏，学习用表情及语言表达情绪

1. 玩法：每次请 1 位小朋友上来玩转盘(见图 5-3)，转动指针，指针指到哪一处脸谱，这位小朋友就要试着做出这种脸谱的表情，判断出情绪大类(好的或不好的情绪)。并说说自己对这种情绪的感受。

2. 请一位小朋友上来玩转盘，其他小朋友根据指针指到的脸谱，做出相应的表情，该小朋友则说出是什么表情，并谈谈对这种情绪的感受。

3. 小结游戏情况，进一步巩固幼儿对情绪的理解、判断等技能的掌握程度。

图 5-3 "脸谱转盘"示例

(四)画出自己的脸谱娃娃，表达自己对这种情绪的认识

1. 出示图表(如表 5-1)，要求幼儿会用各种脸谱娃娃表现相对应的各种情绪，并用"√"或"×"表示喜欢或不喜欢此种情绪。

表 5-1 脸谱娃娃示例

各种情绪	表情	"√"或"×"
微笑		√
开心		
大笑		
惊讶		
害怕		
愤怒		
悲伤		
生气		
哭泣		
……		

2. 幼儿操作，教师巡回指导。

3. 组织幼儿根据图表，分组讨论，初步学习调节自己的不良情绪。

(1)引导幼儿讨论：情绪对人身心健康的影响。

"你喜欢图中的哪些情绪，不喜欢哪些情绪，为什么？"

知道不良情绪不利于自己的身心健康，愉快的情绪有利于自己的身心健康。

"你在什么时候会哭、会愤怒？你想用什么方法使自己的情绪变好呢？"

(2)请个别幼儿谈谈自己的感受。

(3)组织幼儿讨论消除消极情绪的方式方法。比如，在不高兴或害怕、想哭的时候，我们可以把不高兴的原因讲给别人听，或做一些自己喜欢的事情，如去跑步、做游戏等，慢慢地就会把不高兴的事给忘掉了。

(4)小结：要笑口常开，主动和同伴玩，快快乐乐地学习、生活，好的情绪有利于我们自己的身体健康；不要把不快乐的事闷在心里，坏的情绪会影响我们吃饭、睡觉，伤害身体。

(五)师幼共同复习"快乐舞"(幼儿已学过的舞蹈)

体验好的情绪带来的愉悦感受。在舞蹈中自然结束活动。

活动延伸

1. 布置表情日历栏，引导幼儿学习用脸谱娃娃进行每日表情的记录。

2. 开展"小小心理咨询师"的活动。

思考与练习

简答

1. 培养幼儿自我意识的途径有哪些？

2. 幼儿自我意识教育活动的类型有哪些？

3. 幼儿自我意识教育活动设计的一般要求有哪些？

模块五单元2云测试

实践训练

1. 校内练习：依据幼儿自我意识发展的特点，按照教案范例的格式，设计一次完整的自我意识教育活动。

2. 校外练习：去幼儿园观摩一次自我意识的教学活动，并做听课记录。

📖 **学习反思**

模块六

幼儿社会交往与教育活动设计

名人名言

集体生活是儿童由自我向社会化道路发展的重要推动力，为儿童心理正常发展的必需。

——陶行知

学习导航

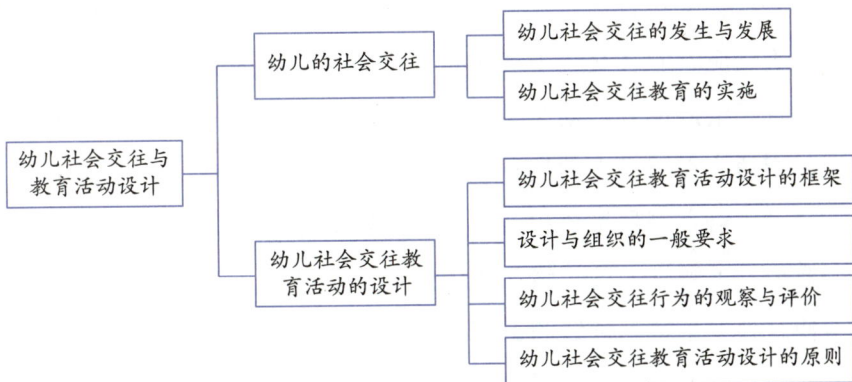

学习目标

- 了解幼儿社会交往的内涵及影响因素。
- 理解幼儿社会交往的发展规律。
- 掌握幼儿社会交往教育的途径与方法。
- 能设计并组织实施幼儿社会交往教育活动。

单元 1 幼儿的社会交往

任何一个生活在人类社会的人，都必然要参与交往，交往是人类社会生存与生活的基本需要与重要途径。幼儿未正式步入社会，仍需要父母及其他亲人的精心照料，社会交往对于他们的含义与成人有所不同，但对其生存与发展的意义却同样重要，甚至更为重要。社会交往是幼儿生长发育与个性发育的基本需要，是实现个体社会化发展过程中所必需的，可以说孩子从生下来就开始了交往这种社会性行为。我国《幼儿园教育指导纲要（试行）》在社会领域的教育目标中明确提出了培养幼儿"乐于与人交往，学习互助、合作和分享，有同情心"的人际交往目标，教师要"引导幼儿学习初步的人际交往技能"，要尽可能"为幼儿提供人际间相互交往和共同活动的机会和条件，并加以指导"；《3～6岁儿童学习与发展指南》指出"人际交往和社会适应是幼儿社会学习的主要内容，也是其社会性发展的基本途径"，成人应"创造交往的机会，让幼儿体会交往的乐趣"。可见，教育者应对幼儿的社会交往予以正确的引导，帮助他们树立正确的交往态度，获得交往能力，并与他人建立良好的人际关系，促进幼儿社会交往的发展。

▶▶ 一、 幼儿社会交往的发生与发展 〉〉〉〉〉〉〉〉

（一）幼儿社会交往的含义

社会交往行为是人们在交往活动中对他人或某一事件表现出的态度、语言和行为反应，它在交往中产生，并指向交往中的另一方。交往是人的整个社会生活的重要组成部分，幼儿与他人的交往也构成了他们的基本生活。幼儿的社会交往是指幼儿在与成人的接触、交流或与同伴的游戏、学习、生活过程中，运用语言或者非语言符号系统相互沟通、进行情感交流的活动；是其逐步学会表达自己的愿望，了解别人的情绪和想法，调节自己的行为，促进相互之间的理解协调，并使这种关系得到延续和保持的活动。

从以上概念不难看出，幼儿的社会交往包括两个范畴：一是与成人的交往，主要包括与父母和教师的交往；二是与幼儿的交往，主要指同伴之间的交往。这是两种不同性质的交往。幼儿与成人的交往具有互补性，在传统意义上，这种交往中成人主导较多，幼儿服从较多；成人更多提供帮助，幼儿更多寻求帮助。而幼儿的同伴交往则基本是平等的、互惠的。从幼年起，他们就表现出强烈的寻找伙伴进行交往活动的倾向，随着年龄的增长与活动场所的转移，他们不断扩大交往的空间与范围，与同伴接触的时间逐渐增加。同伴逐渐成为幼儿社会化发展与成长过程中的"重要他人"，他们与教师、家长等共同构成幼儿成长环境中最重要的组成部分。

社会交往对幼儿具有重要意义，交往经验构成了个体成长和发展的一个重要背景。在这一背景中，幼儿获得了大量的影响一生的情绪情感、态度和技能，这些对于其个体发展和社会发展都具有较大的影响。

(二)幼儿社会交往的意义

1. 幼儿的社会交往是时代发展和教育改革的重要主题和内容

联合国教科文组织提出"学会生存""学会学习""学会关心"的教育主张，体现了儿童观与教育观的变化。"学会关心"的提出更是凸显了对个人与其周围环境的关系和对环境态度的重视。一方面，"学会关心"更加关注个体自身与他人、环境的关系。"学会关心"的核心是，不仅要学会关心自己，更要学会关心他人，关心周围的生活环境，并与他人和环境建立良好的关系。另一方面，"学会关心"在技能层面之上更加关注个体对他人和环境的态度与情感。"学会关心"所强调的个体与他人、环境的关系，对他人、环境的态度和情感，均体现在个体现实生活的交往活动中。可见，社会交往既是时代发展对幼儿提出的必然要求，也是教育改革的重要内容。

2. 幼儿的社会交往具有社会成长价值

社会互动理论认为，幼儿一出生就进入了人际交往的世界，学习与发展发生在他们和其他人的交往与互动中。其中维果茨基的最近发展区理论认为，幼儿与成人或能力强于他的同伴交往是使他进入下一个发展区的最好方法。费厄斯坦的中介作用理论指出，有效学习的关键在于幼儿和中介人(父母、教师)之间交往互动的质量。因此，作为社会中的一员，幼儿处于一种不断交往的生成状态中，交往成为幼儿社会生活的重要组成部分，在交往中，儿童逐渐积累适应社会的经验，其自我意识、社会认知、情绪情感得以更好发展。

随着年龄的增长，幼儿与其他幼儿的交往持续增加，日益增多的同伴交往对幼儿的社会化具有重要意义。首先，同伴交往为幼儿进行自我评价提供了有效的对照标准，能够促进幼儿自我意识的发展。例如，幼儿能够将自己与同伴进行简单对比，他们常常会对另一个幼儿说"我比你快""我比你小"等。同伴的行为就像一面镜子，为幼儿提供自我评价的参照，使幼儿更好地认识自己。其次，交往促进幼儿社会认知的发展。每个孩子的生活环境往往不同，各自的生活经验和认知基础也有差异，因此，在共同活动中，会有不同的表现。即使面对同样的玩具，不同幼儿的玩法也不一样。产生于同伴关系中的合作和感情共鸣可以使幼儿获得关于社会的更广阔的认知视野，同伴交往为幼儿提供了分享知识经验，互相模仿、学习的重要机会。社会交往有助于幼儿丰富知识，发展自己思考、操作和解决问题的能力。同时，幼儿在与同伴的交往中发生的冲突将促进其社会观点采择能力的发展和社会交往技能的获得。最后，社会交往能够促进幼儿情绪情感的发展。在与同伴交往时，幼儿的心情会更加愉快，能更放松、更自主地投入游戏中。良好的交往关系和良好的亲子关系一样，能使幼儿产生安全感和归属感。那些不能在同伴群体中建立适宜地位的幼儿，将会有被人轻视的感觉，从而引起心理上的"不幸福"。另外，家庭以外所形成的同伴关系能在一定程度上削弱、弥补幼儿在家庭中所遭受的早期创伤。同伴交往有助于幼儿自我概念和人格的发展，缺乏同伴支持的幼儿往往会产生孤独感。

🔗 拓展阅读 ▶▶▶▶▶▶▶

林崇德曾对同伴关系在儿童生活中的独特作用做出归纳，认为同伴关系有利于儿童社会价值的获得、社会能力的培养以及认知和健康人格的发展。他指出，同伴关系主要从四个方面影响儿童的发展：一是同伴关系可以满足儿童归属和爱的需要以及尊重的需要；二是同伴关系为儿童提供了学习他人反应的机会；三是同伴关系是儿童特殊的信息渠道和参照框架；四是同伴关系是儿童得到情感支持的一个来源。此外，林崇德还发现，不良的同伴关系会使儿童成长受阻并可能出现下列问题：①退学（或逃学）。②孤僻、退缩、冷漠、压抑或出现其他心理障碍。③加入不良团伙乃至犯罪。同伴关系不良有可能导致儿童入学适应困难，甚至会对其成年以后的社会适应造成消极影响。

🔗 互动平台 ▶▶▶▶▶▶▶

孩子，你为什么孤独

在成长的道路上，幼儿常常希望自己有真正的朋友和玩伴，而且这种愿望随着年龄的增长会更加强烈。然而，有些幼儿在人际交往方面却出现了交往频率低、交往质量差等问题。造成幼儿同伴交往不良的原因是多方面的，有研究者认为，最主要的原因在于幼儿交往生活的缺失，主要表现在以下几个方面。第一，单元结构居所使幼儿生活的物质空间狭窄。在高楼林立的城市，幼儿很难找到可以满足其群体冒险和探求欲的天然的游戏场地，加之成人担心幼儿在户外出现意外，游戏只能回到家里，有限的单元房就是他们生活的空间。第二，"独享型"高科技产品玩具使幼儿同伴间的交流减少。孩子们不仅缺少与同伴交往的机会，而且极少有机会体验融入大自然的乐趣和享受大自然的恩惠，与同伴交往逐渐减少的同时，与大自然的交往也逐渐变成一种奢望。第三，许多成人对幼儿交往经验和技能关注不够，在日常生活中，成人关注的更多是一些比较显性的同伴交往问题，如攻击、冲突等。当幼儿无法加入同伴游戏而向成人求助时，成人只是简单、笼统地建议"再去试试"，或"那你就自己玩吧"。第四，幼儿长时间坐在电视机前，疏远了伙伴，也疏远了家人，他们失去了对他人的亲近感和心灵沟通，他们的"心理空间"在不断缩小。

同学，你也从童年走来，经历了幼年时期，你的身边也有很多可爱的孩子，你的童年孤独吗？在你眼中，现在的孩子孤独吗？请你举一个自己或身边的案例，来向大家描绘一个或许孤独、或许灿烂的童年画面吧！

(三)幼儿社会交往行为的影响因素

幼儿的交往过程可谓千姿百态，有的幼儿顺从，有的幼儿反抗；有的幼儿善于讨喜，有的幼儿长于破坏；有的幼儿是被他人接纳的，有的却是被他人排斥的；有的幼儿是居中心地位的，有的则是处于边缘地带的。这反映了幼儿交往行为的多样性，在交往活动中个体所扮演的角色不同，他们各自获得的体验也不同。之所以出现这些不同之处，是因为幼儿的社会交往行为与地位受到许多因素影响，主要包括四个方面：幼儿自身因素的影响、家长的影响、教师的影响、玩具与其他物质环境的影响。

1. 幼儿自身因素的影响

（1）气质

如前所述，气质会对幼儿与父母的交往产生影响。在亲子交往中，易抚育型的幼儿由于生活有规律、易适应环境、哭闹少、易于教养等，容易给父母带来愉悦的情绪，父母也会给予他们更多的关爱，因而亲子关系良好，幼儿的情绪和行为也更加积极；难抚育型的幼儿由于经常哭闹、情绪不稳定、反抗行为较多、不易教养等，给父母带来不愉快的情绪较多，父母容易给予其更多的禁止和警告，甚至会打骂孩子或者放弃管教，因而亲子之间的冲突也较多。可以说，气质影响了幼儿的行为表现，进而影响了亲子关系和父母的教养方式，又通过父母的教养方式反作用于幼儿自身的社会性发展。气质也会影响幼儿与同伴的交往。在幼儿园中，胆汁质、多血质的幼儿更喜欢参加各种活动，在人际交往上也多采取积极主动的态度，人际交往范围广，但交往对象易变，人际关系维持时间较短。胆汁质幼儿主动交往多，但脾气急躁，容易出现攻击行为和交往冲突。黏液质幼儿沉静、稳重，不善于主动与人交往，但交往中不常与同伴发生冲突，人际关系较好。抑郁质幼儿性情孤僻、胆小怯懦，人际交往不易主动，而且交往范围小，攻击行为也不易出现。

（2）认知能力

幼儿解决社交问题的策略是幼儿社会认知能力的一种综合反映，而幼儿的社会认知能力又与其社交地位有着密切的关系。一切外界影响，只有在幼儿注意并认识了其意义之后，才有可能转化为自己的观念和行为。幼儿的认知水平对于其了解社会知识、社会现象、遵守社会规则、产生相应的社会行为等有着直接的影响。例如，教师对幼儿提出"与小朋友友好相处"的要求，而幼儿只有在理解了与小朋友友好相处的意义，并且知道了如何与小朋友友好相处的基础上，才能够逐渐克服自我中心，做到和小朋友友好相处。否则，幼儿可能因为对这项要求不理解、不清楚而出现言行不一致的情况。守纪律、有责任心等社会品质也都是幼儿接受与领会外部的社会要求，并逐渐转变为自己的内部要求的结果。随着幼儿认知的发展，游戏复杂性和规则性的逐步加强，幼儿合作的需求也将不断提高。

（3）行为特征

行为特征是幼儿社会能力的重要体现。不同幼儿之所以交往结果不同、同伴地位各异，主要是因为他们具有明显的行为特征差异。受欢迎的幼儿，往往具有外向的、友好的人格特征，他们擅长双向交往和群体交往，而且在活动中没有明显的攻击行为。被拒斥的幼儿在同伴交往中往往是比较笨拙和不明智的，也可能经常表现出许多攻击性甚至是反社会行为。虽然他们也尝试着加入到群体活动中去，但总是由于他们身上令人讨厌的特征而被人拒之门外。被忽视的幼儿在同伴交往中是退缩和不主动的，他们往往逃避双向交往，而将更多的时间花在更大的群体中。他们常常比较害羞，他们中大多数都是自己玩，很少见到他们表现自己或对他人显示攻击行为。谢弗认为，如果一个儿童被看作破坏行为和麻烦的制造者，他的同伴就会拒斥他，那么这个儿童便不能形成正常交往的社会技能。为了引起别人的注意或清除自己行动的障碍，这个儿童就会做出更具破坏性、更使人厌烦的行为，制造各种麻烦，如不愿分享与合作、活动过度、多话等，以此作为加入群体活动的方式。最初被看作合作的儿童往往受人喜欢，而一旦被看作好争吵的儿童，即使他们以后改变了这种行为，也往往被拒斥。同样，被忽视的儿童也可能因为他们的被忽视而变得害羞和孤单。

拓展阅读 ▶▶▶▶▶▶

庞丽娟将4～6岁幼儿的同伴社交地位分为受欢迎型、被拒绝型、被忽视型和一般型四种基本类型。

受欢迎型：受欢迎型幼儿喜欢与人交往，在交往中积极主动，又常常表现出友好、积极的交往行为，因而受到大多数同伴的接纳、喜爱，在同伴中享有较高的地位，具有较强的影响力。

被拒绝型：被拒绝型幼儿和受欢迎型幼儿一样，喜欢交往，在交往中活跃、主动，但常常采取不友好的交往方式，如强行加入其他小朋友的活动、抢夺玩具、大声叫喊、推打小朋友等，攻击性行为较多，友好行为较少，因而常常被多数幼儿排斥、拒绝，在同伴中地位低、关系紧张。

被忽视型：与前两类幼儿不同的是，这类幼儿不喜欢交往，他们常常独处或一人活动，在交往中表现得很退缩，他们既很少对同伴做出友好、合作的行为，也很少表现出不友好、侵犯性行为，因此既没有多少同伴主动喜欢他们，也没有多少同伴主动排斥他们，他们在同伴心目中似乎是不存在的，为大多数同伴所忽视和冷落。

一般型：这类幼儿在同伴交往中行为表现一般，既不是特别主动、友好，也不是特别不主动或不友好，因而在同伴心目中的地位不一；表现为有的被同伴喜爱、接纳，有的被忽视、拒绝。

（4）早期亲子交往的经验

亲子关系对幼儿今后的社会交往有预告和定型的作用，而更近一些的观点则认为二者是相互影响的。幼儿在与父母的交往过程中不但实际练习着社交方式，而且发现自己的行为可以引起父母的反应，由此可以获得一种最初的"自我肯定"的概念。这种概念是幼儿将来自信心和自尊感的基础，也是其社会交往积极、健康发展的先决条件之一。不少心理学研究指出，婴儿最初的同伴交往行为，几乎都来自更早些时候与父母的交往，比如在婴儿第一次对成人微笑和发声之后的两个月，相同的行为才开始出现在同伴交往中。

（5）参与交往的积极性

环境对于幼儿的影响必须在幼儿与环境的相互作用中才能发挥出来。幼儿只有与环境相互作用，主动适应环境，参与各种活动，才能接受来自环境的影响。如果不参与或参与较少，对环境回应少或没有回应，旁观行为较多，态度比较被动，则可能使得环境的影响难以进入幼儿的主观世界，难以发挥影响的积极作用。研究表明，积极参与各种活动的幼儿在形成概念、解决问题、社会交往能力、个性品质等方面都有良好的发展。在相同的条件下，主动参与的程度是个体心理发展出现性质与水平差异的重要原因。

（6）身体吸引力

幼儿偏好面部特征的现象出现得很早。1岁时，婴儿就已经能"以貌取人"了，对于那些有漂亮面孔的人，他们有更多积极的反应，更容易被逗乐，而且更少表示拒绝，而对于相貌平平的人，则反应恰好相反。在童年早期和中期，幼儿对于相貌漂亮的同龄人和相貌平平的同龄人会有不同的判断。相貌的吸引力在彼此熟悉的幼儿中同样会影响受欢迎程度和相互评价，而且这种影响在女孩子中更为强烈。父母和教师同样也有这种"漂亮的就是最好的"偏见。产生这种现象的原因主要有两方面。一是幼儿对自己的满意感会影响他们的行为。研究发现，随着年龄的增长，身体无吸引力的幼儿会表现出更多不良的甚至有破坏性的行为，而身体有吸引力的幼儿不良行为较少。二是教师和父母也会按幼儿相貌上的差异对他们表现出不同的态度和行为。

2. 家长的影响

父母的教养观念和行为对幼儿的发展有很重要的影响。调查表明，在父母对孩子社交价值认识充分的家庭中的幼儿大多是"受欢迎者"。根据哈杜普的研究，父母在幼儿的社会交往能力和性质积极的同伴关系的发展中至少起到三个作用。第一，亲子交往是一种环境，在这个环境中，幼儿许多社会交往所必需的能力得到了发展。第二，亲子关系构建了一个安全网络，使得幼儿可以自由地研究社会，从而提高了社会交往能力。第三，正是在亲子关系中，幼儿开始发展与他人主动建立关系的预期和推断。然而，一些父母重视幼儿智力因素和艺术方面的发展，而忽视其情感方面的发展和社会性的培养。为了不让孩子输在起跑线上，一些家长让孩子参加多个"兴趣班"，孩子学习的时间多了，痛痛快快玩耍和游戏的时间少了。同时，受家庭外环境中一些不确定因素的影响，成人因担心孩子出现意外而高度控制其生活环境，将他们隔离在家里，或只由长辈陪同玩耍，成人对幼儿的关爱无形中剥夺了其与同伴交往的机会与权利。这些做法都大大增加了幼儿在社会交往中被拒斥或被忽视的可能性。

3. 教师的影响

教师是幼儿在幼儿园中的"重要他人"，在幼儿的社会性发展中起着关键性的作用。一名幼儿在教师心目中的地位如何，会间接地影响到同伴对这名幼儿的评价。米勒等人回顾了几项相关研究发现，教师对一名幼儿特征和价值的认可程度会通过一种复杂的方式影响着其他幼儿对这名幼儿的接纳性。社会心理学家认为，在同伴群体中的评价标准出现之前，教师是影响幼儿最有力的人物。不难发现，受到教师喜欢和关注的孩子，在同伴交往中容易处于核心位置，因为教师的关注可以使孩子本身更加自信甚至自豪，故其交往行为比较积极。同时，教师的关注使其他孩子在"嫉妒"该幼儿的同时，也更加愿意与他交往。

拓展阅读 ▶▶▶▶▶▶▶

姜勇、庞丽娟开展了我国幼儿园师生交往类型的研究。他们从师生交往的目的、宽容性、情感性、发现意识、方式等维度出发，经过分析得出，幼儿园师生交往关系有四个主要类型：严厉型、灌输型、民主型和开放学习型。严厉型是指在师生交往中，教师缺乏对幼儿的情感支持，通常比较冷漠，批评、惩罚较多；灌输型是指教师重视知识传授，很少关注幼儿的实际情况调整建议活动，在集体教育中总是教师说得多，幼儿自主探索得少；民主型是指教师更加重视幼儿的全面发展，并能充分理解与尊重幼儿的兴趣与需要；开放学习型是指教师虽然也非常重视幼儿知识的获得，但更鼓励幼儿自主探索、自我发现。研究结果表明：开放学习型是我国幼儿园师生交往的重要类型，在四种类型中占据的比例最高。

4. 玩具与其他物质环境的影响

玩具是幼儿游戏活动中不可缺少的媒介材料，在幼儿的生活中扮演着重要的角色，幼儿与同伴交往的行为会因所提供的玩具不同而发生改变。在当今社会，现代机械、电动玩具和电子游戏机等高科技产品日益增多，这些玩具外观精美，设计精巧，令初玩的幼儿爱不释手。但是这些玩具多数属于"独享型"，幼儿一个人就可以完成整个游戏，因此，这些玩具使幼儿同伴间的交流减少。而沙、石、积木等"朴素"玩具，却能够大大促进孩子之间的交往与合作。同时，幼儿喜欢看电视，无论在哪个国家都是一个普遍的现象。虽然电视节目大受欢迎，但观看电视对于幼儿社会交往的影响却是有利有弊的，而且负面影响已经越来越多了。第一，较长时间看电视，使得幼儿的活动范围变小了，与周围客体交互作用的机会减少了，这种单向的灌输形式，在一定程度上阻碍了幼儿的思维活动，并且容易形成刻板的、模式化的行为方式。第二，青少年的反社会行为与观看暴力电视节目有关。当然，电视的负面影响并不是电视媒体天生就有的，这些负面效应大多是由于社会对媒体的使用不当，或者是家长本身的原因造成的。因此，只要正确使用电视，幼儿依然可以从中获取社会交往的许多有利信息，从而促进社会交往。

除玩具、电视的影响，居住环境的优劣、生活空间的大小等物质环境因素也都会影响幼儿的社会交往行为。

🔗 **拓展阅读** ▶▶▶▶▶▶

玩具的分类

儿童玩具的种类归纳起来约有四大类：一是现成的或机械的固定玩具，如娃娃、动物、汽车、炊具、劳动工具等；二是半成品的玩具，如积木、胶粒、各种拼图等；三是各种游戏材料，如橡胶泥、沙子、纸片、小棒、瓶子等；四是自制玩具，如利用蛤蜊壳，画上图，放入一个"奇妙的口袋"中，让孩子们随琴声相互传递，琴声停下来时，口袋在哪个孩子手中，他就要从口袋中摸出一只蛤蜊壳，按图的要求表演唱歌、跳舞等。这些玩具都是儿童喜爱的，也是对儿童有益的。在这些形形色色的玩具中，对儿童社会化意义最大的玩具是活动形式多变的、使儿童能够多方摆弄的玩具，而不是只能看一看或呆呆地拿着的现成而固定的玩具。

🔗 **拓展阅读** ▶▶▶▶▶▶

如何控制孩子看电视①

措　施	内　容
限制对电视的收看	不要将电视当作保姆来用，对孩子看电视做严格的规定，如每天只允许看1个小时的电视，并规定其节目内容，要求孩子严格遵守规定。
禁止将看电视作为对孩子的奖赏或惩罚	不要用看电视作为对孩子的奖赏或者惩罚，这样只会增加孩子对电视的兴趣。
鼓励孩子收看有意义的节目	鼓励孩子收看一些对儿童发展有益的、知识性的以及亲社会的电视节目。
就电视内容对孩子进行解释	尽可能地与孩子一起看电视，帮助他们理解他们所看到的内容。如果你对电视中的行为表示不赞同，可就内容的真实性进行提问，并鼓励孩子就此进行讨论，这样能教育孩子正确地评价电视节目内容，而不是简单地接受。
将节目内容与孩子每天的学习联系起来	以建设性的态度来利用电视，鼓励孩子离开电视屏幕而多参与实际的活动，如收看一个与动物有关的节目后就可以带孩子到动物园参观，或者到图书馆查阅相关的书籍，或者让孩子用新的方法来观察和照料家里的宠物。
以良好的收视习惯为孩子做示范	避免自己过度收看电视，尤其是暴力的节目，父母收看电视的方式往往会影响孩子的收视习惯。
使用权威型的家庭教养方式	关注孩子因成长需要而表现出的一些热烈而合理的要求，这样孩子就会更喜欢亲社会的电视节目而不是暴力的节目。

(四)幼儿社会交往行为的发生与发展规律

1. 0～3岁婴幼儿社会交往行为的发生与发展

(1)婴幼儿与父母之间的交往

婴儿一出生就开始与其他人交往了，他们主要的交往对象是父母或其他养育者。婴儿以啼哭、微笑、皱眉等行为表明他们有与其他人交往的需要；父母在对婴儿做出呼唤、拥抱、抚摸、微笑等行为时，婴儿也报以相应的反应，这表明他们具有与其他人交往的能力，所以说，婴儿最初的人际关系是与父母建立的亲子依恋关系。依恋形成于孩子出生后6～8个月，分离焦虑和与之同时出现的认生

① 参见劳拉·E.贝克.儿童发展[M].吴颖，等译.南京：江苏教育出版社，2002.

现象是依恋形成的标志。依恋建立起来后，母亲就是孩子安全的基地，是孩子感受安全的地方，只有以此为基础，孩子才能积极地探索周围的环境。

（2）婴幼儿与同伴之间的交往

幼儿与同伴之间的交往，最早可以在 6 个月的婴儿身上看到，这时的婴儿会与其他婴儿相互触摸和观望，甚至以哭泣来回应其他婴儿的哭泣。12～24 个月的幼儿开始在一起相互游戏，表现出初步的交往能力。例如，一个 1 岁多的幼儿，冲着另一个幼儿微笑，像说话一样发出声音，拿走或者递给对方玩具或轻拍对方，他希望通过这些行为来与对方交流。从出生后的第二年开始，幼儿的交往能力开始迅速发展。比如，在一起游戏时会你追我赶、你藏我找，还能互相模仿某些动作，一起有组织地玩一个简单的游戏，如过家家。另外，3 岁以下的同伴关系基本建立在交换游戏物品的基础上，同伴间的关系不稳定。

2. 3～6 岁幼儿社会交往行为的发展

到了 3 岁，大多数幼儿会进入幼儿园接受教育，幼儿的交往范围逐渐扩大，幼儿与教师、同伴交往的重要性逐渐增加。

（1）幼儿与父母之间的交往

发展心理学家通过研究发现，家长的教养行为主要在两个方面表现出差异：一是家长对孩子的情感态度，二是家长对孩子的要求和控制程度。美国心理学家鲍姆林德根据这两个维度，将家长的教养方式分为四种类型——专制型、权威型、放任型、忽视型，在多数情况下，权威型是最有利于幼儿成长的教养方式。在这种教养方式下成长的幼儿，社会交往能力和认知能力都比较好。在掌握新事物和与同伴交往的过程中，表现出很强的自信，具有较好的自控能力，并且态度比较乐观、积极。这种发展上的优势在青春期时仍然可以观察到，他们具有较高的自信，社会成熟度较高，学习上更勤奋，学业成绩也较好。在专制型教养方式中成长的幼儿则表现出较多的焦虑、退缩等负面的情绪和行为。到青春期时，他们的适应状况也不如权威型教养方式下成长的幼儿。但是，这类幼儿在学校中一般也有较好的表现，出现反社会行为的概率也比较低。在放任型教养方式下成长起来的幼儿会表现得较不成熟，自我控制能力较差。当要求他们做的事情与其愿望相背时，他们几乎不能控制自己的冲动，会以哭闹等方式寻求即时的满足。他们对父母常表现出很强的依赖和无尽的需求，而在任务面前却缺乏恒心和毅力，这种情况在男孩身上表现得尤为明显。忽视型是一种既缺乏情感反应又缺乏控制的教养方式。由于与父母之间的互动很少，在忽视型环境中成长的幼儿出现适应障碍的可能性很高，在 3 岁的时候就会表现出较高的攻击性和易于发怒等外在的问题行为，严重者会在幼儿后期出现行为失调。他们对学校生活没有什么兴趣，学业成绩和自控能力较差，在长大后表现出更高的犯罪倾向。

拓展阅读　▶▶▶▶▶

家长的教养方式

美国心理学家鲍姆林德将家长的教养方式分为四种类型：专制型、权威型、放任型、忽视型。

专制型：一种限制性非常强的教养方式。通常成人会提出很多种规则，期望孩子能够严格遵守。他们不向孩子解释这些规则的必要性，而是依靠惩罚和强制性措施迫使孩子顺从。专制型的父母不能敏感地觉察到孩子的冲突性观点，而是希望孩子能够将他们所说的话当作法律，并服从他们的权威。

权威型：一种具有控制性但又比较灵活的教养方式。这种类型的父母会对孩子提出很多合理的要求，并且会谨慎地说明要求孩子遵守的原因，保证孩子能够遵从指导。与专制型的父母相比，权威型父母会更多地接纳孩子的观点并做出反应，会征求孩子对家庭事务的意见。因此权威型父母能够认识到并尊重孩子的观点，以合理、民主(而非盛气凌人)的方式来控制孩子的行为。

放任型：一种接纳而放纵的教养方式。这种类型的父母会提出相对较少的要求，允许孩子自由地表达自己的感受和冲动，同时不能够密切关注孩子的行为，很少对孩子的行为做出坚决的控制。

忽视型：这是最不成功的教养方式，是一种非常放任且具有较低要求的教养方式。这种类型的父母既不会对孩子提出什么要求和行为标准，也不会表现出对孩子的关心。这类父母由于过度关注自己的事情而对孩子投入极少的时间和精力。他们对孩子的成长所做的最多只是提供食品和衣物，或是只做他们很容易做到的事情，而不会去付出努力为孩子提供更好的成长条件。

（2）幼儿与教师之间的交往

教师对幼儿而言常常是一种权威的象征，在与教师的交往中，幼儿对教师的态度和行为多数是顺从的，因为幼儿已经初步认识到服从意味着好结果，不服从则意味着坏结果，所以必须服从。幼儿开始从尊重、服从父母到尊重、服从教师的权威，由此又建立了一种新的人际关系，这是幼儿社会性发展的一大进步。

（3）幼儿与同伴之间的交往

在幼儿心理发展的历程中，同伴之间的交往相比于幼儿与成人的交往具有特殊的意义。幼儿只有在与同伴的互相交往中，才能学会在平等的基础上协调各种关系；只有在与同伴的交往中，才能充分发挥他们之间的相互作用，充分发挥各自的活动积极性，有助于自我意识的形成。这种交往也有助于幼儿重新协调他们与成人的关系，幼儿在活动中对同伴的依从性增强，他们对成人的依从性就会减弱，这样也就促进了幼儿与成人、尤其是与父母之间的相互作用，从而逐步改变幼儿对父母单方面的顺从态度。幼儿之间的社会交往绝大多数是在游戏情境中发生的。幼儿在游戏中的同伴交往主要表现出如下特点。

学习笔记

拓展阅读　▶▶▶▶▶

如何指导幼儿改善同伴关系

针对同伴关系中处于被忽视和被拒绝地位的幼儿，教师要掌握适当的指导方法，改善其同伴关系。大多数教师只关注"优秀"幼儿，而往往忽视了发展较慢的幼儿。

1. 被忽视幼儿

被忽视幼儿的心理特点是自信心低，常因害怕挫折或被同伴取笑而不敢有所表现；多为较安静、内向、守规矩者。对这些幼儿，教师要采用多种方式来帮助他们。

· 鼓励其勇敢地表达意见或参与同伴的讨论和游戏；

· 给其表现的机会；

· 引导较活泼的同伴带领其一起活动；

· 主动关心或给予特别的注意，发掘其才能让其展示，或耐心等待其表现的意愿，引起同伴的注意；

· 以游戏方式鼓励其参与活动；

· 与家长联系以了解幼儿的家庭状况与其在家的表现。

2. 被拒绝幼儿

和被忽视幼儿的特质相比，被排斥或被拒绝者的特质更多样化，教师辅导的方式也因幼儿的个别差异而有所不同。

· 建议幼儿保持整洁的外表；

· 个别谈话，使其明了受排斥的原因，提醒其进行自我约束，并指导其与人相处的技巧；

· 赞美其优点，增强其自信心；

· 安排被拒绝者与受欢迎者一起参与游戏活动，以使其起到潜移默化的作用；

· 给予他们为班级服务的机会，并当众夸赞其良好行为，以使其获得同伴的认同与接纳；

· 与班上幼儿讨论改变被拒绝者言行的方法；

· 以角色扮演、小团体活动方式，让幼儿有机会表达自己及倾听他人不同的想法或感受，进而学习同理心及角色取代的概念；

· 请家长配合。

学习笔记

3岁左右，幼儿在游戏中的交往主要是非社会性的，幼儿以独自游戏或平行游戏为主，彼此之间没有联系，各玩各的。此时，他们还不能很好地共同游戏，出现摩擦的时候多，玩到一起的时候少。成人对此时幼儿间的争吵应该有正确的认识，知道争吵可以促进幼儿的社会性发展。

4岁左右，联合游戏逐渐增多，并逐渐成为主要游戏形式。在游戏中，幼儿彼此之间已经有一定的联系，会说笑、互借玩具，但这种联系是偶然的、没有组织的，彼此间的交往也不密切。这是幼儿游戏中社会性交往发展的初级阶段。这个时候，幼儿能够主动寻找游戏的伙伴了，而且也能形成较好的游戏氛围，但争吵更激烈了。3~4岁的同伴关系更多建立在口头上，而再大一点的幼儿则会出现更为复杂和互惠的游戏。

5岁以后，合作游戏开始发展，同伴交往的主动性和协调性逐渐增强。幼儿游戏中社会交往水平最高的就是合作游戏。在游戏中，幼儿分工合作，有共同的目的、计划；幼儿必须服从一定的指挥，遵守共同的规则，要互相协作、尊重、关心与帮助，大家一起为玩好游戏而努力。适合发展合作游戏的游戏包括角色游戏、规则游戏等。

🔗 **拓展阅读** ▶▶▶▶▶

幼儿的社会性行为水平①

美国心理学家帕顿根据儿童在自由游戏中的社会交往关系和协同程度，把幼儿的社会性行为分为六种不同的水平。

(1)无所用心的行为。这是一种无目的的活动，如在一旁发呆或乱跑、闲逛，只在房间里走动、张望而不参加游戏等。

(2)旁观的行为。表现为长久地站在"游戏圈"外看别人活动，关注他人的游戏，但自己不参加。虽然偶尔也发表些口头意见，但是总不加入到游戏中去。

(3)独自游戏。表现为不与旁人发生关系，不参加别人的游戏，专心于自己的活动，独自一人玩。

(4)平行游戏。表现为幼儿虽在一起玩，且所用玩具和游戏方式大体相同，但相互间不交流，彼此互不联系，不设法影响或改变同伴的活动，各自的游戏内容之间也没有什么联系，形成各种游戏同时并存的状态。有时幼儿会互相模仿，但无意支配别人的活动。

(5)联合游戏。这是一种没有组织的共同游戏，游戏中幼儿间发生交往，互相借用玩具、有说有笑，从事类似的活动，但游戏者之间没有为同一目标而分工合作，而是各自根据自己的愿望做游戏。

(6)合作游戏。这是一种有组织、有规则，甚至有首领的共同活动。幼儿在一个组织起来的小组里游戏，服从首领的指挥，为了共同的目标而分工合作，有共同计划的活动和达到目的的方法。

根据帕顿的研究，2岁幼儿一般只从事独自游戏、平行游戏，或联合游戏；4岁幼儿一般从事联合或平行游戏，但与2岁幼儿相比，在相互作用和从事合作方面表现得更多一点。

(五)幼儿社会交往中的问题行为

了解幼儿问题行为的主要表现，有利于我们及早采取预防与矫治措施，对症下药，防微杜渐，使幼儿身心健康成长。以下是幼儿常见的一些问题行为。

1. 攻击行为

几乎每个孩子在发展过程中都会出现不同程度的攻击行为，主要表现在对别人身体上的伤害，打人、推人、踢人，甚至咬人等都属于攻击性行为。例如，当孩子想要出去玩但遭到阻止时，会抓、挠别人；当自己的食物或玩具被别人拿走时，会表现出愤怒的表情和挑战的姿势，如果对方不理会，孩子可能就会冲过去攻击对方；学龄儿童在听到别人骂他时，会气得和对方打架；等等。

学习笔记

---

① 周梅林．学前儿童社会教育活动指导[M]．上海：复旦大学出版社，2009.(选入时有改动)

2. 破坏行为

破坏行为是指经常故意打破物品，并以破坏物品为乐趣的行为。判断破坏行为不能仅关注外在表现，而更应关注幼儿的行为动机。幼儿的有些行为从表面上看是破坏性的，但其目的却可能是建设性的。例如，孩子把闹钟拆开，想了解它为什么会响；把玩具汽车打开，想看它里面是怎么动的；等等。其实，幼儿常常是通过这种貌似破坏的行为来探究和认识事物的，因此，这类行为是健康的行为。

3. 退缩行为

有的幼儿不喜欢人多的场合，不喜欢与人交往，躲避生人，对于社会交往缺乏兴趣，喜欢独处，这种情形一般称为退缩行为。有这样行为的孩子在团体中很容易被别人忽视。成人应对幼儿的退缩行为加以关注，引导幼儿多接触外界，并积极与他人互动，如教给幼儿交往技巧等。

4. 欺骗行为

幼儿的欺骗行为大多表现在偷拿别人的物品和说谎，幼儿的欺骗行为有一部分是有意识的，还有一部分是儿童心理发展特点造成的，对待两种欺骗行为，要采取不同态度和方式。低年龄的幼儿记忆不精确，在回忆时容易歪曲事实，经常把想象和现实混淆起来，把想象的东西当作现实中已经发生的事进行描述。一般来说，随着孩子年龄的增长，记忆、思维能力的增强，这种"说谎"现象是会逐渐消失的，教师应注意不要给幼儿贴上欺骗的标签。另一种是幼儿为了达到个人的某种愿望而有意识地说谎、欺骗成人和隐瞒事实或嫁祸于人，这就是问题行为了。对于幼儿有故意成分的欺骗行为，成人应予以充分注意，这种行为如果幼时不教育，养成习惯长大后就难以纠正了。

5. 残忍行为

一般来说，孩子都是富于同情心的，但有时也会见到有些孩子残酷地对待小动物。例如，有的孩子和小鸡做游戏，玩烦了，就用力捏小鸡的身体；有的孩子用手指掐猫、狗的脖子，或抓小动物的毛。幼儿产生类似的残忍行为若不纠正，他们长大以后就会缺乏同情心，不关心自己的父母、长辈、同事，对社会缺乏责任感，所以这个问题必须引起成人足够的重视。

6. 嫉妒行为

嫉妒行为是幼儿嫉妒心理外显而具体的表现，是对别人在品德、能力方面胜过自己而产生不满和怨恨情绪时表现出的一种消极行为。例如，当母亲去抱别人家的孩子时，孩子就很快地跑过去，拍那个孩子的头或抓他的脚，想把那个孩子支开，甚至要骑在他的身上。在幼儿园里，幼儿相互比较的机会较之家庭中相对增加，嫉妒的行为也随之发生变化，如有的幼儿常常偷偷地把老师喜欢的幼儿的东西藏起来或破坏掉，有的幼儿特别喜欢告状。

互动平台 ▶▶▶▶▶▶▶

幼儿园老师请小强把新买的变形金刚玩具带来给大家看看，同时又叮嘱他记得带手帕。可小强回家后却非要妈妈再给他买一个"变形金刚"带到幼儿园，还说是老师说的。3岁的红红对妈妈说："我今天在幼儿园吃了5碗馄饨。"妈妈大吃一惊。实际上红红只吃了2碗，因为她还未能学会正确地数数。4岁的小亮在电视上看到小哥哥在大海里游泳很羡慕，第二天就告诉老师说他去大海里玩了。

小强、红红、小亮三个小朋友都出现了"说谎"行为，你怎么看待他们的这些行为？他们的"说谎"行为产生的原因分别是什么？如果你是他们的老师或者家长，你会怎么对待孩子的这些行为？

▶▶ 二、幼儿社会交往教育的实施 ▷▷▷▷▷▷▷▷

社会性是幼儿发展的重要方面，对幼儿进行社会交往教育，不仅是幼儿个体生存发展的需要，也是社会发展的需要。近年来，成人越来越重视对幼儿社会性的培养，但这还远远不够。在教育实践中，成人必须把握幼儿社会交往教育所特有的基本原则，并恰当选用教育途径与方法，这样才能达到理想的教育效果。

（一）幼儿社会交往教育的原则

1. 榜样性与实践性原则

社会教育与认知教育不同，它关注幼儿良好行为的养成，关注幼儿意识的形成，因此，空洞的说教和概念灌输是达不到社会交往教育的要求的。在社会交往教育中，教师应重视榜样的作用并为幼儿提供充分的实践机会。通过观察模仿周围人的行为来学习是幼儿社会行为发展的重要途径与方式，幼儿周围的人（尤其是父母、教师）在日常生活中待人接物的态度与行为更易成为幼儿模仿的对象，因此教师和家长要特别注意自己在日常生活中的言行，为幼儿树立积极的、正面的学习榜样。同伴也是幼儿观察学习的对象，教师对幼儿良好行为的积极评价和鼓励，会激发其他幼儿向他们学习的动机。因此，教师在对幼儿进行社会交往教育时，要充分发挥榜样的作用，坚持正面教育。此外，还应为幼儿创造社会交往机会，让幼儿积极主动地参与社会交往实践，在实践中发现并解决问题，使其在不断的实践练习中掌握交往的技能。

2. 一致性与个性化原则

社会交往教育的一致性主要表现在两个方面。第一，教师和家长应充分重视行为准则与榜样作用的一致性，无论何时何地对于幼儿的行为教育都要保持一致，并且随时随地为幼儿树立积极的、正面的学习榜样；第二，没有家庭教育的学校教育和没有学校教育的家庭教育，都不可能完成培养人这一极其细致而复杂的任务，因此，一致性还应表现在"家园同步"上，即教师与家长要积极沟通，保持教育的一致性，有一致的目标，共同合作和努力，为幼儿营造良好的社会性发展环境。

坚持教育一致性的同时，还要注意幼儿是各不相同的，教师应针对幼儿的个性特点进行社会交往教育。对于性格孤僻、畏缩退避的幼儿，要激励交往意愿，多指导交往方法；对于不怕陌生人、爱交际的幼儿，要培养良好的交往习惯，防止在客人面前过度兴奋，过于表现自己等；对于爱喧闹的幼儿，要注意培养良好的语言交际行为等；对于在幼儿群体中受到排斥的幼儿，教师要接近他们、关心他们，使他们消除对他人的疑惧对立心理，并且耐心地教育他们改正不良行为，引导他们和同伴友好往来，同时，也要教育其他幼儿，改变对受排斥幼儿的看法和态度，接受他们。总之，成人应重视和引导不同幼儿的社会交往活动，使每一个孩子都能在友好积极的交往活动中发展心理，形成个性，健康成长。

3. 系统性与细致性原则

社会交往行为本身是一系列行为，是一个有机的行为系统，因此，对幼儿进行社会交往教育，应注意行为的系统性，遵循系统性原则。即在社会交往教育中，关注幼儿的意识、语言（口语、书面语）、动作等多个方面的发展，引导幼儿全面而系统地掌握社会交往技能，并在各种生活情境中进行实践。此外，教师还应看到，社会行为的学习、交往能力的培养是一个长时间的连续过程，社会交往教育本身是一项系统工作。教师应注意在教学活动中、游戏中、一日生活中把握时机，引导幼儿掌握正确的社会交往行为准则并不断强化正确交往行为。

社会交往行为中的细节是社会交往行为系统的重要元素，有时，这些细节更能反映一个人的交往态度和个人修养，正所谓"礼仪无小事"。因此，社会交往教育在关注行为系统性的同时，还需从"小"处着手，教导幼儿具体的交往方法和行为准则。例如，教育幼儿和其他幼儿共同玩或轮流玩一件玩具，参加集体活动能守纪律、听指挥，懂得如何接待客人，要关心帮助年龄小的幼儿，见到认识的人主动打招呼，别人喊自己的名字时要响亮地应答，等等。

（二）幼儿社会交往教育的途径与方法

社会交往对幼儿的心理健康发展以及社会化的顺利实现具有十分重要的作用。早期社会交往能力的发展将影响幼儿今后对人的态度和人际关系，影响其认知及人格的发展。社会交往是人类社会生活的重要部分，渗透于生活的方方面面，因此，培养幼儿社会交往能力的途径与方法是多样而广泛的。通常，幼儿社会交往教育的具体途径有：教育活动、游戏活动、生活活动和社区活动等，具体方法有引导幼儿学习交往语言、学习初步的社会交往技能，利用文学作品进行情境表演等帮助幼儿克服任性、自我中心等不利于社会化的行为，等等。无论采用哪种途径与方法，教师都应在有准备的环境中进行社会交往教育，并做到家园配合。

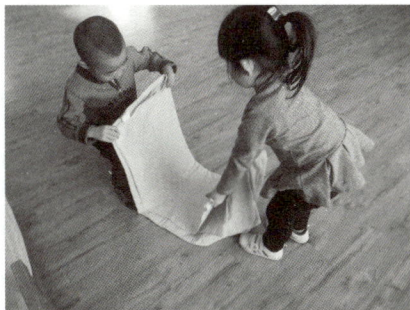

图 6-1　一起收玩具　　　　图 6-2　一起叠被子　　　　图 6-3　我来帮你系鞋带

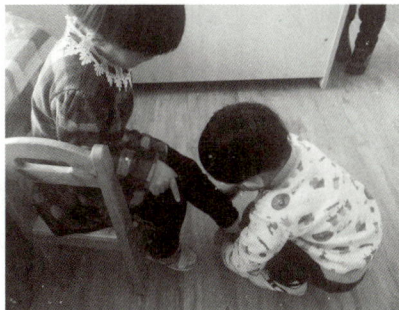

案例 1 ▶▶▶▶▶▶

明明的"顿悟"(小班)①
——利用幼儿思维特点，引导其与人交往

明明是个小男孩，刚来幼儿园时，只要妈妈把他送进幼儿园，他就会紧紧地拉着妈妈的手，不让妈妈离开，老师常常会拉着他的小手，把他抱在怀里。就算是在班里，他也是一个人低着头待在一个角落里，不愿意与人交流和玩耍。

有一天，老师把明明带到幼儿园后面的兔子笼舍前，并对他说："明明，你看这群小白兔玩得多开心呀，因为它们是好朋友，它们就像班里的小朋友，对不对呀?"明明睁大眼睛看看小白兔，又看看老师点点头。教师又从旁边的笼舍里抓出了一只小黑兔，放在了小白兔群里，对明明说："你再看看小黑兔来到小白兔这里玩，看看小黑兔是不是先和小白兔打了招呼，然后就和小白兔们一起玩了。你看它们玩得多开心呀！它们是好朋友，没有好朋友多孤单呀。明明，你能向小黑兔学习吗?"明明露出一排小白牙，对老师说："老师，我要学习小黑兔，和小朋友一起玩，和小朋友打招呼，高高兴兴的。"

自此后，明明活泼了很多，经常和小朋友们一起做游戏，再也不一个人低着头待在一个角落里了。

案例点评：

《纲要》和《指南》指出，要建立良好的师生关系和同伴关系，让幼儿在集体生活中感到温暖，心情愉快，让幼儿在积极健康的人际关系中获得安全感和信任感，发展自信和自尊。幼儿教师的责任是让幼儿高高兴兴地来园，愉快地在幼儿园度过每一天。

为了避免一个小朋友哭，其他小朋友也跟着哭的情况发生，案例中的这位教师采取了单独处理的方法。她巧妙地利用了幼儿园中的小动物教育幼儿。心理学研究表明，幼儿的思维具有形象性和拟人性的特点。因此，在教师正确的引导下，明明借助形象生动的教育环境，懂得了"要和小朋友们一起开开心心地玩"这一道理。

同时，这位教师不是进行简单的说教，而是拉着明明的手，把他抱在怀里，安抚他。这也表现了主动亲近和关心幼儿，建立了紧密的师生关系。

---

① 王乃正，江夏．学前儿童社会教育与活动指导[M]．长沙：湖南大学出版社，2015．(选入时有改动)

案例 2　▶▶▶▶▶▶

心中有他人（大班）

幼儿园是一个充满感情色彩和儿童情趣的集体。幼儿每天在幼儿园耳濡目染，老师应时时处处努力成为幼儿的楷模，做幼儿的表率。

春游乘车，老师把座位让给小朋友坐，幼儿们看在眼里纷纷模仿老师的样子相互让起座位来。

秋冬时间，季节交替，有好多小朋友生病了，当有生病的小朋友来上幼儿园时，老师就会主动询问小朋友的病情，态度和蔼。老师表现出的关爱，让很多小朋友看在眼里。这时，没有生病的小朋友开始问这个生病的小朋友哪里不舒服，吃了什么药，还交流了生病的感觉等，来表示关心。

案例点评：

社会教育不是一朝一夕的事情，它具有长久性的特点。教师的榜样作用能对幼儿起到潜移默化的影响。案例中，教师通过创设一定的情境，开展"心中有他人"的品德教育，加强幼儿之间的情感交流。幼儿在潜移默化中获得了一定的道德情感，在集体生活中逐渐学会了合作、分享和同情，形成了良好的道德情感。

同时，教师还应注意到幼儿情感丰富、易受感染、情绪不稳的特点，在正确的引导下，可使幼儿情感的稳定性逐渐增强。因此，进行道德教育时，必须依靠家、园和社会的统一力量，最大限度地发挥教育的整体功能，从而达到教育最优化。

学习笔记

1. 通过社会交往教育活动进行集中、系统的教育

通过社会交往教育活动进行集中、系统的教育，即教师采用教学活动的形式，有目的、有计划地利用故事、儿歌、讲述、谈话、表演等手段，向幼儿介绍有关社会交往的知识，教给幼儿交往的方法，指导幼儿进行交往，使幼儿建立社会交往的意识和情感，形成积极的交往态度，习得交往的策略，理解交往的规则，从而为建立良好的人际关系打下基础。例如，通过开展"拼脸谱"活动帮助幼儿认识几种基本情绪并培养他们对他人情感的感知和理解能力，重点是理解"快乐""悲哀""气愤""害怕"和"厌恶"几个概念。又如，为培养幼儿团结友爱、合作游戏的好品质，帮助幼儿学习合作的方法，理解"合作"概念，可以进行看图讲述活动"大家一起玩"。

2. 通过生活活动进行随机教育

幼儿在生活活动中时刻都会出现社会交往行为，这些行为真实而又自然。如洗手、喝水是否按顺序进行，当同伴遇到困难时是否主动用动作、语言去帮助他。幼儿在这些生活活动中，表现出各自的交往特点。教师要善于观察，及时运用随机教育和个别教育，对幼儿进行正面的鼓励和引导。例如，一个小朋友摔倒了，教师可以引导其他小朋友去扶一扶，或者在打扫卫生时，提示小朋友互相帮助擦桌子、椅子等。教师要努力为每个幼儿创造、提供交往的机会。在生活活动中，教师还要重视培养幼儿分享、助人、谦让等友好行为以及讲礼貌、诚实、遵守社会公德等文明行为习惯。例如，教幼儿一些常用的礼貌用语，引导幼儿在获

得别人帮助后说"谢谢"；早上主动和同伴打招呼，说"早上好"；在交往中发生矛盾时，会说"抱歉""对不起，是我不对"；等等。这些随机教育对幼儿社会交往能力的发展都具有重要的促进作用。

3. 通过游戏活动引导幼儿践行和体验正确的社会交往行为

游戏能在最大限度上满足幼儿内在的需要，幼儿是在游戏中与同伴频繁交往、感受交往的愉快的，游戏活动也是发展幼儿社会交往能力的重要途径。游戏的种类很多，教师可选择、设计有益于促进幼儿社会交往的游戏，重点把交往能力的五个方面(合作、轮流与等待、解决冲突、理解与遵守规则、交往策略)渗透到游戏中去，寓教于乐，使幼儿在游戏中体验交往的成功与快乐，产生进一步交往的内在动机。例如，在建构游戏和角色游戏中，幼儿必须共同商定、友好合作、互相配合才能使游戏顺利进行下去；在音乐游戏、体育游戏等有规则的游戏中，幼儿也必须学会遵守规则。为扩大幼儿的交往范围，还可以组织一些全园性或平行班的角色游戏，如超市、娃娃餐厅、爱心医院等；在节日开展全园性游艺活动，如贴鼻子、钓鱼、猜谜语等，吸引幼儿克服胆怯和害羞的心理，大大方方地到各班去玩，以良好的情绪与周围人交往。教师在选择、设计游戏时，要遵循游戏的特点，使幼儿的自主性、主体性得到发挥，避免生硬牵强地灌输概念。例如，为培养幼儿与人合作的品质和集体主义精神，可以设计体育游戏"小小旅行团"，让每位幼儿搭一块板，合作搭成一座桥后，小旅行团才能过桥到达对岸去旅游。

4. 通过社区活动引导幼儿广泛感受社会规则

为扩大幼儿交往范围，应突破关门办园的模式，充分开发和利用所在社区的人才资源和物质资源，使幼儿能在一个更为广阔的天地中与父母、教师、同伴以外的人交往，把在幼儿园所学的交往知识和方法运用到社区活动中去并加以强化。例如，到邻近的菜场、公园去参观、游览，节日时给交警叔叔表演文艺节目等。外出时，幼儿可以学到许多在幼儿园无法学到的东西，如要排着队步行，过马路要走斑马线，主动向人问好，观察、了解沿途的商店和公共设施等。社区活动对幼儿来说充满新鲜感，幼儿在自由、欢快的"小小旅行"中，提高了交往的主动性，大大增强了独立性，社会规则意识也得到了提高。

(三)幼儿社会交往教育应注意的问题

1. 创设良好的物质环境与心理环境，激发幼儿主动与人交往的欲望

第一，要创设有利于幼儿发展的学习环境，提供充足的材料，使幼儿能在环境中自发生成多种多样的游戏，并在游戏中身心愉快地发展社会性行为。教师可以开设多个游戏活动区，如娃娃家、小医院、美工角等，并尽量为幼儿提供能够促进其社会联想的玩具与道具，让幼儿在玩的过程中体验多种社会角色并学习怎样与同伴交往。与此同时，在条件允许的情况下，家长也可以为孩子提供一个小

小的游戏或活动空间，使孩子在家里有自己的"一席之地"。

第二，民主和谐的师幼关系、友好融洽的同伴关系能使幼儿感到安全和自由，在这样的心理环境中，幼儿的交往行为将更加主动和积极。在幼儿园，教师是幼儿最信任、最依赖的人，教师的一言一行、一举一动都将对幼儿的成长产生潜移默化的影响，教师一个甜甜的微笑，一次轻轻的抚摸，一个信任的眼神，都会给幼儿带来安慰与舒适。正如高尔基所说："谁爱孩子，孩子就爱谁，只有爱孩子的人才会教育孩子。"只有沐浴在爱的甘霖下，幼儿才有安全感，才会充满自信，产生与同伴和教师交往的愿望和需要。另外，在日常生活中教师应多观察、引导幼儿，鼓励他们主动去交往。对待个性特征不同的幼儿，教师应采用不同的激励策略，以最大的热情和耐心，随时随地诱发幼儿与人交往的愿望，使幼儿感受与人交往的重要性。除良好的师幼关系之外，融洽的同伴关系对于幼儿的心境影响也很大。幼儿期的儿童需要与同伴交往，同伴交往是他们的一种社会性需要，是他们生长发育和个性发展所必需的，也是他们完成个性社会化的过程。良好的同伴关系有助于幼儿适应幼儿园环境，愉快地学习、生活。因此，建立平等融洽的同伴关系对幼儿交往能力的提升也是非常重要的。

拓展阅读 ▶▶▶▶▶▶

马斯洛需要层次理论对幼儿社会交往教育的启示

美国社会心理学家马斯洛认为，人类的需要可以分为五个层次，它们由低到高是：生理需要、安全需要、社交需要、尊重需要、自我实现需要。通常，只有前一层次的需要获得满足后，更高层次的需要才会出现并显示出其激励作用。

生理需要是最原始、最基本的，如空气、水、食物、穿衣、性欲等。如果得不到满足，人类的生存就会成问题。也就是说，生理需要是最强烈的不可或缺的最底层需要，也是推动人们行动的强大动力。

安全需要比生理需要高一级。每一个在现实中生活的人，都会具有对安全感、自由和抵御痛苦的诉求。

社交需要也叫归属与爱的需要，是指个人渴望得到家人、朋友、同事的关怀、爱护、理解，是对友情、信任、温暖、爱情的需要。社交的需要比生理和安全需要更细微，它与个人性格、经历、生活区域、民族、生活习惯、宗教信仰等都有关系。

尊重需要，包括自我尊重、自我评价以及尊重他人。尊重的需要很少能够得到完全的满足，一般基本上的满足就可产生推动力。

自主进化

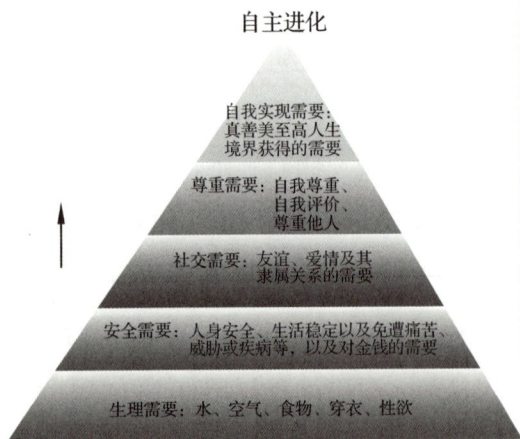

图 6-4　马斯洛需要层次理论

　　自我实现需要是最高等级的需要。满足这种需要就要求完成与自己能力相称的工作，最充分地发挥自己的潜在能力，成为所期望的人物。这是一种创造的需要。

　　安全需要是马斯洛需要层次理论的第二层次，每个人都有着强烈的安全感需要，初次离开父母走入幼儿园的小朋友更是如此。在幼儿园中，满足幼儿的安全需要，教师要做到以下几点：首先，保证幼儿园玩教具结实、耐用，最大限度地减少幼儿环境布置中的危险因素，以免幼儿在活动中畏首畏尾；其次，创设民主和谐的师幼氛围，即教师不要对幼儿过于严厉或提出过多行为要求，应着力培养幼儿的规则意识，使幼儿园的常规转化成为幼儿的主动需求而非外在强加的约束；最后，教师应引导幼儿之间和谐、平等共处，对某些有攻击性行为的幼儿要给予足够重视。

　　只有安全需要得到满足，幼儿才能进一步追求社交需要的满足，才能主动、自由地投入到社会交往中，教师的社会交往教育也才能取得好的效果。

　　2. 留给幼儿自由的时间，扩大幼儿交往的范围，为幼儿提供更多与人交往的机会

学习笔记

　　在一日生活中的各个环节中，教师应留给幼儿充足的自由交往的时间与机会。例如，在教育活动中为幼儿留出自由交流的时间和自由游戏的时间。社会交往教育不仅要给幼儿自由交往的时间，还要扩大其交往的范围，让幼儿与更多的人交往。例如，打破班级界限，开展大带小活动；认识周围的劳动者，如炊事员、保健室大夫、门卫等，让幼儿尊重他们，主动与他们交往；通过家长开放日、家园同乐等活动，使幼儿接触更多的成人，拥有更多交往机会，使幼儿的情绪、情感得以流露。

　　3. 注重家园合作，确保幼儿良好社会交往行为的养成，并促进幼儿人际交往能力的进一步提升

　　苏霍姆林斯基认为，没有家庭教育的学校教育和没有学校教育的家庭教育，都不可能完成培养人这一极其细致而复杂的任务。家园同步教育是促使幼儿向预期目标发展的重要条件。因此，教师要通过家园小报、家园联系窗、家长会等多种形式向家长宣传先进的社会交往教育理念，以获得他们对幼儿园工作的配合。例如，在家庭中鼓励、引导幼儿继续练习交往技能，如礼貌用语"你好，我叫××""有空来我家玩"，协商语言"给我看一下好吗？能和我一起玩吗？"，抱歉语言"对不起"等。此外，在开展幼儿园教育活动过程中，教师可以定期组织家园亲子活动，以亲子运动会、亲子游戏等形式，让孩子在亲情中感受与他人共处的快乐，感受分享快乐的甜蜜。同时，家园联谊活动也能使家长与孩子建立友好、平等的伙伴关系，促使家长积极配合幼儿园工作，共同实现教育目标。总之，幼儿社会交往教育应注重家园合作，通过多种家园合作方式确保幼儿良好社会交往行为的养成，并促进幼儿人际交往能力的进一步提升。

📎 **拓展阅读** ▶▶▶▶▶

不同年龄幼儿社会交往需要与教育①

一、小班幼儿同伴交往需求与能力的发展，需要良好的社会性发展氛围

（一）情绪作用大

情绪对 3 岁幼儿的支配作用很大。他们容易激动，而且一激动起来就难以控制。他们对成人表现出强烈的依恋，初次离开父母，会表现得极为不安。小班幼儿不仅依恋成人，而且伙伴之间的交往对他们的情绪也有很大影响。他们的认识主要受外界事物和自己的情绪支配，他们的许多活动也都是"情绪化"的。

对教育的启示：教师应该像父母一样去体贴、关爱幼儿，同时利用同伴群体这一宝贵的教育资源，使幼儿逐渐减少分离焦虑，尽快适应集体生活。一日生活用有趣的游戏贯穿，益于引发幼儿的积极情绪。教师还应该理解和接纳小班幼儿活动"情绪化"的特点，不要把自己的意志强加给孩子。

（二）爱模仿

爱模仿，是 3 岁幼儿突出的年龄特征。他们喜欢模仿教师、家长和伙伴。小班幼儿正是在模仿中学习、成长的。模仿可以成为他们的学习动机，也可以成为他们学习他人经验的过程。幼儿的模仿并不是消极被动的临摹，他们在模仿中同样有创造，有自己个性与情感的表达。

对教育的启示：成人首先要理解和接纳幼儿不自觉的模仿行为，并挖掘其中的积极因素。教师、家长要以身作则，成为幼儿模仿学习的榜样，同时充分利用幼儿同伴群体的资源，给幼儿在游戏中通过模仿向同伴学习的机会。

二、中班幼儿同伴交往需求与能力的发展，需要良好的社会性发展氛围

步入中班，幼儿的联系性游戏逐渐增多，游戏水平也不断提高。这为幼儿社会交往能力的发展提供了一定的条件。研究表明：中班幼儿的交往活动多在一些联系性游戏中发生，而且这些游戏往往是一些非正规的游戏活动，是幼儿自由和自主的游戏活动。

中班幼儿游戏能力与水平都有了很大的发展，与同伴的合作性游戏也逐步发展起来。他们已不再满足于自己玩，而是开始喜欢找同伴一起玩。但由于社会行为的规则还没有很好地建立起来，因而他们的交往很容易发生冲突，一个重要的表现就是监督他人的行为和告状。但是，他们又非常渴望有游戏伙伴。因此，中班幼儿正是在冲突与交往需求的矛盾中，不断学会控制自己的行为、学会遵守行为规则的。

对教育的启示：中班的幼儿有着强烈的交往需求，这种需求又是在自主游戏活动中得以实现的。因此，为幼儿提供可以交往合作的游戏氛围，是促进幼儿社会性发展的重要手段。户外游戏、表演游戏、角色游戏以及各种活动区的游戏，都能为幼儿的这一发展需要提供帮助。

三、大班同伴间互动、合作多了，开始注意向同伴学习

5～6 岁幼儿注意的广度提高了，交往能力也增强了，他们不仅注意自己的活动，而且还注意同伴的活动。如果有共同的兴趣或目标，幼儿相互之间会有很好的分工、合作、协作等。他们还会

---

① 资料来自"京师爱幼"公众号专题：幼儿主要年龄特征及对教育的启示。

主动地向同伴学习，一起讨论问题等。

　　对教育的启示：对大班幼儿应多组织一些集体性学习活动，加强讨论、交流，扩大他们的信息量。与此同时教师也应多引导幼儿听听别人的想法是什么，以利于培养他们的"去自我中心化思维"，让他们在实实在在地与别人一起共事的过程中学习共同做事，发展交往、协作能力，也为小学的班级式学习做准备。

思考与练习

简答

1. 幼儿社会交往的含义是什么？
2. 幼儿社会交往行为会受到哪些因素的影响？
3. 幼儿社会交往教育的原则有哪些？
4. 幼儿社会交往教育应注意的问题有哪些？

模块六单元 1 云测试

单元 2　幼儿社会交往教育活动的设计

▶▶ 一、　幼儿社会交往教育活动设计的框架 >>>>>>>>

　　为了让教师可以根据幼儿实际生活展开社会交往教育，做到科学、高效、实用，同时在不限制和束缚广大教师设计思路的情况下突出重点难点，这里只是列举相关的主要的知识框架，仅供教师参考（见表 6-1）。

表 6-1　幼儿社会交往教育活动设计框架

教育内容	分解目标	活动建议
交往意愿	倾听理解别人	"你怎么了"
	表达自己的需求	"我心里想说的话"
交往规则	游戏规则	"大家一起玩"
	学习规则	"学做小学生"
	社会规则	"马路上的车真多"
交往能力	表达	"我是小小主持人"
	聊天	"我的朋友真不少"
	竞争、合作	"让我也来一起玩""发生争吵怎么办"

▶▶ 二、　设计与组织的一般要求 >>>>>>>>

　　虽然幼儿社会交往教育的途径和方式以及对象有所不同，但都应该遵循以下的一般要求。

(一)重视利用日常生活和游戏场景中的人际交往情境，丰富幼儿的交往经验

社会交往教育重在为幼儿提供和创设社会交往的机会，让幼儿在日常交往和游戏场景中体会和感受如何与人交往，不断丰富自己的交往经验，提升交往技能。例如，早晨入园时，提醒小朋友之间相互打招呼，相互问好，主动向教师问好；在积木区，幼儿玩搭建积木时，引导幼儿相互协商、合作、互相帮助；而当幼儿因为搭建积木发生争执时，教师更要引导幼儿学习如何解决交往冲突。

(二)提升幼儿的社会交往技能，加强实际运用

幼儿的身心发展尚不成熟，与人交往时缺乏必要的交往技能，不知道如何与人交往，出现问题后也常常不知道如何解决，手足无措，甚至是出现一些打人骂人的情况，从而使得冲突愈演愈烈，问题得不到有效解决。为此，日常教育中，教师需要在适当的时机，以适当的方式，帮助幼儿了解和掌握一些必要的社会交往技巧，并引导他们在实际交往情境中实践、运用这些技能、技巧，而且，这种实践、运用反过来还会进一步促进幼儿交往技能的不断提升，形成一种积极的良性循环。

(三)培养幼儿的移情能力，促进幼儿站在他人的角度思考解决问题

幼儿在与同伴交往过程中常常会出现一些交往问题，产生交往冲突。导致这一问题产生的一个重要原因，就是由于幼儿思考问题时常常从自己出发，以自我为中心，不能站在他人角度思考问题。因此，在设计和组织相关活动时，教师可以充分运用移情法，让幼儿站在别的小朋友的角度上思考问题。比如，两个小朋友一起玩游戏时，由于争抢玩具吵了起来，结果一个小朋友打了另一个小朋友。面对这种情境，教师在处理时，可以让打人的幼儿想一想，别人打自己的时候或者自己摔倒的时候疼不疼，是什么感受，以此帮助幼儿产生情感的共鸣，学会移情，尝试站在他人的角度思考问题，最终促进问题解决。

(四)积极发挥教师和同伴的榜样示范作用

幼儿社会交往学习的一个重要途径就是观察模仿学习。在幼儿园，幼儿观察模仿的对象主要是教师和同伴。日常生活中教师如何待人接物，与幼儿交往时的态度如何，都会直接影响幼儿的心理，影响幼儿与人交往时的态度。此外，同伴学习也是幼儿人际交往学习的重要方式。甚至很多时候，幼儿从同伴身上获得的影响要远大于教师的影响。

(五)注重建立良好的心理氛围

良好的心理氛围的建立，往往可以起到事半功倍的效果。因此，日常教育中，教师应努力营造一个充满关爱、接纳、尊重和信任的环境氛围，让幼儿在这样的环境中充分获得心灵上的满足和慰藉，产生主人翁意识和自尊感，从而能够

更加充满自信地、积极主动地投入到与人交往的实践中。

如前所述，幼儿社会交往教育渗透于生活的方方面面，可以通过教育活动、游戏等多种途径展开。但在诸多教育途径中，幼儿社会交往教育活动因其系统性、目的性强等特点，有着其他教育途径所没有的独特优势，因此，科学设计与实施幼儿社会交往教育活动是每一个（准）幼儿教师必备的核心技能之一。

▶▶ 三、 幼儿社会交往行为的观察与评价 >>>>>>>>

社会交往能力是个体社会认知、社会情感和个性特征的综合外在表现，主要指在与人交往和参与社会活动时所表现出来的行为技能，如分享、谦让、合作、助人等。观察与评估幼儿日常社会交往行为是了解与评估其社会交往能力的主要途径，观察与评价的首要功能就是了解现状。运用多种形式和方法，对幼儿社会交往行为进行观察与评价，可以帮助教师系统、全面地了解幼儿群体的社会交往水平以及具体的幼儿个体的社会交往特点，为教师拟定具体的班级社会教育目标提供依据。教师可以根据幼儿的社会交往水平和具体特点选择合适的社会交往教育方法和形式，以提高幼儿社会交往教育的质量，促进幼儿社会交往能力的发展。教师可以采用以下三种方法观察幼儿的社会交往行为。

（一）时间取样观察法

时间取样观察法是指教师先将要观察的行为分类列表，而后记录在特定时间内（如 1 分钟、5 分钟、10 分钟）行为出现的次数或时间长短的一种评估方法。其主要目的是观察所列行为是否出现。虽然这种方法无法顾及行为的前因后果，但观察到的行为容易量化，便于进行统计分析，且便于大样本收集幼儿的交往信息。在实施时间取样观察法时，最为重要的是观察工具的编制，表 6-2 便可以帮助教师了解幼儿参与角色游戏时的互动程度。

表 6-2 幼儿在角色游戏活动中互动情况观察表

幼儿姓名： ＿＿＿＿＿　　观察时间： ＿＿＿＿＿　　观察者： ＿＿＿＿＿

时间	组内交流	跨组交流	与教师交流

注：在角色游戏活动中，教师应对正在参与角色游戏活动的幼儿进行持续观察，对其互动行为类型和持续时间进行判断，然后记录在观察表中。通过连续几天的观察，并对记录表进行分析，就会发现每个幼儿参与角色游戏活动时的互动情况。

(二)事件取样观察法

事件取样观察法是以活动作为选择标准，对特定的行为或事件进行观察记录的方法。主要关注行为如何发生、如何变化、结果如何等问题，侧重对事件进行定性的描述，从而保留事件发生的背景，可用于研究比较广泛的行为事件。事件取样观察所得到的幼儿社会性发展的信息比较全面。运用此种方法时，教师也应预先设计好观察表(以表 6-3 为例)。

表 6-3 幼儿攻击行为观察表

日期：_____   观察者：_____

幼儿姓名	性别	发展背景	指向对象	动作	语言	结果	备注

(三)行为核查观察法

行为核查观察法是将要观察的项目和行为预先列出表格，然后核查行为是否发生或出现并予以记录的方法。这种方法比较简单，而且针对性强(见表 6-4)。

表 6-4 幼儿人际交往能力核查表

幼儿姓名：_____   观察者：_____

行为表现	能	不能	日期
1. 采纳别人提出的好建议。			
2. 某种请求遭拒绝时，不哭泣也不赌气。			
3. 来园或离园时主动向老师、家长问好或道别。			
4. 与小朋友比赛时，输了不耍赖。			
5. 与别人分享自己的玩具。			
6. 做错事主动道歉。			
7. 所建构的作品被别人不小心碰倒时，愿意听取别人的道歉。			
……			

在观察后，对幼儿的社会交往能力进行评价时，可从幼儿交往愿望与动机的强烈程度、进入交往和持续交往的方法策略的丰富程度以及与周围伙伴的关系质量与交往效果等几个方面着手(见表 6-5)。

表 6-5 幼儿社会交往行为评价指标①

等级标准	一	二	三
与教师交往	对教师的主动交往能作出积极反应。	有时能主动与教师交往。	常主动发起与教师的交往。
与同伴交往	对同伴的主动交往能作出积极反应。	有时能主动与小朋友交往。	常主动发起与小朋友的交往。
与客人交往	见到客人不害怕、不回避。	对客人的主动交往有积极反应。	能主动与客人交往。
解决冲突	与同伴发生冲突时，经教师帮助能和解。	能用适宜的方式自己解决与小朋友的冲突。	能帮助解决其他小朋友之间的冲突。

▶▶ 四、 幼儿社会交往教育活动设计的原则 >>>>>>>>

(一)重视引导幼儿对自身与他人社会交往行为的观察、判断与反思

教师活动前可利用多种媒介记录本班幼儿或同龄幼儿的社会交往行为，将幼儿的生活片段引入社会交往教育活动中。例如，在日常生活或前期教育活动中对幼儿的交往片段进行现场录像，让幼儿更真实地看到自己是怎样与别人交往的，并从中找出正确与错误之处，最终总结出正确的交往方法。除视频录像外，教师还可以引用日常的行为观察记录、录音材料等。在活动设计与实施过程中教师应引导幼儿听、看、想自己与身边小朋友的交往行为，来判断什么是对、什么是错。

(二)重视创设人际交往情境，引导幼儿做好交往技能准备

教师通过创设人际交往情境，能让幼儿在轻松的交往氛围中积极与人交往，交往的情境越广、越丰富，幼儿交往的主动性越强、兴趣越浓，幼儿交往能力越能获得发展。因此，幼儿园可以人际交往教育为内容开展专题活动，如开展"大带小活动""生日沙龙"等，让幼儿既享受到了活动的快乐，又体验到了交往的乐趣。在引导幼儿进入较新颖的人际交往平台之前，教师可引导幼儿做好交往技能准备。以中班社会活动"小记者"为例，其设计程序为：首先通过与幼儿一起看大班小记者采访的情境表演，了解如何采访，然后讨论、确定采访的内容，最后让幼儿进入社区采访。

(三)注重通过儿歌、童话等多种形式调动幼儿多种感官，使其感受与践行良好的社会交往行为

例如，通过情境表演"乘公共汽车"培养幼儿的谦让行为；通过看图讲述《小猴过河》等活动引导幼儿学会简单的交往语言和可行的交往方法；学习歌曲《拉拉钩》，带领幼儿根据歌词内容做动作，启发幼儿通过一个眼神、一个微笑、一个

学习笔记

---

① 参见白爱宝. 幼儿发展评价手册[M]. 北京：教育科学出版社，1999.

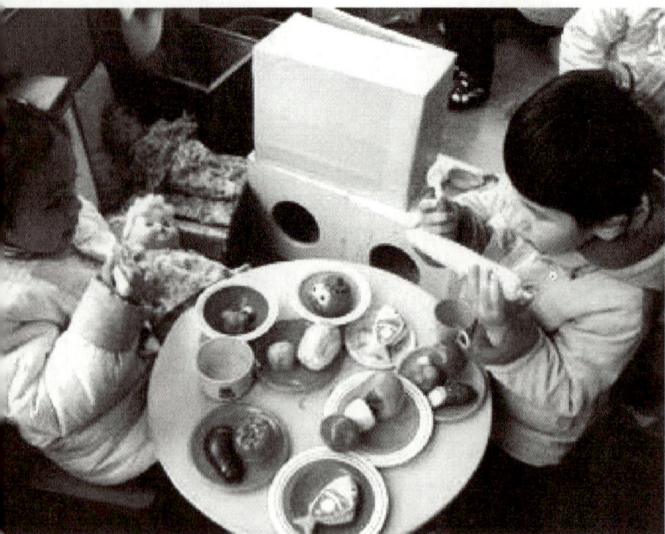

图6-5 游戏中的交往

动作传递情感，让幼儿学习如何与别人分享合作，共同活动，遵守诺言。

(四)重视穿插游戏片段，将社会交往教育活动与幼儿游戏活动融会贯通，让幼儿积极练习与践行良好的社会交往行为

游戏是幼儿喜爱的活动，也是幼儿相互交往的最好方式。在游戏中，幼儿能够对社会生活进行模仿，这有助于幼儿学习社会性行为，发展交往能力。在人际交往教育活动中，教师要注重利用游戏，特别是角色游戏与表演游戏，幼儿在这些游戏中可以感受多种社会角色的社会交往行为与交往方式，模仿社会生活中人们的行为准则，体验他人的情感。例如，幼儿可以在过马路的游戏中体会盲人的感受，在坐汽车的游戏中了解售票员的工作，在"娃娃家"游戏中体会爸爸妈妈的辛苦，等等。教师可以通过幼儿的角色扮演来展现教学活动的核心内容，也可以有意识地引导幼儿在区角游戏中践行教学活动中强调的社会交往规则与技能，将教学活动延伸到区角游戏中。通过扮演各种不同的角色，幼儿可以体验多种社会角色、掌握必要的社会技能，进而促进自身的社会化，为以后成为"社会人"奠定基础。

(五)重视家庭教育对幼儿形成正确社会交往行为的作用

除亲子活动外，家长基本不会参与幼儿园组织的社会交往教育活动，但家庭依然可以成为辅助教师进行社会交往教育的重要活动基地。在教育活动设计与实施中，教师应在活动延伸环节安排家庭可配合幼儿园进行的社会交往教育。例如，学习了礼貌用语"你好""谢谢"后，可以引导幼儿回家后向家人问好、对家人道谢；可以引导幼儿在爸爸妈妈生日时送上生日祝福。总之，家庭是幼儿接触的最为重要的小社会之一，这个小社会中的延伸教育对于幼儿的社会行为养成很关键。另外，家长还可以带幼儿接触更加广泛的社会，便于幼儿社会经验的拓展与巩固。

📎 **案例 6-1** ▶▶▶▶▶▶

认识老师(小班)

设计意图

师幼交往教育旨在增进幼儿与教师之间的相互了解认识，帮助幼儿对教师形成积极的情感与态度，促进师幼之间相互关爱、友好交往。为建立良好的师幼关系，并不断提升幼儿人际交往技能，故设计此次教育活动。

活动目标

1. 引导幼儿认识自己的教师，消除幼儿对教师的陌生感。

2. 幼儿能主动和教师有好的交往。

活动准备

用纸板制作三个面具，分别画着高兴、伤心和生气的表情。将幼儿的椅子围着教师摆成弧形。

活动过程

一、导入部分

"小朋友们你们好！我是你们的小××老师，你们好好看看老师，老师长什么样呢？"（请个别幼儿说一下）"今后老师天天都和你们一起做活动、玩游戏。""老师和你们一样会笑、会哭，有时还会生气呢！"

二、展开部分

（一）猜面具游戏

教师告诉幼儿："我背后有高兴的、伤心的、生气的三个面具。现在我要抽一个给小朋友们看，请你们猜一猜我会抽到哪一个。"请几名幼儿猜。

教师边抽面具边说："一、二、三！看是什么脸？谁刚才猜对了？""刚才猜对啦，是一张高兴的脸。"然后，教师将面具贴近自己的脸说："老师今天特别高兴，因为我看到这么多可爱的小朋友，我真喜欢你们！你们喜欢我吗？我和你们握握手好吗？"教师走近幼儿身边，先与猜中的幼儿握手，然后逐一和幼儿亲近一下（拍拍肩、抱一抱）。

如幼儿感兴趣，继续请幼儿猜可能抽到的面具。

（二）"皮球要来找朋友"游戏

在游戏中体验滚接球的动作要领。教师先说"××小朋友好"，引导幼儿回应"×老师好"。

教师："老师喜欢有礼貌的好宝宝，我们一起笑一笑，亲一亲，抱一抱。"

教师边念儿歌"笑一笑，亲一亲，抱一抱，我是老师的好宝宝"，边和幼儿拥抱。

三、结束部分

鼓励幼儿分别与班内其他教师问好，一起笑一笑，亲一亲，抱一抱。

活动延伸

鼓励幼儿每天来园和离园时跟教师亲热地拥抱，有礼貌地问好、说再见。

活动反思

这是宝宝入园的第一次具体活动，虽然是在宝宝们的哭声中进行的，但大部分幼儿对活动还是感兴趣的，他们乐于接受教师的拥抱、爱抚，而且能积极地参与到游戏中，在儿歌中互动时，宝宝感受到社会活动的快乐。同时，我们也照顾到了那些在活动中比较安静的幼儿，使其也能在活动结束的时候获得快乐，以培养他们对社会活动的兴趣。

案例点评

此活动教师主动与幼儿亲近，与幼儿分享自己的喜怒哀乐，并与他们一起游戏，让幼儿充分感受到与教师交往的乐趣，发展了幼儿的人际交往能力，从而提高他们的社会适应性。可以作为新学期第一次的教学活动。

案例 6-2 ▶▶▶▶▶▶▶

我的朋友在这里(小班)

设计意图

创设一个能使幼儿感受到接纳、关爱、支持的良好环境，创造交往的机会，让幼儿体会交往的乐趣和产生交往的积极性。因此，这里创设了帮助半朵花找朋友的情境，以让幼儿参与角色扮演的方式，通过师幼拥抱、同伴拥抱的环节，体会到和教师、同伴交往的乐趣，意识到用拥抱向他人表达友好和关爱。部分小班幼儿不适应幼儿园生活，不能很快、很好地融入集体生活，本次游戏活动的设计希望能让幼儿学会主动去寻找朋友。

活动目标

1. 幼儿能听清指令并积极参与游戏。
2. 幼儿能大胆说出"我的朋友在这里"，主动寻找朋友。
3. 幼儿喜欢与同伴亲密拥抱，体会到交往的快乐。

活动准备

对半剪开的不同形状、颜色的花朵数个，不同颜色的圆形卡片数张，两把椅子(神奇的大门)；儿歌《找朋友》《我的朋友在哪里》；幼儿已认识红、黄、蓝、绿四色。

活动过程

一、情境导入

教师用语言创设情境："哎哟，是谁在后面拉我的衣服？哦，原来是好多个半朵花。咦，这些半朵花怎么哭了？让我先问问这朵小红花吧！(教师假装与小红花对话。)哦，原来是这样啊！请你等一等。"(故作神秘感。)

二、展开游戏

师：小朋友们，你们好好看看这些花和别的小红花有哪些不一样。

幼：是半朵花。

师：是的，它们是不同颜色的半朵花，刚才这些半朵花告诉老师，它们和好朋友出来玩，不小心走散了，它们想回到它们的魔法花园，但是它们必须和它们的朋友，也就是另外半朵和它颜色一样的花拥抱，然后对神奇的大门说"我的朋友在这里"才可以穿过大门，再把它们贴在圆形的卡片上，才是真正回到了花园。我们一起帮一帮它们，好吗？(介绍游戏规则和玩法。)

师：现在我先请一位小朋友做我的小助手，请他找一找这半朵小红花的另外半朵。幼儿找到后，教师及时给予肯定，穿过魔法大门(由两把椅子拼成)时一起说"我的朋友在这里"，送两个半朵小红花回到花园。(教师引导游戏。)

师：还有很多小花也要回到魔法花园，现在小朋友们一起在活动中找到贪玩的它们，把它们送回魔法花园。记住，穿过神奇大门的时候，要对它说"我的朋友在这里"才可以通过哦，把它们贴在同样颜色的圆形卡片上，才是真正回到了花园。（幼儿自主游戏。）

结束活动

师：小花们回到了魔法花园很开心，小朋友们都做老师的小助手，和老师一起给小花们换上笑脸。不过我们到达神奇大门时，需要小朋友们也找一个自己的朋友，拥抱一下并一起对神奇大门说"我的朋友在这里"才可以穿过大门，把笑脸贴在同样颜色的小花上，结束游戏。

活动反思

本次活动以游戏为主，实现了活动目标，激发了幼儿主动交往的兴趣，幼儿可以在游戏中体会到与人交往的乐趣。

案例点评

本次活动以游戏的方式将常见的"入园焦虑"与促进幼儿身心发展的要求紧密结合起来，既有助于解决工作中的实际问题，也给孩子们提供了一次很好的游戏、展示的机会，适合新入园幼儿的需要。教师在活动中尊重幼儿，以幼儿为主，积极引导，使幼儿充分发挥了自己的潜能。

案例 6-3

大家一起玩（小班）

活动目标

1. 引导幼儿与同伴一起相处，让幼儿学会与同伴分享。

2. 让幼儿体验大家一起玩带来的快乐。

活动准备

图片；歌曲《找朋友》；玩具。

活动过程

一、导入部分

播放歌曲《找朋友》，让幼儿随意做动作找朋友，问小朋友玩得开不开心，有个小朋友也上幼儿园了，我们和她玩得开心吗？

二、展开部分

（一）出示图片，幼儿观察

图1. 这个小朋友叫明明，她在干什么？（玩拼图。）她是怎么玩的，又是和谁在玩呢？她一个人玩高兴吗？

图2. 明明为什么生气了？怎样想个办法让她快乐起来呢？小朋友想的办法真好，让我们看看明明的小伙伴是怎样做的。

图3. 明明和小伙伴玩得真开心呀！

总结：明明自己一个人玩时，遇到困难不高兴了。大家和她一起玩之后，明明又高兴起来了！

（二）提供玩具，大家一起玩

师：小朋友们，老师给大家提供一些玩具，找你的小伙伴一起玩吧！

教师巡回指导，如发现幼儿一个人玩的情况，要引导其和大家一起玩，玩的过程中指导幼儿相互交流并使用文明用语。

(三)总结提升

小朋友们说一说刚才是怎么玩玩具的，一个人玩快乐还是和大家一起玩快乐？以后有玩具大家要一起玩！

三、结束部分

游戏"找朋友"结束。

案例点评

小班孩子的分享、合作意识不是太强，通过本次活动，幼儿能够在教师的指导下初步学会不去争抢、独占玩具，而是和小伙伴一起玩。幼儿能够从一起玩中体验合作和分享带来的乐趣，这有助于幼儿与同伴友好相处。本次活动方式多样，又结合小班孩子的心理发展特点来设计，是小班幼儿感兴趣的。

🔗 案例 6−4 ▶▶▶▶▶▶

快乐宝贝(中班)

设计意图

《指南》里关于社会领域人际交往的建议中指出"幼儿园应多为幼儿提供自由交往和游戏的机会，鼓励他们自主选择、自由结伴开展活动"，设计本次活动可帮助幼儿学习认识新朋友，学习如何主动与别人进行交流。

活动目标

1. 幼儿能在轻松的环境中敞开自己的心扉，快乐地交朋友，表达自己心里真实的想法。

2. 引导幼儿在优美、浅显的语言中调整自己的心理行为。

活动准备

轻音乐、小椅子布置的"小树林"；从不同的班级选取若干名相互不是很熟悉的幼儿；区别不同班级幼儿的标志。

活动过程

一、轻松活动——营造轻松的心理氛围(播放轻缓的音乐)

伴着轻缓的音乐，请小朋友随意找个位置，摆个舒适的姿势坐下来，闭上眼睛。

教师配乐解说："让我们听着音乐，闭上眼睛，放松小手，放松小脚，让快乐来到我们中间吧。"

"早上，太阳出来，阳光暖洋洋的，好舒服！"

"爸爸爱我，妈妈爱我，老师也爱我！我，是个快乐的孩子！"(请大家睁开眼睛。)

二、游戏"找朋友"——主动与别人交流

小朋友面对面围成两个圆圈。不停地交换位置，用语言和动作认识新朋友。

(一)师幼认识。

(二)幼儿游戏，相互认识。

1. 讨论：怎么认识新朋友呢？

2. 游戏"找朋友"。

师：那我们来玩个找朋友的游戏，认识一下新朋友，好吗？一半小朋友围成圆圈站好，另一半小朋友去找朋友，老师用语言和动作提醒小朋友相互问候、相互介绍。

(三)找个新朋友聊聊天。

1. 表达：当你和新朋友说"你好"、拥抱朋友的时候，你有什么感觉？

2. 小结：生活中不能没有朋友，有了朋友，就有了快乐。老师希望小朋友们都有更多的朋友。

三、游戏"树林散步"——关爱朋友、信任朋友

闭上小眼睛，让朋友牵着自己的小手在"小树林"中散步。

(一)请一对小朋友先走走，询问他们的感觉。(相信、放心……)

"小朋友，想到树林中去散步吗？"

(二)说一说感受："当你闭上眼睛，让朋友牵着你的手在'树林'中散步的时候，有什么感觉呢？"

(三)全体幼儿伴着音乐在"树林"里散步。

(四)小结：相信你的朋友、帮助你的朋友，是一件非常快乐的事情。

四、游戏"跟我不一样"——勇敢地承认错误

跟老师说相反的话，做相反的动作，如果错了，就举起小手，大声说："对不起，我错了。"

(一)跟老师说相反的话。

(二)跟老师做相反的动作。

(三)小结：勇敢地承认错误，做个诚实的好孩子，你会变得更快乐。

五、总结

老师希望小朋友天天快乐，做个人人喜欢的快乐宝贝。

活动延伸

鼓励幼儿外出时多与别的小朋友主动交往，学习如何交友。

案例点评

本次活动主要以游戏、活动的形式培养幼儿的交往能力，让幼儿体验交友的乐趣。在整个活动中，幼儿积极参与，气氛活跃，在不知不觉中学会了主动交往、主动表达。

🔗 **案例 6-5** ▶▶▶▶▶▶

玩具大玩家(中班)

活动目标

1. 通过游戏，让幼儿初步学习和同伴共同玩、轮流玩的方法。

2. 引导幼儿体验与同伴共同玩、轮流玩的乐趣。

活动准备

适量的玩具、摄像机。

活动过程

一、导入部分

教师介绍玩具，幼儿自由玩玩具，感受参与的乐趣。

二、展开部分

（一）提供玩具，记录表现

1. 幼儿边玩，教师边记录玩的过程

师：小朋友们挑自己喜欢的玩具玩一玩。

2. 玩玩具结束后，教师请幼儿观看录像，引出问题"共同玩"和"轮流玩"

师：小朋友们看看刚才自己是怎么玩的。

3. 引导幼儿进行讨论，帮助幼儿理解"共同玩"和"轮流玩"的方法和规则

师：小朋友们和你的小伙伴交流一下，怎样玩才是"共同玩"，玩的时候要注意什么？怎样玩是"轮流玩"，玩的时候要注意什么？

4. 教师总结

"共同玩"就是在玩具很少的时候，要和其他小朋友商量着一起玩；当玩具只能一个人玩时，就要和别的小朋友一人玩一会儿，这叫"轮流玩"。

（二）情景实践，升华明理

1. 幼儿再次玩玩具，体会"共同玩"和"轮流玩"

师：小朋友们要按照刚才学的"共同玩"和"轮流玩"的方法来玩一玩玩具。

2. 活动结束后，做小结

师：小朋友们说说刚才是怎么和小伙伴一起玩的。

三、结束部分

教师总结，深化目标：小朋友们，我们今后在玩玩具的时候要学会和小伙伴"共同玩"和"轮流玩"，要相互谦让，不要相互争抢，可以相互商量，这样就都可以玩到玩具了。

案例点评

幼儿的同伴交流经验是在不断的"体验—发现—修正"的过程中发展出来的，而非产生于教师的说教。本活动以游戏的方式让幼儿明白怎么和同伴交往、分享和合作，是一种很好的选择。本活动分为三个步骤，循序渐进，方式新颖，在激发幼儿兴趣的同时也提升了教学效果。使幼儿在真实的情境中理解了所学内容，对内化幼儿与同伴的交往行为起到重要作用。

📎 **案例 6-6** ▶▶▶▶▶▶

合作真快乐(大班)

活动目标

1. 通过观看视频，让幼儿初步了解合作的重要。

2. 引导幼儿尝试去合作，分工完成任务，提高其与同伴合作的能力。

3. 引导幼儿体验合作战胜困难带来的乐趣。

活动准备

与活动内容有关的视频。

活动过程

一、导入部分

观看视频《蚂蚁抬食》。

师：小朋友们，小蚂蚁是怎么把比自己重的食物拖到洞里的呢？

二、展开部分

(一)联系生活实际，讨论、交流生活中哪里需要合作

师：小朋友们想一想，我们生活中哪里需要合作呢？

小结：小朋友们，合作对于我们来说是非常重要的。

(二)出示图片，统计泡泡的数量

教师出示图片，让幼儿先单独统计数量，感知单独统计的困难。

师：你看到了哪几种颜色的泡泡，你能统计它们的数量吗？

师：那我们该怎么做才能统计清楚呢？

幼儿每人负责一种颜色的泡泡数量，再次开始统计，不同颜色泡泡的数量很容易就统计清楚了。

总结：小朋友们，合作的力量太大了。

(三)游戏，体验合作的重要

小朋友玩"两人三足"游戏，并开展比赛，让幼儿体会合作才能获胜。

三、结束部分

总结结束：小朋友们，今天大家体会到了合作的力量是很大的。今后遇到困难，如果小朋友们学会相互合作，困难就会很容易解决了！

案例点评

对于大班的孩子来讲，他们已经有了初步的交往意识，但如何与同伴友好地相处还是需要在活动中训练的。本活动既能让幼儿游戏，又能让他们带着任务去活动，是快乐的，也是有挑战的，同时也是大班孩子喜欢的，符合大班孩子的年龄特点。

结合具体的情境，指导幼儿学会与同伴友好相处是《指南》的精神。本活动在游戏和实践中达到的活动目标，也符合《指南》的要求。

思考与练习

简答

1. 幼儿社会交往教育活动设计与组织的一般要求有哪些?

2. 观察幼儿社会交往行为的方法有哪些?

3. 设计幼儿社会交往教育活动时需要注意的问题有哪些?

实践训练

1. 校内练习:依据幼儿社会交往行为发展的特点,按照教案范例的格式,设计一个完整的教育活动,互评并表演。

2. 校外练习:(1)观察幼儿社会交往片段,写出观察记录并评价;(2)去幼儿园观摩一次教学活动,并写出听课记录。

模块六单元2云测试

学习反思

模块七

幼儿社会环境与规范认知和教育活动设计

名人名言

教育儿童通过周围世界的美、人的关系的美而看到精神的高尚、善良和诚实，并在此基础上在自己身上确立美的品质。

——苏霍姆林斯基

学习导航

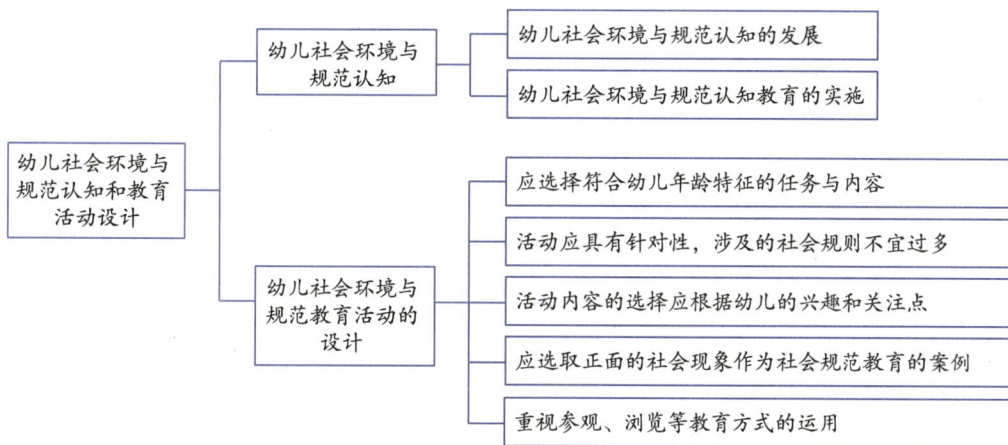

学习目标

- 了解幼儿社会环境与规范认知的内涵及其发展规律。
- 理解幼儿社会环境与规范认知教育的原则。
- 掌握幼儿社会环境与规范认知教育的方法和途径。
- 设计幼儿社会环境与规范认知教育活动并组织实施。

单元 1 幼儿社会环境与规范认知

幼儿很早就表现出对社会事物或现象的兴趣，并在此基础之上形成认知的需要。但是，幼儿的社会认知不同于对一般客体的认知，它是幼儿主观观念（是非观念、价值观念等）形成的过程。幼儿不是简单地接受成人的理念或记住现行社会的规则、规范，而是在了解这些的基础上做出自己的判断、抉择，形成自己的认识。因此，社会环境与规范认知作为幼儿的一种独特认知活动，需要成人的关注与重视。

▶▶ 一、 幼儿社会环境与规范认知的发展 >>>>>>>>

(一)幼儿社会环境与规范认知的含义

社会认知是个体对他人、自我、社会关系、社会规则等社会客体和社会现象及其关系进行感知、理解的心理活动。社会认知主要包含社会环境认知与社会规范认知两个方面，社会环境和社会规范认知两者之间是相互关联的，不可截然分开。一方面，社会认知总是在具体环境中进行的，社会环境对儿童的认知结果有巨大的影响。巴克指出，对象周围的环境常常会引起人们对其社会行为的联想，从而影响我们的社会认知，幼儿也不例外。例如，在图书馆、影剧院等公众场所，人们一定要保持安静，尽量不要大声喧哗，以免影响他人。以此为评判标准，儿童很容易判断出在公共汽车上用手机大声通话是不合适的社会行为。另一方面，对社会环境的认知，都会伴随对这个环境的社会规范的认知。考虑到幼儿思维的具体形象的特点，其对社会规范的学习更应该强调在社会环境中进行，还要注重规范的直观性、情境性和易操作性。

1. 幼儿社会环境认知

幼儿对社会环境的认知，主要包括对家庭、托儿所或幼儿园、社会机构、家乡、民族和国家，以及重大社会事件的认知。

(1)对家庭的认知

幼儿对家庭的认知是逐步发展的：从对父母及家庭成员的认知到对家用物品的认知，从基本日常生活规范的认知到家庭中社会规范的认知。基于此，可引导幼儿了解家庭主要成员的姓名、职业、出生年月或属相等，激发幼儿对家庭的热爱和关心；知道家庭地址、电话号码、家庭中的主要设施，学会自我保护；知道家中常见的一些生活用品和家用电器的名称、用途和功能，培养幼儿的独立能力；知道热爱、尊重和关心父母及长辈，能够为他们做一些力所能及的事等。幼儿园应组织一些以家庭为认知内容的社会教育活动，从小培养幼儿对家庭的责任感。

案例评析 ▶▶▶▶▶▶

毛毛是幼儿园小班的儿童。一个周末，毛毛和爸爸妈妈去爷爷奶奶家玩。到了爷爷奶奶家，毛毛的爸爸很自然地帮爷爷做事情，妈妈则帮奶奶剪指甲。别看毛毛年纪小，这一切他都看在了眼里。下午，奶奶从外面买东西回来，刚进门，毛毛就主动帮助奶奶拿拖鞋。奶奶开心地夸毛毛是个好孩子。

（资料来源：揭青、覃素香：《学前儿童社会教育与活动指导》，成都，西南财经大学出版社，2015）

（2）对托儿所或幼儿园的认知

托儿所或幼儿园是幼儿参与社会生活的第一个集体教育机构，也是一个需要他们充分认知的重要社会环境。对幼儿园或托儿所的认知主要包括知道自己所在幼儿园、班级的名称及所在班级教师的姓名；知道园内其他教师和工作人员的姓名，他们所从事的主要工作，以及他们的劳动与自己的关系等；知道幼儿园内外的主要环境、主要设施和相关的行为规范等。

（3）对社会机构的认知

幼儿的生活离不开一定的社会机构，如医院、邮局、商场、超市、餐厅、理发店、银行、消防站、动物园、公园、影剧院、博物馆等。幼儿通常会在幼儿园角色游戏活动中再现这些机构中的情景。此外，幼儿还需认识飞机、火车、公共汽车、地铁、轮船等公共交通工具，认识清洁车、救护车、消防车、车站、机场等公用设施；参观工厂、医院、超市等场所，知道它们的名称以及相关职业的名称，了解各种职业人群的主要工作以及与自己的关系等。

（4）对家乡、国家与民族的认知

幼儿社会教育中，应帮助幼儿从小建立对家乡、国家与民族的初步认知，激发幼儿爱家乡、爱祖国的情感，培养幼儿的民族荣誉感。这主要包括知道自己的家乡、民族、祖国的名称以及在地图上的大致方位；知道首都、国旗、国徽、国歌等；知道家乡以及祖国的风景名胜、风土人情、风俗习惯等；了解国家和民族的重大节日，如春节、清明节、端午节、中秋节、重阳节等；知道与自己关系密切的主要节日，如三八妇女节、五一劳动节、六一儿童节、国庆节、教师节、父亲节、母亲节等。

小资料 1 ▶▶▶▶▶▶

儿童节

国际儿童节（又称儿童节，International Children's Day）定于每年的 6 月 1 日。为了悼念在 1942 年 6 月 10 日的利迪策惨案中死难的儿童和全世界所有在战争中死难的儿童，反对虐杀和毒害儿童，以及保障儿童权利，1949 年 11 月，国际民主妇女联合会在莫斯科举行理事会议，中国和其他国家的代表愤怒地揭露了帝国主义分子和各国反动派残杀、毒害儿童的罪行。会议决定以每年的 6 月 1 日为国际儿童节。它是为了保障世界各国儿童的生存权、保健权和受教育权、抚养权，为了改善儿童的生活，为了反对虐杀儿童和毒害儿童而设立的节日。

🔗 **小资料 2** ▶▶▶▶▶▶

国庆节

10 月 1 日是我们伟大祖国的生日——国庆节,是新中国成立的纪念日。

人们常说,1949 年 10 月 1 日,在首都北京举行了 30 万军民参加的中华人民共和国开国大典。其实这一说法并不准确,因为 1949 年 10 月 1 日在天安门广场举行的典礼是中华人民共和国中央人民政府成立盛典。实际上,中华人民共和国的"开国",也就是说中华人民共和国的成立,早在当年 10 月 1 日之前就已经宣布过了,时间是 1949 年 9 月 21 日。这一天,毛泽东在第一届政协会议开幕词中就已经宣告了新中国的诞生。

那么 10 月 1 日的国庆又是怎么回事呢?在中国人民政治协商会议第一届全国委员会第一次会议上,许广平发言说:"马叙伦委员请假不能来,他托我来说,中华人民共和国的成立,应有国庆日,所以希望把 10 月 1 日定为国庆日。"毛泽东说:"我们应作一提议,向政府建议,由政府决定。"1949 年 12 月 2 日,中央人民政府委员会第二次会议通过《关于中华人民共和国国庆日的决议》,该《决议》指出,自 1950 年起,即以每年的 10 月 1 日,即中华人民共和国宣告成立的伟大日子,为中华人民共和国的国庆日。从此,每年的 10 月 1 日就成为全国各族人民隆重欢庆的国庆节了。

幼儿社会教育中应充分利用国庆节的契机,"深入开展社会主义核心价值观宣传教育,深化爱国主义、集体主义、社会主义教育,着力培养担当民族复兴大任的时代新人"。

(5)对重大社会事件的认知

认知重大社会事件是幼儿了解社会、关心社会的一个重要途径。主要包括了解社区、家乡和国家以及世界近期的一些重大活动,如 2008 年北京奥运会、所在社区的"爱鸟周"活动、家乡的环境治理和环境保护活动等;了解国家和世界范围内发生的战争和重大灾害等。

2. 幼儿社会规范认知

社会规范是指与社会要求相符的从事社会活动、处理社会关系必须遵循的一般要求和行为准则。认知社会规范,就应学习社会规范的伦理准则知识,包括规范必要性知识、规范本身的内容与执行规范的程序性知识以及对各种行为"好"与"坏"的判断标准,从而通过观念接受,消除意义障碍,构建一种社会认知图式,来指引个体在特定情境中的社会行为。

幼儿在不同的社会环境中会接触到各种社会规范,他们要想成为合格的社会成员,就必须了解和理解这些社会规范。幼儿对社会规范的认知主要来源于三个方面:一是父母、老师的影响,如父母经常告诫幼儿"不能往楼下乱扔垃圾""吃饭时不能用筷子在盘子里乱翻""乘车时要有次序地上下车"等;二是同伴互动,如一个幼儿抢夺别人的玩具,会受到同伴的批评;三是法律和道德规定,如公民文明行为规范、法律法规、交通规则等。需要幼儿了解的社会规范主要包括基本道德规范、文明礼貌行为规范、公共场所行为规范、群体活动规范、人际交往规范和谨慎规范。

📝 **学习笔记**

（1）基本道德规范包括基本的是非观念及判断对错的标准。

（2）文明礼貌行为规范主要涉及个体自身的素质修养、与人交往的礼仪等，包括言谈举止讲文明，在适当场合使用礼貌用语，不随意打断别人的讲话，集中注意倾听他人讲话等。

（3）公共场所行为规范主要包括公共卫生规则、公共交通规则、公共财产保护和爱惜规则等。

（4）幼儿需要掌握的群体活动规范主要有二：一是幼儿园日常活动规范，如公平等待规则（排队）、轮流规则、集体服务规则等；二是学习、娱乐、游戏等活动的规则。

（5）人际交往规范是在社会系统内对社会互动起结构性作用的行为规范，主要是指人际交往中待人接物的一些礼仪与规则，如接待客人或到别人家做客的礼仪，以及不同的民族和国家的一些习俗规则等。

（6）谨慎规范主要是指一些经常遇到的、用以保护自身和他人安全的行为规则，如"危险的地方不能去，危险的事儿不能干""不给陌生人开门""外出要切断一切电源、水源和煤气""不要触摸电插座，不要玩打火机"等。由于幼儿年龄较小，缺乏社会生活经验，这种类型的社会规范认知不可缺少，成人应通过各种途径，让幼儿充分理解这些为防止不良后果而产生的行为规则。

拓展阅读 ▶▶▶▶▶▶

社会规范的特点

首先，社会规范是个体社会行为的价值标准，是用以衡量个体行为的社会意义并做出判断的依据。所谓个体的社会行为，是指个人之间存在着的相互影响的行为。这种行为是在人与人之间的交往中发生的。个体的社会行为对社会生活及社会秩序都有着直接的影响，因而人的社会行为就需要有一定的社会规范加以制约和规定。社会规范正是评价和矫正个体社会行为的工具。

其次，社会规范是由一定的社会组织提出的，是依据社会组织自身的利益需要及价值观确定的，具有鲜明的社会制约性。所谓社会组织，在社会学中有广义与狭义之分。广义的社会组织包括人类生活活动的各种群体，既包括家庭、家族、村社等初级群体，又包括人们为了有效地达到特定目标而建立的共同活动的次级社会群体，如企业、公司、学校、医院、商店、政党、政府部门等。狭义的社会组织通常指上述次级社会群体。社会组织要进行有效运转，就需要一定的规范来统一组织内成员的个体行为。当个体的社会行为符合社会规范时，便会得到社会组织的肯定及赞许；当个体的社会行为背离社会规范时，就会受到社会组织的否定及指责。社会规范的这种制约作用正是维持一个社会组织稳定、发展的前提。

最后，社会规范随社会历史条件及社会组织的变更而变化，具有鲜明的历史性。任何社会组织都不是固定不变的，而是有它发生、发展的历史。当社会组织发生一定的变化与更替时，组织内的各种规范也必须随之变化，及时反映本组织的利益与目标。在阶级社会中，社会规范具有阶级性，是一个阶级统治另一个阶级的工具。[①]

幼儿接受社会规范的特点主要有：

（1）盲目、被动性

幼儿往往出于对成年人的依赖和恐惧来接受各种社会规范，其行为是盲目、被动的。

（2）工具性

幼儿往往将自己的行为作为获得成年人喜爱的一种工具。

（3）情境性

幼儿的服从行为在不同情境中会有不同表现，缺乏稳固性、持久性。[②]

（二）幼儿社会环境与规范认知的发展特点[③]

1. 是一个逐步区分认识社会性客体的过程

幼儿社会环境与规范认知的发展是一个逐步区分认识社会性客体的过程，即区分认识人类客体与非人类客体、一个个体与另一个个体、自我与非我的过程。幼儿出生不久就逐渐在不同方面表现出社会认知的萌芽。新生儿对人脸的偏爱反映了幼儿最早对人类客体与非人类客体的区分。婴儿约4个月时能对主要照顾者与陌生人表现出不同的反应，6个月时能对特定抚养者形成依恋，这标志着婴儿能将不同的个体区分开。幼儿在9～10个月时出现自我认识，表明幼儿能把自己看作一个不同于其他人的个体，能像认识其他人一样认识自己。

同时，这一过程还表现在幼儿对不同情绪情感、行为意图及社会规则的认识。研究表明，婴儿能对成人的不同表情做出不同的反应，出生10个星期的婴儿看到母亲高兴、生气、悲伤的表情，能分别做出高兴、生气、伤心等表情。有关行为意图认知的研究表明，幼儿很早就能辨别有意导致和偶然发生的事件。塞尔曼认为，能否区分他人有意与无意行为是幼儿观点采择能力早期发展中的关键一步，之后幼儿才能逐渐理解人们的同一行为可能具有不同意图。在此基础上，幼儿发现对于同一事件自己和他人会有不同的观点和反应，也就能区分自己和他人的观点。对社会规则的认知主要集中于幼儿对道德规则和习俗规则的认识。研究发现，2岁的幼儿不能区分违背道德的行为与违背习俗的行为，3岁左右的幼儿开始能做出区分。

① 郑杭生. 社会学概论新修精编本[M]. 北京：中国人民大学出版社，2015.
② 张喆. 对"服从阶段"的幼儿进行社会规范教育的思考[J]. 中国校外教育·高教，2011(6).
③ 庞丽娟，田瑞清. 儿童社会认知发展的特点[J]. 心理科学，2002(2).

2. 观点采择能力是发展的关键

塞尔曼认为，幼儿认知自己和他人的能力是以对其观点的假设或采择为前提的，要认识一个人，就必须理解他的观点并了解他的思想、情感、动机和意图等影响和决定其外部行为的内部因素。也就是说，观点采择在幼儿社会认知发展中处于核心地位。同时，幼儿对不同观点的理解、认同和协调能力的发展，标志着其摆脱自我中心思维方式以及认识社会关系方式的重新建构。

在幼儿情绪情感认知的发展过程中，观点采择能力起着重要作用。移情是幼儿观点采择能力在情绪情感发展中的集中体现。研究指出，4岁幼儿往往以自己的感受代替他人的感受，而6岁幼儿不仅能摆脱"自我中心"倾向，而且能较客观地、多维度地理解他人的情感体验，这是由于他们具备了一定的观点采择能力。

此外，对行为意图的认知、行为归因、对他人整体的认知以及对友谊等社会关系的认知，也都需要对他人内部心理状态予以理解、认同或采纳。对行为意图或原因的认知，实质上要求幼儿能够从他人外在的行为推测其内在的动机，为此，幼儿必须具备一定的观点采择能力。有关幼儿对他人整体认知的研究表明，幼儿对他人心理特征、个性品质的认识比对其外表、行为等外显特征的认识发展得晚，因为只有当幼儿具备了一定的观点采择能力，才能站在他人的角度体会、理解其感受、观点，推测其内部心理活动。同样，许多对友谊的研究发现，幼儿认识不到友谊的双向特征，仅把友谊看作满足单方面需要的手段，随着观点采择能力的发展，才逐渐能认识他人的心理与需要，于是知道朋友是需要相互理解、共享内在的思想和情感的。

🔗 拓展阅读 ▶▶▶▶▶▶

儿童眼中的《东郭先生和狼》[①]

所谓观点采择是指儿童推断别人内部心理活动的能力，即能设身处地地理解别人的思想、愿望、情感等。儿童究竟是怎样进行观点采择的呢？我国学者方富熹关于儿童对故事角色观点采择的研究表明，4岁儿童不仅能把自己的观点与故事角色的观点区别开来，而且能根据角色掌握的不同信息把他们的观点区别开来。例如，主试与儿童一起看图画书《东郭先生和狼》，主试边叙述故事边向儿童提问题。当故事叙述到东郭先生把狼藏在口袋里，猎人赶上来时，主试问道："猎人知道口袋里藏着狼吗？"70%的4岁被试说"不知道"（把自己的观点与猎人的观点区分开来）。主试又问："东郭先生知道口袋里藏着狼吗？"80%的4岁被试说"知道"（把猎人与东郭先生的观点区别开来）。同一实验还指出，4~6岁的幼儿对理解别人较为隐晦、复杂的动机、意图还存在困难。如在故事中，狼被救后恩将仇报要吃东郭先生，东郭先生要老农评理，狼说："他刚才把我放在口袋里是想把我闷死。"实验者向儿童提出问题说："狼是在说真话还是假话？"即使大部分（75%）4岁幼儿都能判别"狼在说假话"，但对"狼为什么说假话？"这一问题仍不能做出解释，6岁被试也只有不到一半能答对，显然回答这一问题需要"自身反省的观点采择能力"。

---

① 杨丽珠，吴文菊. 幼儿社会性发展与教育[M]. 大连：辽宁师范大学出版社，2000.（选入时有改动）

3. 各方面的发展不是同步、等速的

幼儿对自我、他人、社会关系、社会规则以及对人的情绪情感、行为意图、态度动机、个性品质等的认识不是同时开始，也不是等速发展的。其发生发展的总趋势是从认识他人到自我，再到相互关系；从认知情绪到行为，再到心理状态；从认知身体到心理，然后再到社会。在同一时期，幼儿各方面的发展水平也是不同的。

已有研究表明，儿童对他人的认知先于对自我的认知。婴儿4个月时能将照顾者与其他人分开，而对主体我的认知在9～10个月时出现，对客体我的认知则要推迟到15～24个月。10岁左右的儿童已能基本完整地对他人进行描述，而自我认知达到这一水平则要到十三四岁。虽然儿童对他人和自我的认知是在人与人的相互关系中进行的，但儿童能明确认识到这种相互关系则在二者之后。有关儿童对社会关系包括权威、朋友和友谊的认知的研究表明，学前期儿童常常认识不到权威和友谊等社会关系的相互性特点，即使能认识到也是很具体、表面的。4岁儿童认为应该服从权威，"因为他们是爸爸妈妈或老师"。多数幼儿把友谊看作一种"单向制约关系"，5～7岁的儿童能够认识到朋友是玩伴，能互享物质上的东西，而要认识到朋友之间是"相互理解、相互支持、共享物质精神等各个方面"的关系，则要到11岁左右。

儿童对行为的认知要比情绪晚，对他人行为意图和原因的认识一般要到3岁后开始。4岁儿童能够对行为进行归因，但一般到五六岁才能主动对他人的行为进行归因。四岁半左右的儿童开始能摆脱自我中心，能够站在他人角度认识、理解他人的观点，8岁儿童开始能更多地对他人个性品质、心理特征进行描述。

不管是对他人还是自我，儿童首先认识到的是身体特征，随着年龄的增长逐渐认识到人的内部心理过程和品质，而对社会角色、社会群体等的认识则较晚。学前期儿童对社会制度的认识还很困难，一般要在学龄初期渐渐开始有所认识。

4. 基本遵循认知发展的普遍规律，但不完全受其影响

社会环境与规范认知是认知发展的一个方面，具有认知发展的普遍规律和特点。皮亚杰认为，认知他人的发展与认知其他方面的发展是平行的，反映了认知能力发展的普遍规律。幼儿在各个发展阶段所形成的思维结构为幼儿社会意识和道德意识的发展奠定了基础。

然而，幼儿社会环境与规范认知发展与一般认知发展并非完全平行，它并不完全受认知发展的影响。不少研究发现，幼儿智商与其观点采择能力之间的相关系数一般是中等或偏下。幼儿的社会环境与规范认知受其一般认知的影响，年龄越小，这种影响越大。当幼儿的一般认知达到一定水平后，个体社会认知能力就更多地受社会、文化、教育等因素的影响和制约。如生活在不同国家、地区的幼儿，其社会认知的发展有显著差异；家庭经济状况、父母受教育程度、同伴关

系、社区氛围等都会对幼儿的社会认知发展产生不同程度的影响。随着年龄的增长，其社会交往范围会逐渐扩大，社会经验会不断丰富，这些社会因素的影响作用也会日益增大，且变得更加复杂。此时，虽然一般认知水平对幼儿的社会认知仍有影响，但其在社会环境与规范认知发展中的作用在下降。

5. 发展水平与社会交往密切相关

幼儿同伴互动对社会环境与规范认知有促进作用。皮亚杰认为，幼儿的同伴交往和互动能够促进其去自我中心和观点采择能力的发展。因为同伴互动为他们更好地认识自己的观点与他人观点间的差异提供了机会，使他们能够了解自己和他人对活动内容和相关问题可能存在不同的观点。此外，交往的需要和动机与幼儿社会认知的水平有密切关系。费尔德曼认为，幼儿认识他人的经验少，不能意识到对他人形成整体印象的重要性，缺乏更深刻理解他人的动机，会导致其对他人认知与描述的表面化。

🔗 **拓展阅读** ▶▶▶▶▶▶▶

皮亚杰的道德认知理论①

皮亚杰是第一位系统考察儿童道德规范形成与道德认知发展的心理学家。他在《儿童的道德发展》一书中详细记录了儿童对弹子游戏规则的态度变化。幼儿对规则极少关注或缺乏意识。在弹子游戏中常常满足于从弹子本身的多种操作戏法中获得乐趣，极少考虑要在一种统一的规则下获胜。两名3岁儿童玩弹子游戏，很可能会使用各自喜欢的不同的游戏规则。但到5岁左右，儿童开始出现对规则的较多的注意和尊重。规则在儿童看来，代表着权威和神圣，是不可怀疑的、固定不变的。儿童常常以老师、父母或某个令人敬重的长辈的话为行动标准。1894年，美国斯坦福大学的巴恩斯用问卷法研究儿童惩罚观念的发展。研究表明：成人对儿童的惩罚，儿童总认为是对的。任何对规则的违背都将受到惩罚。皮亚杰称这一时期的道德为"他律道德"阶段。在9～12岁，儿童开始认识到社会规则不是固定不变的，而是一种可以改变的社会契约。对权威的遵从既非必要，也不总是正确的。违犯规则并非总是错误的，不一定非要受惩罚。儿童判断他人行为时开始考虑到动机与情感的问题，试图寻求一种更为公正、平等的公理。这一时期的道德，皮亚杰称之为"自律道德"。

这种由他律道德向自律道德的转化，反映了儿童对社会规范的学习与内化过程，必须借助于一定的权威、偶像作为中介媒体，进而逐步摆脱这种权威形成道德自我，即完成由外在的行为要求转变为内在的行为需要，从而建立主体自身的社会行为调节机制。

🔗 **拓展阅读** ▶▶▶▶▶▶▶

皮亚杰"三山实验"

皮亚杰做过一个"三山实验"，他用这个实验测验儿童"自我中心"的思维特征。他在桌子上放置三座山的模型，三座山在高低、大小、位置上，具有明显的差异。实验时，先让一个3岁的幼儿坐

___
① 冯忠良，伍新春，姚梅林，王健敏. 教育心理学[M]. 北京：人民教育出版社，2000.（选入时有改动）

在一边，然后将一个布偶娃娃放置在对面。此时实验者要幼儿回答两个问题。第一个问题是："你看到的三座山是什么样子？"第二个问题是："娃娃看见的三座山是什么样子？"结果发现，该幼儿用同样的方式回答两个问题，他只会从自身所处的角度看三座山的关系（如两座小山在大山的背后），不会设身处地地从对面娃娃的立场来看问题。皮亚杰以此来证明儿童具有"自我中心"的特点。

📝 学习笔记

▶▶ 二、 幼儿社会环境与规范认知教育的实施 >>>>>>>>

（一）幼儿社会环境与规范认知教育的实施原则[①]

根据国内外学者的相关理论，以及有关的实验研究，儿童接受社会规范可分为三种水平：服从水平、模仿水平和理解水平，幼儿对于规范行为的接受主要处于服从水平和模仿水平阶段。因此，在对幼儿进行社会环境与规范认知教育时，应遵循由近及远与因地制宜原则、直观性与情境性原则、情感性与体验性原则等。

1. 由近及远与因地制宜原则

幼儿对社会环境、现象认知的总趋势是由近及远、由简单到复杂，逐步扩展和深化的。因此，引导幼儿认识社会环境，首先，应引导幼儿认知容易看到的、真实感人的社会现象和容易参与的有趣活动，逐渐在幼儿心中形成亲切的社区、可爱的家乡和伟大的祖国等美好印象。其次，要尽量多联系幼儿的已有经验，如引导幼儿关注幼儿园所在大街在扩建、改建后的变化，欣赏国庆节广场上的辉煌景象，在春、秋季节组织幼儿去踏青和登山，和老师一起到博物馆、公园、福利院、消防站访问等。随着幼儿认知范围的不断扩大，他们能够逐渐了解各种社会设施的作用，从而逐渐形成对不同劳动者的尊敬、感激之情。最后，不同地区的幼儿园应选择不同的教育素材。例如，南京有中山陵和长江大桥，上海有南浦大桥和东方明珠塔，湖南有湘江和爱晚亭，甘肃有造林治沙工程和敦煌石窟壁画，这些都是对当地幼儿进行爱家乡、爱祖国教育的"活教材"。

图 7-1 剥玉米

图 7-2 我到军营

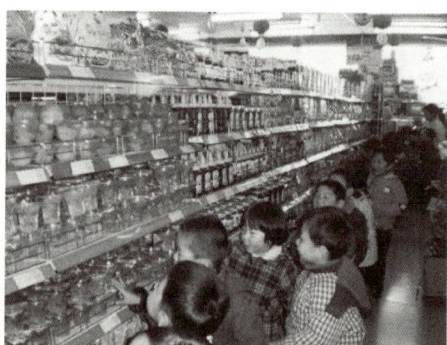

图 7-3 参观超市

---

① 于开莲. 幼儿园社会教育活动指导[M]. 北京：人民教育出版社，2014.（选入时有改动）

2. 直观性与情境性原则

对社会环境和社会规范认知的教育活动内容的选择应尽可能从幼儿的生活经验与生活实际出发，选择那些能丰富幼儿生活经验的内容，让幼儿社会教育回归到真实的生活中。这也就是说，要选择和利用那些与幼儿生活有密切联系的、具体的社会环境来开展活动。例如，中班幼儿想在活动区开个"小卖部"，为了让幼儿了解售货员与顾客各自的角色规范和行为准则，教师可开展"参观小卖部"的活动。教师事先与幼儿园附近的小卖部联系好，选择适宜的参观地点，制订好参观计划。活动开始，通过谈话，引起幼儿对参观小卖部的兴趣，并提出参观要求，如观察小卖部里卖什么东西，营业员是怎么卖东西的，等等。接着，带领幼儿参观小卖部，引导幼儿观察小卖部里营业员和顾客的活动，请幼儿记住营业员和顾客之间的简单对话，并注意观察营业员是怎么放置物品的。最后，回到幼儿园讨论小卖部里有哪些人，他们在干什么，营业员是怎样卖东西的，他们是怎么对待顾客的，等等。活动延伸时，可提示幼儿收集各种包装袋和物品盒子，在活动区开展"小卖部"游戏。该活动是结合幼儿的生活经验开展的，选择的活动环境是与生活紧密联系的小卖部，教师先带领幼儿参观小卖部而后讨论，再扮演小卖部中的角色，这样的活动安排使幼儿对小卖部的认识更为直观，获取知识更为有效。

对社会环境和社会规范认知的教育活动常常需要在一定情境中开展，无论是对社会机构还是对社会规范的认知都需要注重认知对象的直观性、情境性和易操作性。所以，教师要积极创造条件鼓励幼儿与环境、材料互动。例如，大班社会活动"帮助盲人"，教师首先播放一组反映盲人生活不便的图片；然后让幼儿戴上眼罩走路体验盲人的生活世界，思考如果自己是盲人，在生活上会遇到哪些不便，会多么需要别人来帮助自己；最后讨论该如何帮助盲人。案例中，教师创设情境引导幼儿换位思考，这有利于幼儿把自己置于对方的处境中去认识、体验和思考问题，在这个过程中幼儿与环境发生了相互作用，这种作用能促进幼儿产生情感共鸣，让幼儿体验到关心、帮助盲人的意义和价值。

3. 情感性与体验性原则

心理学家皮亚杰曾说过，没有一个行为模式（即使是合理的）不含有情感因素作为动机；但是反过来，如果没有构成行为模式的认识结构的知觉与理解的参与，那也就没有情感可言。幼儿社会环境与规范认知教育的重点不在于知识量的多少，而在于认知过程中给予幼儿的社会情感体验的深度，以及是否能够培养幼儿正确的社会态度。因此，对幼儿进行社会环境和社会现象教育，需要把认识、情感与行为有机组合，形成一个整体，这样才能取得良好的效果。幼儿的知识经验有限，逻辑推理、抽象思维能力尚处在萌芽状态，难以科学、系统地把握有关祖国的历史、地理知识，或从理性层面把握和分析社会环境和社会现象。对认知要求过高、过全，活动时间过长，或内容单调枯燥，都会导致教育活动的趣味性、新颖性、操作性减弱，这对幼儿的社会学习不利。因此，社会环境与规范认知教育首先要利用多样化的手段，加深和巩固幼儿的社会知识，让幼儿在愉快的活动过程中，有机会动口、动手、动脑，主动表达出对周围环境的印象。教师要尽量多让幼儿参与实际操作活动，如合作绘画、做灯，搭建交通工具模型，办家乡产品展览会，自由表演节目，植树、种花或参加收获活动等。社会环境与规范认知教育还应着眼于让幼儿获得最基本的社会知识，并在此基础上引导幼儿产生对小伙伴的友爱之情、对祖国成就的自豪之情、对家乡的热爱之情、对劳动者的尊敬之情、对祖国文化的喜爱之情、对兄弟民族的手足之情等，这些社会情感会为幼儿今后形成稳定的社会态度体系奠定良好基础。

4. 榜样示范性原则

幼儿喜欢模仿。幼儿的学习许多时候是通过模仿进行的。如果幼儿自己观察模仿的对象、榜样的行为得到了认可，那么他们就有可能进一步做出模仿行为；而如果榜样的行为不被人接纳，那么他们也会选择不再做出类似的行为。幼儿能从被评价者的行为中感受到，哪些行为是被周围人认可的，而哪些行为是不被人接纳的，当遇到类似情境时，幼儿会尽量表现出那些被接受和认可的行为。因此，在专门的教育活动中，教师可以有意识地进行特定的情境表演，或直接示范规则和行为规范，或以替代性强化的形式，表现对社会规则和行为规范的掌握和运用。

例如，对于班级规则的遵守，教师首先要保持班级的干净整洁，同时还要制定明确的规则，并以身作则，以榜样的力量引导和提示幼儿，对物品进行有序摆放；当幼儿出现挑食等情况时，教师可以用"大老虎张大嘴吃饱饱"的夸张形象来影响幼儿。

5. 随机性原则

社会规范是一定社会的行事准则，一般都是长期以来人们在社会生活中自然而然形成并在日常生活中要遵守的。它不是幼儿探索而来的，也不是生活中感悟而来的，而是长期以来形成的、潜在的规则，需要由成人直接告知。幼儿对社会规范的真正理解和掌握不是一两次活动就能达到的，需要成人在日常生活中遇到问题时随即引导、不断提示和强化，幼儿只有感受到规则给自己带来方便时，才能逐步理解和内化社会规范。

因此，在社会规范的学习中，成人在日常生活中的耐心提示、引导和巧妙地强化是幼儿理解、体验和内化的重要举措。例如，幼儿刚入园时，对班级规则还不适应，经常放错玩具、摆错书等，这就需要教师每天在收玩具、收书时及时提示幼儿并耐心讲解规则。对于放错的玩具和图书，教师应平和、示范性地将玩具和书放在正确的位置，并用语言说明收放规则，日积月累，潜移默化，幼儿自然会掌握玩具、图书收放的要求。

拓展阅读 ▶▶▶▶▶▶

幼儿接受社会规范的三种水平①

1. 服从水平

主要表现为儿童出于对教育者的依恋和崇拜，一般能服从和遵守教育者所提出的行为要求，在道德判断上只根据行为后果判断对错。这种接受水平可以与皮亚杰的"他律期"和科尔伯格的"前习俗水平"相对应。不过，对于服从水平所处的年龄段，我国学者李伯黍采用科尔伯格的方法进行研究发现，我国儿童4岁时已经基本能摆脱成人的影响，独立做出许多道德判断；7岁时，主观性判断已经有了明显的发展；到9岁时，这种判断已经基本取代了客观判断。由此，我们认为，4岁以前的儿童对于社会规范的接受主要处于服从水平。在这一时期，儿童基本不能以自己的价值标准来判断是非，没有真正认识到社会规范的意义和必要性，只是出于对长者的敬畏和依赖而做出规范行为，所以其行为是被动的、盲目的，也是不稳定的。

2. 模仿水平

此接受水平主要表现为幼儿的行为是对别人行为的模仿，这种模仿建立在幼儿对外部世界的观察的基础上。模仿是儿童认识外界和形成行为方式最具特点的途径。美国心理学家班杜拉的社会认知理论认为，儿童主要通过观察他们生活中重要人物的行为而学会社会规范，这些观察以心理表象或其符号表征的形式储存在大脑中。儿童对他人行为的观察和模仿实际上也说明了环境对儿童心理发展的影响。这种影响在某种程度上可以大于成人对他们行为要求的影响。

幼儿对他人规范行为的模仿具有一定的主观能动性，因而其水平要高于服从行为，但它并不能取代后者。事实上，这两种水平的行为在很长时间内是并存和相互渗透的。当然，模仿行为的年龄跨度要大许多，因为观察和模仿是人类适应环境的一个重要条件。但是处于他律期的幼儿对所模仿的行为并没有独立地分辨善恶的能力，而榜样者往往也没有意识到自己已经成为儿童的模仿对象，所以，成人的有些不良行为也会因潜移默化而出现在幼儿身上。

3. 理解水平

到了幼儿园后期，有些五六岁的幼儿对社会规范的接受达到理解水平，当然，也只是初级理解。这种理解水平表现在道德判断上就是出现了自律道德的萌芽，即能够摆脱外界的影响，对道德问题做出自己的主观评判；在行为上表现出较稳定的规范行为，无论何时何地，都能以社会规范来约束自己的行为，做出自觉的、具有主体意识的道德行为。

应该说，能够让幼儿达到理解水平的社会规范对幼儿来说是有限的，这与幼儿的思维发展水平和生活经历很有关系，不能要求幼儿对所有的社会规范都达到这个水平，但是达到理解水平的行为便具有自觉性、主动性、稳定性和一定的灵活性。比如，对处于服从水平的幼儿来说，"撒谎"是绝对不对的，但达到理解水平的幼儿会对一些善意的谎言表示理解，而不会认为"是坏人""不诚实"，表现出更注重对行为动机而非结果的评价。

---

① 参见李群. 依据幼儿接受社会规范的规律有效进行德育[J]. 学前教育研究，2000(1).

（二）幼儿社会环境与规范认知教育的方法与途径

1. 通过环境创设，营造良好社会规范的氛围，培养幼儿良好的行为规范

我国重视把社会主义核心价值观融入法治建设、融入社会发展、融入日常生活。环境对人的影响具有自发性、偶然性、经常性和广泛性，并有潜移默化的作用，良好的教育环境有助于幼儿行为规范的形成和发展。因此，布置集艺术性和教育性于一体的环境、营造培养良好社会规范的氛围，对幼儿社会规范认知教育具有重要意义。例如，可以在教室、活动室、走廊等场所布置一些主题鲜明的社会活动图片，促进幼儿的社会规范认知。再如，可以提供适宜并促进合作的玩具，引导幼儿合作创作作品，如绘画、手工、搭积木等，让他们享受到合作分享、关爱别人带来的乐趣。利用环境创设来进行社会规范教育，能够使幼儿在良好的氛围中不知不觉地受到教育。

2. 通过游戏拓宽交往空间，促进幼儿之间的人际交往

陈鹤琴先生指出："各种高尚道德，几乎都可以从游戏中学得，什么自治、什么克己、什么独立、什么共同作业、什么理性的服从、什么纪律等，这些美德的养成，没有再比游戏这个利器来得快来得切实。"游戏有很多种，如角色游戏、表演游戏、结构游戏等，不管哪一种游戏都有自己的游戏规则，制定好各种游戏规则，能促使幼儿自觉遵守，从而养成守纪律、守规则的好习惯。以游戏"小兔采蘑菇"为例，游戏规则是每只小兔过桥后只能采一朵蘑菇回来放在篮子里，并且采完后必须排到队伍的最后，不许插队。幼儿知道游戏规则后就得自觉遵守，要是不遵守就会被要求停止游戏并在旁边反思等待。游戏规则可以规范幼儿的行为，能支持游戏顺利地开展，并保证游戏的质量，所以，游戏能让幼儿养成自觉遵守规则的好习惯、好品质。同时，游戏是一种社会活动，幼儿能在游戏中学习处理各种社会关系和不同的文化知识。例如，幼儿在玩"过家家"的游戏中可以学会尊老爱幼，互敬互爱；在玩"争当小警察"的游戏中可以掌握各种交通规则。通过游戏，幼儿还能够提高自己的社会活动能力。在游戏过程中，幼儿可以以同伴为镜增进对自己的认识，能够感觉到同伴对自己的影响，还能学会人际交往必备的礼貌用语。

🔗 **小资料** ▶▶▶▶▶▶

学习和游戏的区别

游戏的目的包含在游戏活动中。在游戏中，成人并不向儿童提出在游戏活动以外某种外加的、长远的目的。学习就不是这样，在学习活动中，教师首先要求儿童明确认识学习的目的，要求儿童善于使自己的全部活动服从于这一目的，并在以后适当的时间里对这一目的的实现情况进行检查。

游戏和学习虽然都是有指导性的活动，但是在学习中这种指导具有更大的组织性，也就是说，学习对儿童提出更高和更复杂的要求。例如，为了达到教学的目的，教师要更有计划地组织儿童的

注意、记忆和思维等心理过程，要更好地组织教师和儿童口头的和书面的言语活动，而游戏就不完全如此。

学习和游戏的最大不同之处是学习带有严格的强制性。一般说来，儿童对于游戏，可以按照自己的意愿和兴趣选择参加或不参加；而学习是社会对儿童提出的要求，是儿童必须做到的，是不允许完全按意愿或兴趣行事的，是一种具有严格要求的社会义务。

当然，教师在教学过程中也可以适当地利用游戏，但绝不等于说学习等于游戏。

教师注意事项：幼儿在进行游戏的过程中不可避免地会发生一些问题，如果有的幼儿由于没有正确了解规则而出现不适宜的行为，或幼儿之间因商量不妥而发生争执，教师就应选择适当的时机介入游戏，在帮助幼儿理清规则的同时，引导游戏继续进行。

资料链接 ▶▶▶▶▶▶

社会环境认知游戏的价值①

反思孩子们的游戏发现，有效的师幼互动可以支持幼儿实现他们的游戏想法，帮助他们积累和提升游戏经验，适时地支持能拓展幼儿的思路，促进他们深入探索。

1. 游戏前交流计划，引导幼儿有目的地游戏

游戏前做计划，能使幼儿的游戏更有目的性。孩子们在交流计划的过程中，教师可通过细节提问来丰富游戏内容，因为带着想法的游戏就会更持久。在案例"千奇百怪的超市"中，幼儿按照自己的详细计划来进行搭建，参与游戏的主动性更强了，搭建出的作品也更形象，并有很多个细节和不同的功能。

2. 游戏中适时介入，支持幼儿实现游戏意图

在游戏中，幼儿会遇到各种困难和问题，如果教师不能及时关注到幼儿的需要，适时地给予支持，幼儿会很容易放弃自己的游戏。在"可以动的传送带"这一案例中，传送带虽然可以让物品动起来，但是物品滑下去后会散落一地，佳佳看到这一幕有些不耐烦，有可能会放弃。这就需要教师积极跟进幼儿游戏。例如，教师通过描述幼儿的问题，让幼儿感受到教师对她的关注，并适时提出开放性问题，引导她想办法寻求问题的解决方法，从而支持她实现自己的游戏意图。

3. 游戏后及时回顾，促进幼儿经验积累和提升

游戏后及时回顾是非常重要的。每次游戏中幼儿都会有新的发现和问题，而这些新发现和新问题很可能会变成幼儿下一步延伸的关键点。在"我来搭超市"这一案例中，回顾时教师提出问题，请幼儿把自己发现的问题表达出来分享给同伴，在与同伴的相互讨论中，孩子们找到了答案，从而促进了同伴之间的互动交流和相互学习。

---

① 资料来自"京师爱幼"公众号："主动学习"课程理念下的幼儿游戏(三)——超市变形记。

3. 组织专门的社会环境与规范认知教育活动

社会环境与规范认知的丰富内容给了幼儿积累集体活动的经验、集中学习社会环境与社会规范知识的机会。幼儿对社会环境的认知主要包括对家庭、幼儿园、社区、家乡、国家等的认知，对社会规范的认知主要包括对基本道德规范、文明礼貌规范、公共场所行为规范等的认识。教师组织专门的社会环境与规范认知教育活动可以有计划、有针对性地对幼儿进行社会认知教育，可以根据幼儿社会教育的目标、幼儿社会性发展的实际情况和发展趋势，有计划地安排具体的教育活动，有顺序、有步骤地引导幼儿提高社会认知能力。幼儿社会认知教育活动是一项有计划的活动，幼儿对社会环境与规范的认知是一系列较复杂的心理活动过程，具有自身的特点和发展规律。因此，教师要努力组织好专门的社会认知教育活动，让幼儿有集中学习社会环境特点和社会行为规范的机会。

另外，有组织的教育活动可以使幼儿相互交流自己已经获得的经验，锻炼幼儿在集体或成人面前说话的勇气和自信心。活动中愉快情绪的相互感染，也有助于提高幼儿社会规范学习的兴趣和积极性。

4. 利用一日生活的多个环节，引导幼儿进行社会规范认知

社会规范渗透于日常生活的很多环节，教师可以抓住生活细节对幼儿进行社会认知教育。例如，幼儿对当值日生很感兴趣，知道这是很光荣的，但是对值日生究竟要做哪些事情还不太清楚，也缺乏一定的责任感。教师就可以在激发和保持幼儿良好兴趣的同时，逐步让幼儿明白值日生工作的意义，引导其由对值日从具有简单兴趣向对班级有责任感过渡。

在日常生活中进行教育时，教师需要及时反馈，以使幼儿明确什么是对、什么是错，表现为在幼儿主动运用礼貌用语，与同伴合作共享，关心帮助别人等良好行为时，教师都应及时给予肯定、表扬。例如，教师在幼儿说过"谢谢"后，可接着对幼儿说"宝宝真懂礼貌"；也可以用向幼儿点头、微笑、竖起大拇指、用手轻轻抚拍肩、为他拍拍手等肢体语言进行强化；还可建立激励机制，如在墙上布置"奖评栏"等。在日常生活中进行社会规范认知教育时，教师的榜样作用十分重要，它是幼儿社会规范教育中一条更为直观、有效的途径。

🔗 **小常识** ▶▶▶▶▶▶

一日生活及在各项活动中实施的社会教育：

1. 早晨来园的礼貌教育。如向老师和同伴问好，和家人说再见。

2. 晨间劳动。如擦桌椅、浇灌花草、给小动物喂食，培养爱劳动、做事认真的好习惯。

3. 晨间洗手。培养讲卫生、排队和节约用水的意识。

4. 值日生劳动。培养做事公正、服务他人的意识。

5. 进餐。其中包括培养幼儿爱惜粮食、文明进餐意识，使其养成不暴饮暴食、饭前洗手、饭后漱口的良好进餐习惯。

6. 如厕。培养生活自理能力。

7. 午睡。其中包括学会穿脱衣服的正确方法，保持正确的睡姿，不打扰别人休息。

教师注意事项：教师还应注意留给幼儿自己解决问题的空间和机会，敏锐捕捉幼儿在解决问题过程中的闪光点和不足，并开展适当的游戏和讨论，帮助幼儿理解正确的规则并将之内化，从而表现出合乎集体或社会要求的行为规范。

5. 将社会规范教育融入各领域教学活动中，提高幼儿社会规范认知水平

各领域教学活动也是引导幼儿进行社会规范认知的好机会。一方面，在各领域教学活动中可渗透社会认知教育的内容。例如，通过看图讲故事《两只小羊过桥》，可以教育幼儿在日常生活中要学会谦让，这虽是一个语言活动，但也蕴含了社会教育因素。另一方面，在组织各领域教学活动的过程中，要重视对幼儿社会规范行为的引导。例如，在美术活动"照哈哈镜"中，让幼儿排队照哈哈镜，可以引导幼儿懂得谦让，并习得轮流做事的行为规范。

6. 家园协调配合，提高幼儿社会规范认知教育的有效性

如果教育者的行为要求不一致，幼儿就很难形成稳定的规范行为。比如在家庭中，父母和祖辈对孩子的要求有时会不一致，这常常导致幼儿无所适从，难以养成良好的生活习惯。相应地，如果家庭教育与幼儿园教育不能共同配合、保持教育一致性，就会造成教育作用相互抵消，大大降低社会规范认知教育的效率，可能使幼儿在不同情境下做出不同的行为以迎合当时的情境，这对孩子品德的构建和人格塑造都是不利的。例如，教师要求幼儿自己的事情自己做，在园自己洗手、进餐、午睡、穿脱衣服；而幼儿回到家，父母却嫌幼儿自己洗手弄湿衣服，进餐、穿衣速度太慢而一一包办代替。又如，教师教育幼儿要友好地一起玩玩具，而家长却告诉幼儿"这是爸爸妈妈花了好多钱才买来的，你不要给小朋友玩，自己一个人在家好好玩"。为解决类似问题，幼儿园可以通过定期召开家长会、"家园联系栏"、育儿知识讲座、家访等方式与家长保持联系，及时传递信息、相互沟通，转变家长的育儿观念，提高家教质量，促使家长配合幼儿园的教育工作，在家庭中对幼儿进行良好行为规范的培养。例如，教师可向家长介绍幼儿在园内的学习情况和表现，宣传幼儿园的教育主张，讲解对幼儿进行良好行为规范教育的意义、内容和要求；请家长注意自己的教养方式，注意自己的言行，为幼儿树立良好的榜样；请家长尽量为幼儿创设温暖、快乐的家庭氛围，并注意对幼儿的做法做出正确的评价，让幼儿知道什么应该做、什么不该做，为幼儿的行为指明方向。

学习笔记

小资料　▶▶▶▶▶

美国亚利桑那州 3 岁～5 岁儿童学习标准解读(节选)①

儿童早期环境中社会学习的内容对于促进儿童对自我和他人的理解是十分重要的。社会学习能够帮助儿童获得问题解决策略、培养批判性思维能力,并有助于他们把这些技能融合起来,运用于家庭、学校和社区等其他环境中。该领域分为五个子领域,即美国历史、世界历史、公民与政府、地理学、经济学。每一子领域下的具体标准如下。

1. 美国历史

标准 1 研究技能:儿童能理解认可多种来源活动信息,用以解答生活中的问题。

指标:儿童从多种来源(他人、书籍、影视、地球仪、地图、日历等)寻求信息;儿童将过去的事件或活动联系起来;儿童使用与时间有关的(如昨天、今天、明天)词汇,儿童具有科技意识,并知道如何运用它以获得信息。

2. 世界历史

标准 1 多样性(当前世界):儿童知道他所生活的地方有许多人,实际其他地方也有人和事存在。

指标:儿童知道人们生活的地方是由来自不同文化、讲着不同语言的个体组成的;儿童讨论并提出关于其他人的相似与不同的问题;儿童讨论他/她附近或世界上其他地方发生的事;儿童描述他/她所在的社区中人们的特征(如衣服、食物、工作)。

3. 公民与政府

标准 1 权利、义务和公民的角色;儿童表现出对社会的归属感并对其做出贡献。

指标:儿童表现出负责任的行为;儿童表现出理解如何关爱环境;儿童知道作为群体的一部分他/她的角色的重要性;儿童通过投票表明抉择。

4. 地理学

标准 1 空间关系:儿童表现出对位置和空间关系的了解。

指标:儿童用语言描述方向和位置;儿童说出他/她所居住的城市、州的名称;儿童描述他/她所生活的环境中的一些物理特征(如水流、山脉、天气)。

标准 2 家庭身份(人类系统):儿童知道自己是家庭的一个成员。

指标:儿童讲自己的家庭文化或家庭传统;儿童识别出他/她的家庭组成与其他家庭的相似和不同;儿童知道家庭中成员的角色和责任。

5. 经济学

标准 1 经济学基础;儿童具有人、地区间交互作用的知识。

指标:儿童知道钱可以用来购买商品和服务;儿童知道成人通过工作挣钱买杂货等东西;儿童知道人们要依靠他人获得商品和服务,如农产品、邮递、安全或健康保障。

① 参见邵小佩,康永春. 美国亚利桑那州 3 岁～5 岁儿童学习标准解读[J]. 早期教育(教师版),2009(Z1).

(三)幼儿社会规范认知教育应注意规范的内化

幼儿的社会规范教育主要是指在教师、家长或其他成人的教化下，幼儿将社会规范内化为自己的规范，形成规则意识和良好行为规范的过程。比如，父母带孩子出门时碰到熟人，教孩子打招呼，叫"叔叔""阿姨"等。父母教孩子与熟人见面打招呼的行为即为人际交往规则教育，从刚开始的在父母教导下与人打招呼，到随着年龄的增长能主动与人打招呼，逐渐地，外在的人际交往规则内化为幼儿自身的规范意识，这就是对幼儿进行社会规范教育的过程。同时，随着时代的发展，社会规范也在不断发生变化，社会规范教育也要相应地变化。对幼儿的社会规范教育的终极目的就是使幼儿能够具有形成和内化社会规范的能力。社会规范教育绝不是让幼儿机械地记忆一些规范条文，或单纯地顺从权威人物的行为要求，而是要使规则内化到幼儿自身，其实质是把成人的行为要求纳入幼儿的认知结构体系，成为幼儿占优势的价值观念或行为习惯。幼儿的社会规范内化一般会经历以下过程。

第一，幼儿被动地顺从成人的规则要求。一方面，出于尊敬教育者的威信、权力和避免惩罚；另一方面，出于对照顾者的依恋和获得赞许、接纳的需要，幼儿会接受、服从规则，但自觉性较低，行动上虽暂时能做到，但内心的自我中心状态尚未改变。

第二，在执行过程中逐渐理解规则的意义和违反规则可能产生的后果，不断自觉调节个体愿望与遵守规则之间的矛盾，对违反规则的不良后果留下了较深印象或在行为练习中受到了良性强化。

第三，通过模仿或观察学习，儿童了解了执行规则和违反规则的不同结果，认识和情感渐趋一致，能够运用规则评价自己和他人的行为；在无人监督的情况下，也会因不能执行规则而感到不安和羞愧，继而能自觉抵制干扰和诱惑，坚持执行规则。

不同幼儿因发展水平和社会经验的不同，其规则内化的过程会有很大差异。在进行社会规范和规则教育时，应特别注意以下几点。

第一，认真研究制定符合幼儿身心发展特点和本园实际的行为规则体系。在充分分析各班现实情况的基础上，反复论证每条规则要求的合理性、必要性，引导幼儿从需要出发共同讨论和论证规则，理解规则的含义，懂得建立规则的必要性，激发幼儿主动、自觉地实施规则的积极性。

第二，规则的数量不宜过多，表述要清楚、明确，便于记忆，易于执行。随着幼儿年龄的增长和环境的变化，要不断更新要求，逐步增加规则的难度，循序渐进，经过反复实践使规则内化为不需提醒或外力监督的行为习惯。

第三，在执行规则过程中要及时讲评，指明效果与范例，经常表扬、鼓励符合规则的言行，肯定幼儿的进步和规则对集体生活的益处。由于情感的冲动性和不稳定性，且自制力和坚持性较差，幼儿容易发生认识和行为脱节的现象。当幼儿违反规则时，要先让幼儿申诉原因和想法，给予幼儿信任并指出正确的做法，不要任意训斥、辱骂、恐吓，以免伤害儿童的自尊、自信。

第四，幼儿来自不同的家庭文化背景，对规则认知的心理准备有较大差距，教师必须和家长取得教育态度上的一致。同时，教师要反省规则要求的难度和进度是否适当，要采取灵活、有效的步骤和方法，加强个别指导，从实际出发落实规则要求，避免因家园脱节而增加幼儿的心理负担。

思考与练习

简答

1. 幼儿对社会环境与规范的认知主要包括哪些？
2. 幼儿社会环境与规范认知的发展特点有哪些？
3. 幼儿社会环境与规范认知教育的实施原则有哪些？
4. 幼儿社会环境与规范认知教育的方法与途径有哪些？

单元2　幼儿社会环境与规范教育活动的设计

▶▶ 一、应选择符合幼儿年龄特征的任务与内容 >>>>>>>>

幼儿每时每刻都会接触到丰富复杂的社会环境中的各种事物，教师应当选择那些符合幼儿认识特点和发展水平的最必需、最生动、最易于幼儿接受的教育内容，有计划、有目的地开展活动。让幼儿去体验，去感受，去了解，并有针对性地提高幼儿观察、搜集、调查、讨论、操作、探究的积极性。家庭和幼儿园是幼儿最熟悉、接触最多的社会环境，其中蕴藏着丰富的教育资源。教师可以通过引导幼儿了解自己的成长过程、父母的职业与工作，来培养幼儿对父母的情感，启发他们关心父母、为父母做力所能及的事。幼儿在社会化发展的进程中，会因所处环境的变化而产生心理上的冲突与矛盾，同时也激发出新的学习需求，这使他们的学习和发展具有渐进性和阶段性的特点。教师若能准确理解并把握幼儿发展阶段的主要矛盾，按各年龄段幼儿的发展特点、接受水平及社会化的基本发展需求，制定幼儿社会认知教育的内容与任务，将有效促进幼儿社会认知的全面发展。

🔗 **拓展阅读** ▶▶▶▶▶▶

各年龄段幼儿社会行为规则教育和学习的要点[①]

小班：①熟悉并愿意遵守一日生活常规与必要的行为规则，知道其与自己行为的关系。②在成

---

① 参见廖贻. 幼儿园社会认知教育的重要性及其目标与内容[J]. 学前教育研究，2010(1).

人指导下愿意遵守集体活动的行为规则（如轮流与分享等）。③在成人帮助下辨别明显的对与错的行为。

中班：①学习待人处事的基本礼貌。②知道遵守生活常规与行为规则对自己和他人都有好处，愿意主动遵守。③对照常规与规则，能初步辨识行为的对与错。④在成人的指导下，知道自己与同伴产生某些冲突时，可以用互相约定的方式解决。⑤在成人的指导下，了解并遵守社会公德。

大班：①初步体验规则与公平。②结合具体活动，了解自己对集体负有的责任，以及自己在集体中应享有的权利。③了解自己在家庭中应承担的任务和责任，以及应享有的权利。④根据常规与规则，能初步分析行为的对与错，并讲出简单的道理。⑤有与同伴协商约定、主动解决争执的意识，承认并愿意遵守自己与同伴或他人的约定。⑥在规则、任务意识与责任、学习方式和自我管理等方面，获得向小学学习生活过渡的经验。

▶▶ 二、　活动应具有针对性，涉及的社会规则不宜过多 >>>>>>>>

社会行为规范方面的培养目标主要是让幼儿知道与他人共同生活、与社会和谐相处所必须遵守的规则与纪律，在主动运用规则、纪律来约束自己的同时，体验这些规则对自己和他人的积极意义。规范的学习与内化需要长时间的实践积累。在一次教育活动中，如果涉及的社会规范过多，容易导致幼儿难以消化甚至认知混乱，这会降低教学效率。相反，如果在一次教育活动中，仅涉及一两个简单的行为规范，将有助于幼儿获得清晰的知识经验，有效指导自己的行为，将规范内化，由他律发展为自律。可见，设计社会规范认知教育活动时，活动目标应简单易达到，以使活动更具有针对性。

▶▶ 三、　活动内容的选择应根据幼儿的兴趣和关注点 >>>>>>>>

在社会认知教育过程中，教师在选择教育主题或内容时应充分考虑本班幼儿的兴趣和关注点，选择那些对幼儿有吸引力的主题与内容。要了解本班幼儿的兴趣与关注点，首先要求教师善于观察幼儿，能够把握住幼儿的行为特点和活动细节，熟悉幼儿的心理。正如案例下所描述的，幼儿对"标志"与"规则"产生了兴趣，教师就可以抓住这个契机在环境中增加"标志"因素，更多地以标志来引导幼儿认识和遵守规则。与此同时，还可以调动家庭教育的力量，请家长引导幼儿关注日常生活中不同的标志，并向幼儿讲解标志的规则含义。在此基础上，开展"标志与规则"的相关活动，如"谈谈自己找的标志""我设计的'安静'标志"等，将能获得较好的教育效果。此外，受家长和教师潜移默化的影响，幼儿也会关注重大节日和社会突发事件，选择这些作为社会认知教育的内容，同样能引起幼儿的兴趣，提高幼儿的社会认知水平。可选择的题材包括：地震灾害、奥运会、国庆节、中秋节等。

🔗 **案例 7-1** ▶▶▶▶▶▶▶

超市变形记①

幼儿园附近新开了一家超市。新超市开业以来，在班里总会听到孩子们讨论："昨天我妈妈带我去超市买了好多水果。""我妈妈还给我买了我爱喝的酸奶。""那里面还有超级飞侠的玩具呢。""我妈妈说那里的蔬菜很新鲜。"新超市成了孩子们谈论的热点话题。于是，我计划让孩子们参观这家超市。在参观超市前，我给孩子们提出了两个问题："超市里面有什么？""超市里的工作人员都在做什么？"请孩子们带着问题去参观。

第二天，有的孩子在艺术区开始画"超市"，更多的孩子也被吸引到了绘画活动中。在画超市过程中，我发现每个孩子的关注点是不同的，他们画面上的内容也都很有自己的想法。有的孩子画的是超市里一排排整齐的货架，还有物品标签；有的孩子画了超市的工作人员，有搬运货物的叔叔，有发放宣传单的阿姨；有的孩子画的是收银台；有的孩子把超市的货物分区画了出来，有水果区、蔬菜区、玩具区、零食区、果汁区等。参观和绘画活动激发了孩子们对于超市的兴趣，他们也在其中积累了相关经验。

✎ 学习笔记

....
....
....
....
....
....

▶▶ 四、应选取正面的社会现象作为社会规范教育的案例 ＞＞＞＞＞＞＞＞＞

现实生活中既有很多诚实、勇敢、勤劳、守信、关心他人、舍己为人的好榜样，也有酗酒、赌博、打架、说粗话、欺诈、损人利己等消极丑恶现象。教师在设计活动时，应尽量选择正面的社会现象作为案例，一是避免幼儿因好奇而模仿、尝试消极现象；二是避免消极现象引起幼儿对他人与社会的过度恐惧。当幼儿因关注某些负面行为而产生困惑时，教师可以在教育活动中少量涉及社会消极现象，但应将活动目的放在通过对比帮助幼儿分辨是非，支持正确行为，反对错误行为上。

🔗 **案例评析** ▶▶▶▶▶▶▶

轻轻搬起小椅子

阳阳吃完午饭后轻轻搬起小椅子，放在教室的旁边，老师看到后说："今天阳阳做得很好，我们要向阳阳学习，轻轻地搬起小椅子，那样小椅子就不会受伤了。"

分析：这个案例主要体现了强化性原则，案例中阳阳把小椅子轻轻地放到教室旁边，教师立即表扬了阳阳这种良好行为。教师的及时肯定强化了他的行为，这为孩子们以后形成良好的行为规范起到了非常重要的促进作用。

▶▶ 五、重视参观、游览等教育方式的运用 ＞＞＞＞＞＞＞

外出活动是幼儿最喜欢的事情，参观商店、邮局、银行、消防站、交警大队、文化宫、图书馆等社会机构，可以使幼儿更为直观地认识周边的社会环境，

---

① 案例来自"京师爱幼"公众号："主动学习"课程理念下的幼儿游戏(三)——超市变形记。

了解不同职业劳动者的工作，在设计活动时，教师应重视参观、游览的作用：一是可以在活动准备环节带领幼儿进行参观或游览，以便为社会认知活动的开展做好经验准备；二是可以将参观游览作为教育活动的实施方式，即参观游览本身就是一次社会认知活动，将参观游览的过程设计为社会认知的核心环节；三是可以在活动延伸环节带领幼儿对教育活动中讨论过的社会环境进行参观游览，以加深幼儿对社会环境及相关规范的认识。

图 7-4 快乐出行

案例 7-2 ▶▶▶▶▶▶

小班社会规范认知活动：不打扰

设计意图

这是一次社会规范认知教育活动，主要目的在于引导幼儿认识到，在家中或其他场所不应影响别人做事与休息。活动中，教师通过看图讲故事《客人在家时》导入教学，并引导幼儿懂得不打扰别人谈话。然后通过多种情境，引导幼儿认识到别人在做事或休息时都不应打扰。

活动目标

1. 幼儿能够主动参与对话，积极思考教师提出的问题。

2. 幼儿知道打扰他人是不礼貌的行为，在各种场合应讲礼貌。

3. 引导幼儿树立"做有礼貌的小朋友"的行为观念。

活动准备

1. 图片：家的背景图（两个房间隔一道门）。

2. 贴绒教具：猴妈妈、小猴、兔妈妈、小兔、飞机、汽车。

3. 图片三幅：别人谈话时、妈妈休息时、爸爸工作时。

活动过程

1. 幼儿听故事《客人在家时》，教师结合教具进行讲解。

故事梗概：

一天，兔妈妈带着小兔来小猴家做客。猴妈妈嘱咐小猴要好好招待小兔玩、要友好，小猴快乐地答应了，带小兔进屋玩起了"开汽车"游戏，而猴妈妈与兔妈妈则坐在客厅谈话。不一会儿，就听见孩子们的屋子里传来"哐当""哗啦"的声音，两个妈妈谈话进行不下去了，跑进屋一看，原来是玩具汽车撞倒了屋里的花架，两个妈妈看到孩子没有吵架，还在友好地玩着，于是嘱咐它们"小心点"，然后又出去聊天了。

可是，两个妈妈刚说了一会儿话，就又被打断了，小猴带着小兔开着飞机大声吵嚷着从屋里跑了出来，边跑边在客厅高兴地转来转去。"真吵！"猴妈妈生气了，"小猴，怎么这样没礼貌？你应该带小兔好好玩！"小猴觉得很委屈，它和小兔很友好，玩得也很开心，怎么妈妈还说自己没有礼貌呢？

2. 故事理解与讨论。

(1)猴妈妈批评小猴对不对？为什么说它没礼貌？

(2)小猴为什么感到委屈？它哪儿做得对，哪儿做得不对？有礼貌的孩子该怎么做？

教师小结：客人来了，友好地招待小朋友一起玩是对的，但要讲究方式。不能只顾自己高兴，而影响了别人做事。故事中打扰别人谈话就是不礼貌的行为。

3. 出示三幅图片，说说这些情况下小朋友的做法是否礼貌，应该怎样做才算讲礼貌，为什么。

(1)出示图一：两个大人谈话时，孩子站在一旁插话。

(2)出示图二：妈妈下夜班休息时，孩子在门外玩。

(3)出示图三：爸爸伏案工作时，孩子想和他玩。

4. 教师总结。

懂礼貌的孩子应该知道什么时候可以参与，什么时候不应该打扰。希望小朋友在家、在幼儿园、在公共场所都要讲礼貌，不要随便打扰别人。

案例 7-3 ▶▶▶▶▶▶

中班社会环境认知活动：走进消防队

设计意图

生命安全教育是教育体系中不可或缺的，必须从小抓起，将孩子们带到消防队实地参观，模拟演习，孩子们受到的教育会更为深刻。在亲子活动时，消防员的精彩表演给小朋友留下了深刻的印象，小朋友非常想了解消防员叔叔的帽子、衣服及工具里的秘密。有的小朋友也很想和消防员叔叔成为好朋友，带着好奇、带着问题，教师带领幼儿走进了消防队。

活动目标

1. 引导幼儿了解消防员的工作，培养幼儿对消防员的敬意。

2. 引导幼儿了解简单的火灾防范知识，学习简单的自我保护技能。

活动准备

联系消防队，请消防队中队长做一次客座教师，并与其商量活动内容。

活动过程

(一)出发前教师说明参观的目的地，并提出注意事项

(二)消防队中队长(客座教师)主持活动

1. 客座教师带领幼儿参观消防队。

小朋友，我们的房间和你们家里的房间有什么不一样？

(消防员叔叔的房间要整洁、简单，一些生活物品要自己保管好，衣服要放在床边，有事时可以马上穿好。)

2. 客座教师向幼儿介绍消防员的衣服和帽子。

(1)介绍衣服种类。

消防员的衣服分为两种：救火的衣服为黑色，救人的衣服为红色。

(2)介绍消防车类型(边看边介绍)。

一种车是用来放消防队的救火器材及用具的，一种车是让被救出来的伤员休息的。

(3)介绍消防工具。

在电视里你们看过消防员救火吗？救火时，都会用到些什么工具？

①防火罩：是消防员叔叔在救人时，用来保护自己的。

②望远镜：可以看到很远的地方还有没有受伤的人。

③三脚架：人掉到井里，可以用三脚架把他拉上来。

④担架：用来把受伤的人转移到安全的地方。

⑤水枪：灭火用的。

3. 分析归纳引起火灾的原因。

在我们的生活中为什么会发生火灾呢？

引起火灾的原因很多。有的是因为人们用火不当或用电不当，有的是因为雷击等自然现象。为了避免火灾，我们要做到不玩火、不玩电。

4. 讨论火场逃生自救常识。

万一发生火灾该怎么办呢？

(1)一旦身受火灾威胁，千万不要惊慌失措。可匍匐逃离现场，最好用打湿的毛巾、口罩捂住口鼻。

(2)如果楼层已着火燃烧，但楼梯尚未烧断，在火势并不十分猛烈时，可披上用水浸湿的衣被，从楼上快速冲下去。

(3)如各种逃生的路线都被切断，应退回室内，关闭门窗。有条件时可向门窗上浇水，以延缓火势蔓延。

5. 幼儿模拟体验火场逃生。

幼儿在听到"着火了"的警报后，在消防员叔叔的带领下，每人拿好一条毛巾在水里浸湿，捂住口鼻，快速匍匐逃离。(根据幼儿的表现，消防员叔叔提出发现的问题和改正的方法。)

6. 了解火警电话"119"。

如果发生火灾你们会怎么做？幼儿："打电话给消防队。"消防员叔叔："那这里的电话号码你们知道吗？"幼儿："119。"

(三)小结

小朋友们很聪明，今天学习了很多消防知识，你们回家后可以把学到的知识讲给爸爸妈妈听，让他们也能懂得更多的消防知识。

思考与练习

简答：党的二十大报告指出，要坚持学思用贯通、知信行统一。这对幼儿社会教育也具有重要的指导意义。在此思想指导下，简述幼儿社会环境与规范认知教育活动的设计原则。

模块七单元 2 云测试

实践训练

1. 校内练习：依据幼儿社会认知发展的特点，按照教案范例的格式，设计一个完整的教育活动，互评并模拟教学。

2. 校外练习：去幼儿园观摩一次社会认知教学活动，并写出听课记录。

📖 学习反思

模块八
幼儿文化多样性教育与活动设计

名人名言

　　一般而言，每个人都会同意：婴儿是后天获得自己的文化的——即他恰巧在其中降生的群体所具有的文化。因此，因纽特人的婴儿并不是生而具有住雪屋的特质的，和芝加哥的婴儿也并不具有乘电梯的特质一样……如果这些婴儿交换一下摇篮，那么，我们就会看到因纽特人的孩子学会了讲英语，而芝加哥的孩子学会了讲因纽特语。

——威斯勒

学习导航

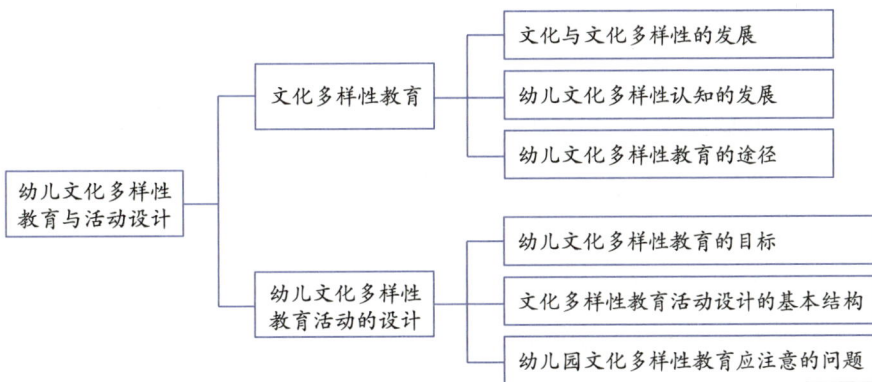

学习目标

- 了解文化内涵以及社会文化多样性的发展。
- 理解幼儿文化多样性认知的内涵及其发展规律。
- 掌握幼儿文化多样性教育的途径。
- 设计适合不同年龄阶段幼儿的文化多样性教育活动并组织实施。

单元 1 文化多样性教育

文化的产生和发展是在教育的传递过程中实现的，文化的积累促使人的认知水平不断提高，教育的作用就是使年青一代享有前人的文化，在前人的基础上向更高的水平发展。同时，特定的文化类型决定了特定的教育模式，这直接或间接地影响到幼儿对文化认同的差异，也直接或间接地影响到幼儿社会性发展的差异。

文化多样性教育旨在帮助幼儿初步了解、认同本民族文化，并使其在此基础上，从小树立包容、理解、尊重和珍惜其他民族的文化，从中吸取精华部分，以便获得参与未来社会所必需的价值观念、情感与态度、知识与技能，继而具有和平共处、维护文化平等和社会公平的粗浅意识和信念。①

▶▶ 一、文化与文化多样性的发展 >>>>>>>

（一）文化与社会文化多样性

1. 文化的内涵

文化是一个运用广泛且很难把握的特殊词汇，要给它下一个严格和精确的定义是一件非常困难的事情。不少哲学家、社会学家、人类学家、历史学家和语言学家一直努力试图从各自学科的角度来界定文化的概念。然而，至今人们对"文化"一词的含义仍然莫衷一是。我国学者韩民清所著《文化论》中指出文化定义有近 200 种，学者郑金洲在其著作《教育文化学》中指出他收集的文化定义已达 300 余种。可以说"文化"这一术语简直就是"你不说我还清楚，你越说我越糊涂"的那类概念。②

中国古代，"文"与"化"并用较早见于《易·贲卦·象传》：

分刚上而文柔，故小利有攸往，天文也。文明以止，人文也。观乎天文，以察时变。观乎人文，以化成天下。

这段话是说，治国者须观察天文，已明了时序之变化，又须观察人文，使天下之人均能遵从文明礼仪，行为止其所当止。在这里，"人文"与"化成天下"紧密联系，"以文教化"的思想十分明显。③《辞海》对文化有广义和狭义两种解释：广义上的文化是指人类社会历史实践过程中创造的物质财富和精神财富的总和；狭义上的文化是指社会的意识形态，以及与之相适应的制度和组织机构。在西方，"文化（culture）"来源于拉丁文 cultura，其词源为 colere，本义是指对植物的培植、养育，以及居住、保护、朝拜等。古希腊著名哲学家马尔库斯·图留斯·西

---

① 陈世联. 幼儿社会教育[M]. 海口：南海出版公司，2009：78-79.
② 郑金洲. 教育文化学[M]. 北京：人民教育出版社，2000：1.
③ 张岱年. 中国文化概论[M]. 北京：北京师范大学出版社，2004：1-2.

塞罗（Marcus Tullius Cicero）最早将种植活动与人的培养进行比较，他认为一块田地没有人去种植，就不能长出庄稼，而一个人如果没有得到培养，也一样无法成才。这种将栽培、种植之意引申为对人的性情的陶冶、品德的教养，与中国古代"文化"一词的"文治教化"内涵比较接近。

英国人类学家泰勒（E. B. Tylore）在《原始文化》中指出：文化或文明，从其广泛的人种史的意义上说，是包括知识、信仰、艺术、伦理、法律、风俗及一个人作为社会的一名成员所掌握的任何其他能力和习惯在内的一个复杂的整体。[①]

泰勒的定义是一条"经典性"的文化定义，影响了其后许多学者，特别是文化人类学家和民族学家。各种讨论文化定义的著作和世界主要百科全书的文化条目，谈及文化概念时，几乎无一例外地都会提到这一公认最早的专业化的文化定义。

从泰勒的这个定义来看，文化包含的内容极为广泛，社会中的任何个体和组织都有其文化。根据不同的分类标准，可将文化分为如下类别：

按文化在社会中的地位来分，有主文化和亚文化；

按文化的层次结构来分，有世界文化和民族文化；

按文化的内容来分，有物质文化和精神文化；

按文化的空间范围来分，有本土文化和外来文化、大陆文化和海洋文化。

总之，不管从何种角度来理解文化，文化都既由人类所创造，同时又影响着人类本身。

🔗 **拓展阅读** ▶▶▶▶▶▶

文化的一般特点[②]

文化是人与人、人与社会、人与环境在互动的过程中创造的一切物质与非物质形式的成果。虽然迄今为止没有一个公认的、明确的定义，但其一般性特点有如下几点。

①文化是后天的。文化是人类创造并为人类所特有的，文化既不是先天的，也不是所有生物都具有的，而是人类在长期发展过程中不断创造和发展起来的。

②文化是一种复合体。文化可以是人类社会生活中所有事项的总和，包括人类所有的语言、行为、思维、情感、意识等。

③文化具有差异性。人类社会所有的文化不都是相同的。受到种族、地域、历史等因素的影响，使用不同语言的人们的文化是有差异的，不同民族、不同地区的人们的文化是有差异的，接受不同教育的人们的文化也是有差异的，从微观上来看，甚至每个人所习得的文化都是不同的。

① 参见泰勒．原始文化[M]．蔡江浓，编译．杭州：浙江人民出版社，1988．
② 参见赵海燕．学前教育民俗文化课程研究[D]．重庆：西南大学，2012．

④文化具有动态性、适应性。文化不是静止的，而是随着人类社会的进步在不断发展变化。同时，不同的文化之间也会相互适应、融合甚至创新，从而产生出新的文化形态。

⑤文化是非私有物，是可以分享的，它并不会随着人们的分享而减少。文化并非私人物件，而是世界性的。在人类发展过程中，一方面是一种文化与另一种或几种文化的分享，如中华文化便是在与周边民族文化的不断碰撞、排斥、吸收、融合中发展和创新而来的；另一方面是人们生产生活中的文化分享，如古代的"胡服骑射"，现代人们使用欧美家居、服装、建筑风格等。文化的分享不会使文化削弱或是减少，反而会在增进文化传承的过程中使文化得到不断发展和创新。

2. 社会文化多样性

文化多样性问题是近现代才出现的社会问题，随着社会的发展，在当代世界和社会的发展中表现得尤为突出。这一问题的提出，在理论上主要得益于区域文化和民族文化的界定和划分，这是文化多样性形成的一个根本性前提条件。在人类文明和文化发展的初期，任何一个社会、群体都处在没有联系的状态中，各自的文化间没有比较、交流和碰撞，因而也就没有经过文化冲突后对彼此文化的深刻认识。随着社会和人类文明的不断发展，文化在不同群体的人与人的交往中逐渐打破了地域的界限，产生了联系和交流；进而人们在比较彼此的文化后，开始把分属于不同地域的文化以地域的方式命名，从而出现了欧洲文化、北美文化、中国文化、印度文化、日本文化以及非洲一些部落文化等。这些区域文化的命名，为文化多样性的出现奠定了基础。① 随着社会的发展，不同民族、文化间的交流、融合日益增强，文化多样性的问题越来越突出。这使得当今社会已成为一个承认和肯定文化多样性的社会。那么，何谓文化多样性？在2001年《世界文化多样性宣言》中，对文化多样性是这样表述的：

文化在不同的时代和不同的地方具有各种不同的表现形式。这种多样性的具体表现是构成人类的各群体和各社会的特性所具有的独特性和多样化。文化多样性是交流、革新和创作的源泉，对人类来讲就像生物多样性对维持生物平衡那样必不可少，从这个意义上讲，文化多样性是人类的共同遗产，应当从当代人和子孙后代的利益考虑予以承认和肯定。

今天的中国和许多国家、尤其是多民族国家一样，面临着一个重要的挑战，那就是如何在不同的文化和传统之间营造兼容并蓄的文化多样性的社会。

📝 学习笔记

----

① 参见牟岱发表在《社会科学辑刊》的论文(1996年第6期)。

拓展阅读 ▶▶▶▶▶▶

构建文化多样性的社会①

文化多样性在当今世界上不是一个愿景而是一个现实。文化多样性已经成为当今国际社会面临的普遍问题，全球超过 200 个国家里有 6000 种语言和超过 5000 个族群。文化多样性在大都市人口构成上体现得相当充分，加拿大多伦多有 44% 的人口出生于国外。大量移民流动，尤其是人口向富裕国家的涌入极大地增强了特定地区的文化多样性。在文化自觉和文化觉醒的大潮流中，越来越多的人群希望和要求他们的文化得到认可和尊重。这种文化诉求在发展中国家和发达国家都呈现为一浪高过一浪的态势。中国也是文化多样性十分鲜明的国家，拥有 56 个民族，他们讲着 130 多种语言，这些语言分别属于几个大的语系。他们操持着不同的生活方式，具有不同的文化传统，从民居、服饰、口头传统和深层文化心理特征等方面，就可以看到他们彼此之间的文化差异。

在应对文化多样性的局面时，历史上的国家和今天的国家通常会采取两种做法，也相应地产生了两种结果。

一是同化：试图建构单一的居于统治地位的文化身份或文化认同，这将会损害文化自主权，并导致紧张的局面。而且从长远来考察代价巨大，后患不绝。在今天，这种做法已经不能适应日益完善的民主政治以及广泛的国际交流和经济全球化的趋势。

二是多元化：尊重和认可多元化，这必定对推进社会公正，尊重文化权力具有积极意义。这种做法既行之有效，又会推动人类的可持续发展。

思考文化多样性和文化遗产的问题时，应当注意以下几点。

第一，强调文化是人类所共享的，不特别强调文化的"原产地"和"本真性"特征。这在非物质文化遗产的保护热潮中，体现得尤为明显。

第二，考察"文化多样性"在不同国家中的有效性和适用性。因为不同国家在政治制度、文化传统、国民构成等方面差异较大，所以在推行多元文化政策时，所采取的措施也不尽相同。应注意把学理性的思考与实践相结合，总结各地区、各人群的经验，从中提炼智慧。在探寻文化多样性道路的过程中，不应追求统一的"范式"或"样板"。

第三，讲差异性也讲统一性。差异可能是由不同的时代背景和民族文化传统造成的，也可能是生态环境造成的。人类作为一个物种具有基本的统一性特征，所以追求文化多样性时，讲同也讲异才符合辩证法。

(二)文化多样性下的幼儿社会教育

当今世界，任何一个民族都不可能单纯地生活在自己的民族文化中，而是生活在世界文化多样性的背景之下。经济全球化拓宽了人们的视野和活动范围，国家之间的交流互动越来越频繁，社会文化日益多样化。要使幼儿在这样的环境中

---

① 资料来源：中国民俗学网。

成长为具有责任感的公民，能够成功而又幸福地生活，我们的学前教育就应该主动应对多样的文化环境和文化价值选择，为幼儿打下理解和接纳文化多样性的基础。而建立这个基础的最佳途径，就是在幼儿园开展文化多样性教育活动。[①] 对儿童进行文化多样性和跨文化教育，可以让他们学会尊重、理解和重视其他民族的文化和习惯，同时强化和保持自己民族的文化特征，以适应社会文化多样性的需要。

文化多样性对儿童社会化具有导向和调控作用。因此，在幼儿社会教育内容的选择上，应在立足民族的基础上放眼世界，适当把其他国家和民族的文化纳入幼儿社会教育内容中。不同的民族文化具有不同的特征和价值观，可以为幼儿提供尽可能多的文化资源，能够使他们加深对文化多样性的了解，从而更好地把握本民族文化的特点，并形成对文化的选择能力和跨文化的交流能力。

拓展阅读 ▶▶▶▶▶▶

文化多样性教育的价值[②]

对学前儿童进行文化多样性教育，其价值主要体现在以下几个方面。

1. 有利于发展儿童的外语能力。语言是文化的载体，日本、韩国、新加坡等国都认为要在 21 世纪的竞争中处于不败之地，不仅要帮助儿童掌握母语，而且还要鼓励儿童学习英语、芬兰语、汉语或其他外语；对儿童进行文化多样性的熏陶，能增加儿童学习外语的机会，提高儿童运用外语的能力。

2. 有助于加深儿童对民族文化的认识和情感。文化多样性教育能使儿童对本国的生活方式、文学艺术、文化传统具有深刻的印象，为自己的语言、文化、社会背景感到骄傲和自豪。这已为许多亚洲国家的教育实践所证明。

3. 有益于培养儿童了解他人的能力。国际 21 世纪教育委员会认为，文化多样性教育能使儿童有更多的机会触及人类各群体、各民族、各大洲的文化，"通过对世界的进一步的认识来了解自己和了解他人"。

4. 有利于提高儿童尊重别人的能力。欧洲国家的教育实践表明，儿童在接触不同文化的过程中，其敏感性、接受力会逐步增强，并意识到每一个人都是平等的，学会尊重、包容与自己文化不同的人。

5. 有助于儿童身心的健康成长。联合国教科文组织指出，在文化多样性教育的过程中，教师会"适当考虑到每一民族的传统及文化价值对儿童的保护及和谐发展的重要性"，通过让儿童"广泛地接触文化与教育来促使个人的全面发展"。

---

① 张明红. 学前儿童社会教育[M]. 上海：华东师范大学出版社，2008.
② 参见李生兰发表在《早期教育》的论文(2003 年第 6 期)。

第 44 届联合国大会通过的《儿童权利公约》的第 29 条指出，对儿童进行教育的目的应是："培养对儿童的父母、儿童自身的文化认同、语言和价值观、儿童所居住国家的民族价值观、其原籍国以及不同于其本国的文明的尊重；培养儿童本着各国人民、族裔、民族和宗教群体以及原为土著居民的人之间谅解、和平、宽容、男女平等和友好的精神，在自由社会里过有责任感的生活。"

党的二十大报告指出，全面建设社会主义现代化国家，必须坚持中国特色社会主义文化发展道路，增强文化自信，围绕举旗帜、聚民心、育新人、兴文化、展形象建设社会主义文化强国，发展面向现代化、面向世界、面向未来的，民族的科学的大众的社会主义文化，激发全民族文化创新创造活力，增强实现中华民族伟大复兴的精神力量。

▶▶ 二、 幼儿文化多样性认知的发展 >>>>>>>>

文化认知的发展，有赖于通过多次反复的视觉、听觉、触觉的刺激形成短时记忆（Short-Term Memory）和长时记忆（Long-Term Memory），再由表象系统的建构形成概念，最终在情感体验和心灵濡化的过程中，形成价值观。特定的民族成员在对本民族文化进行感知、注意、记忆、信息加工的过程中，形成对本民族文化的基本概念和认识，通过实现文化自觉，确立文化自信。[1]

现代文化心理学认为：儿童诞生在其中的具体习惯决定着儿童将从事的社会互动的类型，决定着儿童将要得到的东西，决定着儿童遇到什么样的学习经验和机会，也决定儿童从他们周围的人们的生活方式中得出什么样的推论。

个体一出生，就处于特定的文化情境之中，所受的教养方式传递着特定的文化价值、观念和行为。从儿童期的特点来看，家庭是幼儿文化认知获得的最重要的文化场。幼儿不仅从这里获得基本的物质需要，也从这里获得对外界的初步认识和理解。因而，家庭是幼儿文化多样性认知发展的第一源头。当幼儿学会走路，他的活动范围即从家庭迈向了社区，参与社区的文化活动，如节日庆典等。但这时幼儿是作为边缘人、旁观者的身份参加的，他对文化的感受与理解，更多的是通过模仿和熏陶而获得的。当幼儿长到一定年龄后，便进入托幼机构等专门的教育场所学习。这时，幼儿的身份与以前不同了，他是作为学习的主体参与到托幼机构的各项活动中去的，机构则通过引导、灌输、规约等手段帮助幼儿获得相应的文化认知。[2]

《幼儿园教育指导纲要（试行）》指出，要充分利用社会资源，引导幼儿实际感受祖国文化的丰富与优秀，感受家乡的变化和发展，激发幼儿爱家乡、爱祖国的情感；适当向幼儿介绍我国各民族和世界其他国家、民族的文化，使其感知人类文化的多样性和差异性，培养理解、尊重、平等的态度。

---

[1]　杨丽萍. 从文化认知、文化自信到民族认同的转化与整合：壮族认同教育新论[J]. 湖南师范大学教育科学学报，2012(6).
[2]　孙杰远. 浅谈儿童的文化习性及其获得[J]. 学前教育研究，2007(2).

🔗 **拓展阅读** ▶▶▶▶▶▶

学前儿童文化多样性认知目标[1]

小班：

①知道我国的重要节日，如春节、中秋节等，并熟悉基本的风俗习惯。②认识并尊重我国的国旗、国徽、国歌、首都、领袖。③初步了解我国的重要节日与风俗习惯。④简单了解我国部分少数民族的基本知识。⑤知道其他国家的一些基本常识。

中班：

①认识我国传统的重要节日与风俗习惯，并能够清晰地讲述相关的文化故事。②认识并尊重国旗、国徽、国歌、首都、领袖，能通过合理的方式展现自己对国家的感情。③认识中外历史上某些杰出人物，知道他们的故事及重要贡献，通过合理的方式表达对他们的尊敬之情。④认识几个不同地域的代表性建筑以及当地的风俗民情。⑤对较为感兴趣的世界文化能够进行深入的探索研究，养成探究的精神。

大班：

①认识我国与世界各国的某些重要节日，理解其他国家的风俗习惯。②熟悉代表一个国家主权的标志物，并对自己较为感兴趣的国家的文化进行探索。③能够较为主动地认识国内外杰出人物，能够较为确切地讲述他们的重要贡献，并能做到以他们为榜样。④区分各级地方政府和中央政府，知道各级领导者的称谓。⑤关注自己感兴趣的新闻和话题，能够辨认、描述有助于群体内和国家内、群体间和国家间进行合作的因素，以及易引起争端的因素。

📝 **学习笔记**

▶▶ 三、 幼儿文化多样性教育的途径 ＞＞＞＞＞＞＞＞

如何使各种文化多样性教育资源转化为适合幼儿感知体验、尝试探索的活动内容，是实现幼儿园文化多样性教育目标的关键。

(一)将文化多样性教育内容主题适时融入五大领域教学

把文化多样性的教育内容适时融入语言、艺术、健康、社会和科学五大领域，让幼儿以主题的形式进行学习，学会分享共同的文化，理解和尊重不同的文化。

(二)通过民间游戏开展文化多样性教育

民间游戏具有浓烈的生活气息，人们通常将日常生活中的劳动情节、尊老爱幼的良好品质、地方风俗习惯等融入民间游戏之中，因此民间游戏、地方童谣是幼儿园开展立足本土文化的文化多样性教育应当考虑和选择的内容。[2] 把民间游戏作为民族文化中独特的文化遗产来加以研究，把民间游戏、童谣等作为幼儿园文化多样性教育内容之一，以丰富和补充幼儿园文化多样性教育的内容和形式。

---

① 参见袁爱玲，王娟．我国幼儿社会领域教育目标体系的构建[J]．保定学院学报，2008(3)．

② 参见马春玉发表在《学前教育研究》的论文(2007年第6期)。

它既可以作为一种娱乐游戏，又可以作为文化多样性内容的延伸。同时，能让幼儿在轻松、自由的环境中接触、了解地方文化，让他们玩在其中，学在其中，乐在其中。

民间游戏是我国广大劳动人民在日常的劳动中创造出来的具有一定文化价值且在民间广为流传的游戏。民间游戏对材料、环境的要求较为简单，幼儿容易把握。广为流传的游戏有：跳绳、丢沙包、老鹰捉小鸡、踢毽子、滚铁环、跳皮筋、打陀螺、踩高跷、炒黄豆、丢手绢、跳竹竿等。民间游戏能够锻炼幼儿的身体，强健体魄；因其对材料的要求简单，所以能为幼儿园节省费用；同时它不要求有固定的场地，可以随时随地开展；最后，民间游戏的操作难度具有层次性、递进性，较小的幼儿同样能够进行。[①]

（三）在环境中渗透文化多样性教育

《全球幼儿教育大纲——21世纪国际幼儿教育研讨会文件》指出："应为不同种族、性别、民族或有特殊需要的儿童提供多样的学习环境，这个环境应反映当地儿童及家庭的文化背景和传统。"

在幼儿园开展主题活动时，可以创设与主题相关的物质环境，如中国京剧脸谱、国画、中英文问候语；在班级走廊里悬挂各国的国旗；玩具柜上摆放上地球仪，图片角、语言区存放不同文字版本的图书、杂志和音像资料；在表演区摆放各种不同风格的服饰、头饰，在音乐区放置东西方的乐器及录音带等；走廊楼梯上可以粘贴图文并茂、中英文互译的文字卡片，以便随时培养幼儿表达的积极性。通过这些生动的材料，向幼儿展示各国不同的文化特色，激发幼儿浓厚的学习兴趣。

图 8-1　图们市阳光幼儿园
开展传统文化教育活动

（四）利用特色节日开展文化多样性教育

各种重要节日、纪念日都是宝贵的教育资源，幼儿园可以借相应的节日气氛开展文化多样性教育。

第一，利用民族传统节日，帮助幼儿理解自己的民族传统文化。中国传统节日有着很强的民族文化色彩，可以围绕春节、端午节、重阳节、中秋节等开展主题活动。中国是一个统一的多民族国家，很多民族都有自己的传统节日，如傣族的泼水节、汉族的元宵节等，各民族人民在节日庆祝中用自身独特的方式表达情感。在活动中引导幼儿多层面、多角度地了解各民族文化。[②]

第二，利用国际性节日，丰富文化多样性教育的内涵。例如，联合国日、五一国际劳动节、六一国际儿童节、世界旅游节等，引导幼儿了解不同国家的风土

[①]　参见何菲发表在《教育教学研究》的论文（2009 年第 4 期）。

[②]　简娜．幼教阶段培养儿童对民族文化的认知感[J]．青年文学家，2012(24)：102-103.

人情，启发幼儿以理解、尊重、平等的态度看待身边的人、事、物。

（五）在一日活动中渗透文化多样性教育

在幼儿的一日生活中，时时处处都蕴藏着文化多样性学习的契机，日常生活能有效地帮助幼儿理解、欣赏不同的文化。例如，入园、离园时，家长和孩子道别、相见时，所使用的语言和行为就有所不同，其中就蕴含着文化因素；在餐饮活动中可以引导幼儿通过使用不同国家的饮具、餐具，制作和品尝不同国家的食物，学会尊重不同饮食传统所代表的文化。

（六）结合地方资源开展文化多样性课程

我国地大物博，东西南北各地都有自己的特色食品、风景名胜、风俗习惯、地方节日等。如云南的幼儿园可以结合当地的特色小吃开展饮食文化的多元文化课程，让幼儿动手制作、品尝风味小吃等；沿海一带则可以利用海边的优势，对幼儿进行海洋知识和渔业文化的教育等。另外，各地幼儿园要注重就地取材，农村地区的幼儿园就可以利用丰富的自然资源开展文化多样性课程。[1]

总之，幼儿园文化多样性教育主题的构建和内容选择，不仅要考虑幼儿的年龄特点、文化水平，而且还要尊重幼儿的个体差异、家庭背景和社会文化。更重要的是要将具有不同文化价值的内容整合起来，要将文化多样性教育的主要内容与民间游戏活动结合起来，力求使幼儿园文化多样性教育内容向科学化、生活化和主题化方向发展。

图 8-2　北京的小吃
（庞各庄镇中心幼儿园提供）

拓展阅读 ▶▶▶▶▶▶

文化多样性教育的途径[2]

一、环境渗透

文化多样性教育需要"创造一个尊重与重视差异的学校氛围"。为此，许多国家的学前教育机构在营造环境时，都注意从教育对象出发，将文化多样性的教育因子融入其中。比如，在美国、日本、澳大利亚访问期间，笔者就发现，他们的幼儿园都贴着本国地图、世界地图，放着地球仪，插着国旗；班级的表演区都摆放着不同肤色的玩具娃娃，悬挂着和服、旗袍、西装；操作区都陈列着本国、外国版图的拼摆材料；图书区都放置着不同语言形式的图书和磁带。

不同的材料和设备对儿童文化多样性的熏陶有着不同的影响。为此，有的国家十分重视材料和设备的选择，加强材料之间的联结，从而全面反映社会中的不同文化。例如，美国学前教育学者认为，好的文化多样性材料应是没有任何偏见、歧视和误导的，他提出教师所选择的材料要能反映：

---

① 参见何菲发表在《教育教学研究》的论文（2009 年第 4 期）。
② 参见李生兰发表在《早期教育》的论文（2003 年第 10 期），有删改。

①各种性别角色、种族和文化背景。②各种职业。③各种年龄。④各种能力(包括来自不同背景的有特殊需要的人)。⑤各种时间(过去与现在)和空间(当地、国家及世界)。有的国家还提出要观察、评价儿童对材料和设备的使用情况，以提高文化多样性教育的实效性。比如，澳大利亚学前教育学者认为，要提高文化多样性教育的实效性，可考虑从以下几个方面的问题着手：①儿童什么时候运用文化多样性材料？是玩游戏的时候，还是进行音乐活动或是烹调活动的时候？②儿童对哪些文化多样性材料感兴趣？③文化多样性材料对儿童产生了什么样的影响？是否增强了儿童的自尊心和对文化的辨识力？是否发展了儿童认识别人、尊重别人的能力？④文化多样性材料是否改变了儿童的行为？儿童是否能倾听别人？是否能提出关于其他文化的问题？是否想唱其他文化的歌曲？是否愿意同别人分享？

二、活动多样

众多国家在对儿童进行文化多样性教育的时候，通常采用一日活动与专门的节日庆贺活动、食物制作活动、艺术欣赏活动相结合的策略。

1. 一日活动。美国学者认为在幼儿的一日生活中，时时处处都蕴藏着文化多样性学习的契机；澳大利亚学者认为文化多样性教育应该且能够被组合进儿童每天的生活之中，日常生活能有效地帮助儿童理解、欣赏不同的文化；挪威儿童每天主要是在游戏中度过的，教师注意寓挪威文化和传统教育于各种游戏活动之中；比利时幼儿园每天上午为儿童安排 70 分钟的传统活动时间，下午为儿童安排 15 分钟的民间舞蹈活动时间；在泰国幼儿园，儿童每天上午有半小时的时间学习文化和认识周围环境。

2. 节日活动。各种重要节日、纪念日都是宝贵的文化多样性教育资源，幼儿园应适时加以利用。美国认为"节假日是儿童分享不同风俗习惯的好时机"，因而注意从儿童的需要、兴趣、能力、经验和家庭文化背景出发，不仅以圣诞节、复活节、万圣节、感恩节、情人节等为主题开展综合活动，还以犹太新年、中国春节、加拿大感恩节等为主题，开展庆祝活动，使儿童有机会习得不同文化的新信息，养成对文化多样性的积极态度。澳大利亚认为不同的国家有不同的节日，只要精心选择和利用，都能为形成儿童的文化多样性意识服务。因此，幼儿园不仅要围绕着本国的节日开展活动，也要适时引进国外的一些节日(如中国春节、越南新年、越南儿童节、日本儿童节、土耳其儿童节、英国女王生日、荷兰女王生日等)开展活动，使儿童在欢快的气氛中意识到不同人拥有不同的文化，能够在不同的时间以不同的方式庆贺各种各样的节日。

3. 餐饮活动。不同的文化有不同的饮食结构和餐饮习惯，儿童通过使用不同国家的炊具、餐具，制作、品尝不同国家的食物，能够学会尊重这种饮食传统所代表的文化。澳大利亚认为开展烹调活动，能使儿童受到不同文化的熏陶：在准备食物的过程中，儿童有机会了解食物的来源(如鱼、虾产于临海地区，饺子源于中国)，接触用不同的语言形式书写的食谱，了解不同食物的加工过程和步骤。美国认为文化多样性教育应尽可能多地以儿童的亲身体验为基础，让儿童与真实的人和物打交道。我国儿童通过制作水果沙拉，品尝西方的特色食物等，对西方的饮食文化也有了初步的了解。

4. 艺术活动。"通过分析一种文化的艺术，我们也可以领略塑造此艺术的文化"，帮助儿童了解文化的共性和差异。俄罗斯注意为儿童选择不同民族或地方的作家、诗人、音乐家、画家的作品，不同民族或地方的民间创作和民间工艺精品，通过音乐活动、美工活动、戏剧活动、建筑活动等形式，引导儿童理解艺术，认识文化多样性。加拿大重视指导儿童搜集相片、海报、图片、故事、传说、歌曲、舞蹈、木偶、磁带、录像带等视听材料，开展"文化侦探"活动，使儿童学会从艺术的视角审视不同的文化。美国注重为儿童提供听、唱不同国家的儿童歌曲，看、跳不同国家儿童的舞蹈，穿戴不同国家的衣饰鞋帽进行表演，观看不同国家照片、图片、绘画、雕塑等机会，使儿童在欣赏他国艺术作品的过程中，学会尊重他人的文化传统。

三、资源利用

教育资源既有物质方面的也有人力方面的，能够用于文化多样性教育的人力资源包括保教人员、父母和社区人士，合理而"有效地利用人力资源，需要彼此合作"，共同负责。

1. 走出去，参观游玩。社区中储藏着丰富的文化多样性教育资源，只要合理挖掘，就能增加儿童的信息量，拓宽儿童学习的空间，提高教育的效果。为此，世界各国都较重视组织儿童到各种社会场所进行参观、游览和活动。例如，英国幼儿园经常组织儿童到博物馆去参观，让儿童更直观地了解东西方文化的异同。为了充分发挥社会资源在培养儿童文化意识中的功效，有的国家还制定了优惠政策，如加拿大儿童到博物馆、生物馆、电影院、公园、动物园和其他公共场所均可免费或减收费用；有的国家还对教师带领儿童外出活动的频率和次数做出了具体的规定，如挪威要求教师每周带儿童外出活动 2 次，参观博物馆、美术馆或到公园等地去游玩；有的国家还注意调动家长的积极性，鼓励家长主动参与，如美国要求家长做志愿者，和教师一起领着儿童到地方图书馆、博物馆、科学馆、美术馆去参观，或到社区中心、商业区、公园、动物园去游玩，让儿童对世界文化有更多更深的了解。

2. 请进来，分享体验。家长、社区人士都是教师对儿童进行文化多样性教育的重要合作伙伴，幼儿园应适时把他们请进幼儿园，和儿童一起活动，让儿童分享他们的经历和体验。美国幼儿园经常邀请从事不同职业的人士，来园给儿童讲解自己的工作；鼓励拥有不同文化背景的家长来园给儿童讲故事，和儿童一起唱歌、装饰、绘画、制作；建议到国外旅行过的家长，来园让儿童观赏他们拍摄的其他国家的风情照。

文化多样性教育的实施，既有赖于幼儿园环境的创设和各种活动的开展，也有赖于幼儿园与家庭、社区的紧密合作。为了提高我国幼儿园文化多样性教育的质量，我们应学习国外成功的教育经验，重视对文化多样性教育素材和手段的研究，真正探索出一条适合我国幼儿园文化多样性教育的新途径。

思考与练习

简答

1. 我国的传统节日有哪些？（请举出不少于五个。）

2. 幼儿文化多样性教育的途径有哪些？

模块八单元1云测试

单元 2　幼儿文化多样性教育活动的设计

▶▶ 一、　幼儿文化多样性教育的目标 ＞＞＞＞＞＞＞＞

我国学者何菲认为幼儿文化多样性教育的主要目标是要让幼儿能正确看待本民族的文化，在此基础上尊重、欣赏、理解其他文化。尊重、欣赏、理解其他国家和民族的文化也是一样的，应从对我国其他少数民族的理解、欣赏、尊重扩大到对世界其他国家民族文化的理解、欣赏与尊重。对于汉族的幼儿来说，本民族的文化即汉文化，幼儿文化多样性教育应使汉族幼儿认识到汉文化的优秀与丰富，产生热爱之情，但不应使其形成一种优越感而排斥或看不起少数民族的优秀文化。同时也应使汉族幼儿对于我国优秀的少数民族文化有一定的了解，学会欣赏与理解少数民族的幼儿，同样热爱少数民族文化，与少数民族幼儿友好相处，相互学习，共同进步。对于少数民族的幼儿来说，能正确看待本民族的文化这一点比汉族幼儿更为重要，若引导不好就会阻碍其心理的健康成长，不利于民族认同感与归属感的形成，从而影响文化的传承。

张明红指出幼儿文化多样性教育的目标应包括：

第一，初步感受具有代表性的社区文化；

第二，了解祖国传统的民俗节日、人文景观、少数民族和文化精品等，对祖国的传统文化感兴趣；

第三，初步感受世界著名的人文景观及优秀的艺术作品，对世界文化感兴趣；

第四，了解世界是由许多国家和民族组成的，萌发热爱和平的情感；

第五，愿意接触或了解不同国家、不同种族的人，感受他们的风俗习惯。

《指南》在社会适应的子目标3中强调幼儿要具有初步的归属感，各年龄段幼儿应做到以下几点。

小班幼儿要认识国旗，知道国歌。

中班幼儿要知道自己是中国人；奏国歌、升国旗时能自动站好。

大班幼儿知道自己的民族，知道中国是一个多民族的大家庭，各民族之间要互相尊重，团结友爱；知道国家的一些重大成就，爱祖国，为自己是中国人感到自豪。

拓展阅读 ▶▶▶▶▶

文化多样性教育的基本理念①

文化多样性教育的理论核心是文化多样和教育公平理论，旨在保证所有人不论其性别、种族、民族、宗教、语言、社会经济地位和所属社会群体的差别都能具有接受公平教育的机会。20世纪80年代初，美国学者高尼克综合众多学者的观点，提出了文化多样性教育的五大目标：促进文化多样性的特性与价值；促进人权观念和尊重个体之间的社会公平与机会均等；促进每个人都有不同生活选择的机会；促进全人类的社会正义和所有人的机会平等；促进不同种族间权力分配的均等。

概言之，文化多样性教育的基本理念主要包括：正视文化差异，尊重文化多样性，即透过教育的途径，使学生理解和欣赏不同群体的文化特质及文化内涵，进而培养尊重、理解和欣赏不同文化群体的积极态度；追求教育权利和机会平等，即无论性别、年龄、种族、语言、宗教、阶层等不同背景的学生，都应享有平等的教育机会。

1. 正视文化差异，尊重文化多样性

社会由不同民族、不同群体所组成，社会成分的多样性决定了文化的多样性。

每个民族都有自己的文化传统、独特的心理特征和民风民俗，这便构成了人类文化的多样性，而且这种多样性必然会持续存在和发展下去。

文化之间的相互承认和尊重是文化多样性教育理论的基础。

文化的差异性是人类文化发展的重要源泉，没有差异，没有文化的多样发展，就不可能出现今天多姿多彩的人类文化。文化多样性教育正视文化差异的现实，坚持世界不同的团体都拥有基本的权利，不同阶层、不同文化的人都应被接受，被理解，它尊重每一种文化的价值，更积极强调文化的主体性、相对性与互补性，主张学校教育应当依据正义与公平，促使不同种族、阶层、性别、宗教的学生能平等地接受教育，能发挥所长，相互欣赏、包容、学习并丰富彼此。美国学者提德特（Tiedt）等人指出，文化多样性教育的整体目的是世界和谐，使我们能够和不同的人共存于世界中。学校必须补充学生的文化经验，提高学生的文化素养，由认识自己的文化开始，激发强烈的价值感和自尊心，进而理解和尊重其他文化，并将这份理解延伸至其他的国家。

1992年，联合国教科文组织在《教育对文化发展的贡献》的报告中提出，文化多样性教育是面向全体学生和公民而设计的，促进对文化多样性的尊重、相互理解和丰富多彩的教育。文化多样性教育包括了为全体学习者所设计的计划、课程或活动，而这些计划、课程或活动，在教育环境中能促进对文化多样性的尊重，增强对不同团体文化的理解。这种教育也能促进学生的文化融入和学业成功，增进国际理解。其目的应是从理解本民族文化发展到鉴赏相邻民族的文化，并最终发展到鉴赏世界性文化。1994年，第44届国际教育大会提出了"为相互理解和宽容而教育"和建设"和平文化"的思想，在《行动纲领》中指出：教育必须发展承认并接受存在于各种个人、男女、民族和文化之中的价值观的能力，并发展同他人进行交流、分享和合作的能力。生活在文化多样性社会和文化多样性世界的公民，应能承认他们对形势和问题的解释根植于他们个人的生活、他们社会的历史以及他们的文化传统；其结果是，没有一个人或群体掌握了解决问题的唯一答案，而且问题或许都有不止一种解决方式。这标志着文化多样性的教育价值观在全球范围的确立。

文化多样性教育强调认识和理解各群体不同的文化背景，即透过教育的途径，使学生理解和欣

---

① 参见吕耀中发表在《世界教育信息》的论文（2011年第10期）。

赏不同群体的文化特质及文化内涵，进而培养尊重、理解和欣赏不同文化群体的积极态度。

正如联合国教科文组织在其经典之作《教育——财富蕴藏其中》指出："教育应当促进每个人的全面发展，即身心、智力、敏感性、审美意识、个人责任感、精神价值等方面的发展；应该使每个人尤其借助于青年时代所受的教育，能够形成一种独立自主、富有批判精神的思想意识，以及培养自己的判断能力，以便由他自己确定在人生的各种不同的情况下他认为该做的事情。"

文化多样性教育的目的是培养学习者在面对不同文化时的抉择能力、批判能力和反思能力，这充分体现了文化多样性教育理论的内涵。

社会中每一种族群都有其文化特色和独特的生活习惯，彼此之间唯有相互尊重、欣赏与接纳，才能使各种不同文化的精髓传承下来。在一个多民族、多文化的国家里，任何一个民族的文化都有其存在的合法性和发展的平等性，应当受到相同的尊重，教育应该而且必须是多样的。文化多样性教育的目的就是通过给学生提供文化选择的权利和机会，培养学生的平等意识和跨文化适应能力。

2. 追求教育权利和机会平等

教育是所有人都享有的平等权利，这是世界人民普遍认可与接受的观点。早在 1945 年《联合国宪章》就重申了基本人权、人格尊严与价值平等观念。与其他人权一样，明确将教育平等作为基本人权的是 1948 年发布的《世界人权宣言》。宣言指出，"教育的目的在于发展人的个性并加强对人权和基本自由的尊重"，由此确立了人人平等原则并将教育确立为一项基本人权，为教育平等权的确立提供了国际法依据。文化多样性教育旨在促进机会平等，即无论性别、年龄、种族、语言、宗教等不同背景的学生，都应享有平等的教育机会。1989 年，联合国大会通过了《儿童权利公约》。该公约第 29 条申明：教育儿童的目的应是最充分地发展儿童的个性、才智和身心能力；培养对人权和基本自由以及《联合国宪章》所载各项原则的尊重；培养对儿童的父母、儿童自身的文化认同、语言和价值观、儿童所居住国家的民族价值观、其原籍国以及不同于其本国的文明的尊重；培养对自然环境的尊重。1990 年联合国召开的世界全民教育大会也重申了教育是所有人的基本权利，全世界所有的人，无论性别与年龄，都享有接受教育的权利与机会。2000 年《达喀尔行动纲领》重申了按《世界人权宣言》和《儿童权利公约》的精神制定的《世界全民教育宣言》的目标，即所有的儿童、青年和成人均享有接受教育的人权，这种教育应能真正地和充分地满足他们的基本学习需求，并应包括学会认知、学会做事、学会共处和学会做人。这种教育的目的是开发每个人的才智和潜力，发展学习者的个性，使他们能够改善生活和改造社会。

文化多样性教育在一定意义上就是从人权出发，认为无论其民族和性别如何，接受教育是每个人普遍享有的权利。它追求全社会的教育权利和机会平等，促进人们对不同文化的理解。

文化多样性教育是教育公平理念的映射，也是推动教育公平实现的重要力量。文化多样性教育与教育民主化思潮相伴而生、相互促进，促使教育不断向现代化发展。其价值取向主要包括：①人的人格尊严平等，人的法律地位、受教育机会均等，不应以性别、种族、宗教、社会及经济地位、个性特征的差异而受到偏袒或忽视。②保证每一个人都有平等的选择机会，接受符合其能力发展的教育。③创建一种每个人都有同等参与机会的民主化教育，即学习社会化的民主教育，同时，保证每个受教育者有同等的机会参与学校管理和教育、教学活动，实现师生平等、管理者与被管理者的人格平等，学校由国家的选拔机构变为社会的机构。④保证每一个受教育者都享有平等性和公平性，即发展权利的平等和发展机遇的公平。这些取向也使教育不断地适应文化的社会的要求。

学习笔记

▶▶ 二、 文化多样性教育活动设计的基本结构 >>>>>>>>

文化多样性教育需要教师在幼儿原有的认识基础上，向幼儿介绍中国文化和世界文化，让幼儿知道自己的祖国是中国，认识国旗、国徽、国歌，要尊敬国旗、国徽，了解中国的主要民族、风景名胜、人文景观、民间艺术，及主要的世界人文景观等。限于幼儿的认知水平和生活经验，这部分内容的学习有赖于教师提供典型的、有代表性的、直观的范例，让幼儿逐步感受和体验。鉴于此，文化多样性教育活动设计和实施的基本结构可简单概括如下。

1. 引出活动主题

通常采用演示法引出活动主题，使幼儿对所要接触的文化知识产生兴趣。如活动"少数民族大家庭"，教师通过地图、儿歌等方式引导幼儿了解中国是统一的多民族国家，知道我国少数民族所居的地理位置。

2. 引导幼儿学习相关的文化知识

学习相关文化知识时，既应调动幼儿以往的知识经验，也应该包含新的、幼儿不熟悉的文化知识。

如在组织民族文化教育活动时，教师可以利用课件和多媒体，通过提问、讨论等方式，引导幼儿认真观察，了解不同民族的生活习惯以及服饰、音乐等知识。

3. 组织幼儿自由表达出对文化的理解，注重情感的培养

在引导幼儿学习了文化知识后，还需组织幼儿表达出对所学文化的理解，教师也可以此了解幼儿掌握文化知识的情况。

如教师可以在幼儿了解部分少数民族知识的基础上，请幼儿说一说自己的感受，并在音乐的带动下，自己创编出少数民族舞蹈的不同动作，从中体验少数民族大家庭的快乐。

🔗 案例 8-1 ▶▶▶▶▶▶▶

大班文化多样性教育活动：少数民族大家庭①

设计意图

在过去的舞蹈活动中，我们学习了藏族舞蹈"草原小牧民"，孩子们兴趣极高，模仿着藏族的舞蹈动作，跳得有板有眼，日常谈话时常以此为话题。但由于他们知识的有限和生活经验的缺乏，孩子们遇到了一些问题，如蒙古族的传统服饰该是什么样的，藏族的传统服饰是什么样的，少数民族有些什么风俗习惯等。为此我们生成了社会活动"少数民族大家庭"，力求通过多样的活动形式，引领幼儿了解少数民族的生活环境、习俗以及传统服饰等，从而培养幼儿对少数民族的热爱之情。

---

① 夏力. 回归生活：幼儿园教育活动案例及评析[M]. 上海：复旦大学出版社，2008.（选入时有改动）

活动目标

1. 知道我国是一个统一的多民族国家，各族人民勤劳勇敢，他们都是中国人。

2. 能从传统服饰上尝试辨认蒙古族、藏族、维吾尔族、朝鲜族四个民族，了解他们的主要生活习惯及居住地。

3. 萌发尊重、团结少数民族的认知。

活动准备

1. 经验准备：具有相关地理音乐与知识及舞蹈方面的技巧。

2. 材料准备：相关课件资料；自制投影片；中国地图；四个民族娃娃（彩色图片）；居住地标记（蒙古包、大雪山等彩色图片大小各 1 套）；彩色挂图；录音机。

活动过程

1. 教师通过地图、儿歌等方式引导幼儿了解中国是个统一的多民族国家，知道少数民族所居的地理位置。

(1)出示中国地图，复习儿歌《中国地图》，巩固以前所学的地理知识。

(2)出示朝鲜族、蒙古族、藏族、维吾尔族四个民族的娃娃，一起找出他们居住在"大公鸡"（中国版图）的什么地方，并将民族娃娃与他们居住地的标记贴在地图上。

2. 利用课件和多媒体，通过提问、讨论的方式，引导幼儿认真观察，了解四个民族的生活习惯以及服饰、音乐等知识。

(1)放映投影片，并出示挂图，认识四个民族的传统服饰特征并了解其生活习惯。

提问：四个民族的传统服饰相同吗？哪里不一样？

少数民族在生活中习惯相同吗？他们都吃什么？用什么？

①放映蒙古族的投影片，让幼儿通过观察、讨论，了解蒙古族的传统服饰特征与主要生活习惯。

②出示蒙古族的挂图，引导幼儿仔细观察，并能用完整的语言描述其传统服饰、生活、乐器等部分特征。然后由教师小结，加深幼儿印象。

教师小结：蒙古族的传统服装长袍，斜开衣襟，头上扎着头巾或戴着皮帽子，腰间束丝带，脚穿皮靴。从前，他们生活在大草原上，以放牧为生，住在可以随拆随搭的蒙古包里，他们爱吃牛肉、羊肉，喝奶茶。蒙古族人喜欢唱歌、跳舞、拉马头琴。

③用同样的方法，介绍藏族、维吾尔族和朝鲜族。

(2)利用投影片，组织添色游戏"为民族娃娃穿花衣"，让幼儿再次辨认不同民族的传统服饰及居住地，巩固所学知识。

(3)欣赏四个民族的音乐，尝试创编民族舞蹈。

3. 教师在幼儿了解几个少数民族知识的基础上，请幼儿说一说自己的感受，并在音乐的带动下，自己创编出少数民族舞蹈的不同动作，从中体验少数民族大家庭的快乐。

放映民族大团结的投影片，幼儿随音乐自由舞蹈，结束。

活动延伸

1. 在美工活动中，教师提供废旧物品及成品，引导幼儿制作民族娃娃。

2. 把少数民族的图片、照片等材料放到语言区，供幼儿讲述。

案例 8-2 ▶▶▶▶▶▶▶

大班文化多样性活动：有趣的新年习俗①

设计意图

大班下学期的幼儿刚刚度过新年，对新年有着新鲜感与深刻的印象。对于大班幼儿来说，他们已经度过了 5 个或 6 个新年，关于新年，幼儿有很多生活经验与具体有趣的话题。《3～6 岁儿童学习与发展指南》明确指出："在良好的社会环境及文化的熏陶中学会遵守规则，形成基本的认同感和归属感。"，教师应"运用幼儿喜闻乐见和能够理解的方式激发幼儿爱家乡、爱祖国的情感"。本次活动旨在鼓励幼儿通过谈论有关新年习俗的话题，增进幼儿对中国传统文化的了解，使其在此过程中对祖国产生热爱和自豪之感。

活动目标

1. 感知中国传统新年习俗内容、形式、寓意的多样，并了解疫情下新年习俗的特殊形式。

2. 遵守谈话规则，知道新年习俗中寄托的平安、幸福等美好寓意。

3. 增进对中国传统节日"新年"的了解与热爱，对自己是个中国人产生自豪感。

活动准备

1. 经验准备：有和家人一起过年的经历，对新年的习俗有一些了解。

2. 物质准备：幼儿家庭照片"我家的新年"，过年传统习俗图片、视频。

活动过程

1. 图片导入，引出活动主题

师：小朋友们猜猜看，图片上的这家人过的是什么节日？你是怎么猜出来的？从……这些传统的新年习俗中，我们可以感受到年味，我们今天就来聊一聊有趣的新年习俗。

（指导策略：通过观察图片提出问题进行导入，鼓励幼儿大胆地表达自己观察到的内容，引出有关新年习俗的话题，激发幼儿谈话的积极性与主动性。）

2. 照片介绍，回顾"我家的新年"

师：还记得你们家的新年发生过什么有趣的事情吗？在每个小朋友座位底下有一张自己家过新年的照片，现在请大家轻轻地把它拿出来。请你向坐在身边的好朋友介绍自己家的新年，可以告诉他照片中有谁、当时正在做什么，以及做的时候你是什么心情。听的小朋友要注意自己感兴趣的地方，在倾听结束后向讲的小朋友提问。现在我们可以开始啦。

师：现在老师要请几位小朋友到前面来，向大家介绍自己家的新年，其他的小朋友注意听听看，

---

① 此活动方案由常熟理工学院 2019 级学生张逸诚撰写，喻小琴老师指导，选入时有改动。

他们说的和我家的新年一样不一样，有哪里不一样。再想想有没有问题，可以在介绍的小朋友说完之后向他们提问。

小结：在过年的时候，我们会做很多只有过年才做的事情。有大家都会做的传统习俗，拜年拿压岁钱，看春晚，一起贴春联、福字，还有一些有趣的特有的习俗，小红家里会包饺子；小明家会蒸花馍，就是将普通的馒头做成独特的好看的样子；小丽和姐姐妹妹走街串巷到亲戚家拜年，还会上炕吃糖和果子。

（指导策略：通过出示幼儿自己家的新年图片让幼儿进行自由交谈，让幼儿有话可说，有话想说。）

3. 结合图片，了解"各地的新年习俗"

师：我们发现呀，除了自己家的过年习俗，还有多种多样的新年习俗，下面我们来看一段视频，找找这里面有没有自己没听说过的习俗。（出示视频）这个视频中有很多的新年习俗，有没有哪个是你没有经历过，但觉得很有趣或者感到疑惑的呢？为什么？你知道它背后有什么寓意吗？在我们学剪窗花这个本领的时候，我们知道了窗花的每个图案都有着不同的美好寓意，那把它贴在窗子上，一定也传达出我们过年时的美好愿望。

小结：我们又发现了一些有趣的新年习俗，还通过讨论猜到了它们背后的美好寓意，做豆腐表达了我们想要来年都有好福气，贴窗花表达了我们美好的祝愿。

（指导策略：在对同伴家里新年习俗了解的基础上，通过看视频拓展幼儿对新年习俗的经验。）

4. 传统新年和"特殊新年"对比

师：聊了那么多往年的新年习俗，老师有一个问题，今年的新年也和往年一样吗？（出示图片"抗疫下的新年"。）

师：我们发现了今年的新年路上冷冷清清，我们还要戴着口罩去做核酸。那我们刚才说的新年习俗，今年还有吗？那我们来看一下这两张图片，大家在做什么？原来我们即使戴着口罩，还是一起贴了春联。那我们再来想想还有什么特殊的新年习俗吧。

小结：虽然不可以出门拜年，但我们也在手机上发送"新年好"相互拜年。我们在做核酸的时候会说"新年好"，特殊的新年里我们也感受到了特殊的爱。即使这是一个特殊的新年，但在做着这些新年习俗的时候，我们还是可以感受到年味。

师：那你们觉得哪个新年更有趣呢？是以往的传统新年，还是今年的特殊新年呢？

小结：究竟是哪个新年更有趣呢，有的小朋友认为在特殊的新年，爸爸妈妈会有更多陪伴我们的时间，可以在居家的时候一起玩很多游戏。有的小朋友认为特殊的新年不好玩，只能待在家里不能出去，都感觉不到是在过年了。不过我们都认同，虽然抗疫下的新年与以往不同，但我们感受到的爱是一样的。

（指导策略：用以往的新年和特殊新年作对比，结合生活经验深入拓展幼儿对新年的理解，并且在前期关于传统习俗的交谈基础上展开关于新话题——特殊新年的讨论。）

活动延伸

1. 语言区：选取在活动中引发讨论的话题开展辩论活动。

2. 美工区：引导幼儿用绘画的方式描绘自己经历过的新年故事或者想象中的有趣新年。

3. 娃娃家：布置新年场景，鼓励幼儿在娃娃家中为过新年做准备。

案例 8-3 ▶▶▶▶▶▶

中班文化多样性教育活动：认识国旗

设计意图

《3～6岁儿童学习与发展指南》在4～5岁幼儿社会领域发展目标4中指出，幼儿应在奏国歌、升国旗时能自动站好。因此在幼儿园多元文化教育活动中需要让幼儿认识国旗，知道国旗是国家的标志，同时通过活动萌发热爱国旗、国家的情感。

活动目标

1. 认识国旗，萌发热爱国旗的情感。

2. 知道国旗是国家的标志。

活动准备

1. 国旗1面。

2. 活动前家长带领幼儿观看升国旗的场景(如学校、广场、电视等)。

3. 各种关于升旗的图片和影像资料。

活动过程

1. 出示国旗，引起幼儿兴趣。

这是什么？在哪里见过它？请幼儿回忆在哪些地方见过国旗。

2. 认识国旗。

这面红旗是我们的国旗，也叫五星红旗。它的旗面是红色的，形状是长方形。国旗上面有五颗五角星，星星的颜色是黄色的，其中1颗大星星，4颗小星星。

3. 热爱国旗、尊重国旗。

(1)谈话，出示图片：这张图片上有谁？他们在干什么？为什么要升国旗？

(2)介绍国旗的含义。

国旗代表中国，我们的祖国，在很多重要场合都要举行升旗仪式。

例如在奥运会开幕式上，运动员比赛得冠军时，还有我们幼儿园每周一升国旗的时候。

(3)教师：在升国旗时我们都要站立端正，对着国旗行注目礼，直到国旗升到旗杆顶端，这样做就是尊重国旗。

(4)教育幼儿从小热爱、尊重国旗。

教师：你是怎样尊重国旗的？幼儿园升国旗时你是怎么做的？

请幼儿示范升国旗时的站立动作。

（5）总结谈话。

排队去操场上参加升国旗仪式，感受升国旗时的庄严和自豪。

活动延伸

在美工区投放粘贴、涂色国旗的半成品材料，让幼儿在区域活动中完成此美术作品，增强幼儿爱祖国的情感。

📎 **案例 8-4** ▶▶▶▶▶▶

小班文化多样性教育活动：元宵节

设计意图

元宵节是我国传统的节日之一，其赏灯、猜灯谜、吃元宵等活动寄托着人们的美好祝福和愿望。《纲要》指出幼儿园应"充分利用社会资源，引导幼儿实际感受祖国文化的丰富与优秀"。根据小班幼儿的年龄特点，从幼儿熟悉的生活入手，整合多种活动形式，充分利用社区、家庭、同伴资源，加深幼儿对传统灯节的认识，体验灯节的乐趣。

活动目标

1. 了解元宵节的习俗，加深对传统节日和风俗的认识。

2. 感受元宵节带来的快乐，并能大胆地表达自己的感受。

活动准备

1. 事先了解元宵节的一些知识。

2. 各类有关元宵节习俗的图片（吃元宵、猜灯谜、赏花灯）。

活动过程

1. 欣赏元宵节主题的照片，引出主题。

(1)教师出示图片，向幼儿提问：这些都是什么东西？我们在什么时候要用到？

(2)教师总结：原来这些东西都是在元宵节这一天会用到的。

2. 介绍元宵节，知道元宵节的一些风俗。

(1)小朋友们，那你们在元宵节都会做些什么事情呢？

(2)教师小结：元宵节是我们国家的传统节日，只有我们中国才有，而且它的历史非常久远，已经有2000多年了，每年农历的正月十五就是元宵节，为了庆祝元宵节，在这一天我们会一家人一起赏月、赏花灯、品尝元宵，感受家人团聚在一起的喜悦。

(3)教师：原来元宵节中我们可以做这么多的事情，那你最想和家人一起做什么事情呢？请你们讨论后互相说说看。请幼儿互相说说自己想做的事情。

3. 说说你所知道的我们国家的传统节日。

(1)我们今天了解了元宵节的习俗，那你还知道哪些我们国家的传统节日呢？在这些节日里我们会做些什么事情呢？

(2)教师小结：我们国家除了元宵节还有许多其他的传统节日，如春节、清明节、端午节、重阳节、中秋节等，这些节日也有自己的风俗特点。

活动延伸

请家长带幼儿一起去欣赏花灯，感受节日的喜庆。

▶▶ 三、 幼儿园文化多样性教育应注意的问题 >>>>>>>>

(一)树立文化多样性的意识

幼教界认为，要使文化多样性教育的核心理念准确无误地贯彻到实践中，教师必须树立基本的、牢固的文化多样性意识。我国幼儿教师应当认识到汉族文化之外的各少数民族文化也是中华文化的重要组成部分，承认少数民族文化的重要性，尊重其存在的价值，鼓励保持、传承和发展其文化。

(二)积极地推进民族文化教育[①]

我国是统一的多民族国家，所有幼儿都应接受民族文化教育。但考虑到各园的具体情况，不同地区、不同条件的幼儿园可以有针对性地、分步骤地进行。

1. 保持民族特色。在少数民族聚居地的幼儿当中要实行少数民族特色的教育，保持和发展具有民族特色的文化。同时也要进行汉语的普及教育，使少数民族幼儿更好地参与到广泛的社会生活中来。

2. 加强不同民族文化的交流。在汉族和少数民族交界或多民族杂居地充分实行文化多样性教育，让幼儿认识到各民族的特色与不同点，相互尊重各自的文化，互相学习，加强交流，促进民族团结并形成统一的民族向心力。此外，可对汉族儿童进行少数民族文化的通识教育，使其了解并尊重其他民族文化。

3. 要注意文化的兼容，共生互动。只有将民族文化置于缤纷多彩的文化背景中，将我国社会中居主导地位的文化置于生生不息的大众文化之上，幼儿民族文化教育才会显得生动活泼，文化教育资源才不至于枯竭。

(三)遵循幼儿学习的特点，以感知体验式学习为主

为此，幼儿园应为幼儿广泛接触生动多样的节庆活动、充分体验各种不同的风俗习惯、饮食、服饰、建筑等提供充足的机会，让幼儿在玩中学、做中学，在积累丰富感性经验的基础上对中华文化产生认同感和归属感。《指南》中指出，要运用幼儿喜闻乐见和能够理解的方式激发幼儿爱家乡、爱祖国的情感。例如：和幼儿说一说或在地图上找一找自己家所在的省、市、县(区)名称；和幼儿一起外出游玩，一起看有关的电视节目或画报等，和他们一起收集有关家乡、祖国各地的风景名胜、独特物产的图片等，激发幼儿对家乡和祖国的自豪感和热爱之情；

---

① 参见柴金红发表在《课程教材教学研究》的论文(2008年第7期)。

利用电视节目或参加升旗等活动，向幼儿介绍国旗、国歌以及看升旗、听奏国歌时的礼仪，同时成人要先行表率。

思考与练习

简答

1. 简述幼儿文化多样性教育活动设计的基本结构。
2. 设计幼儿文化多样性教育活动时需要注意的问题有哪些？

模块八单元2云测试

实践训练

1. 校内练习：依据学前儿童对文化多样性认知的需要，按照教案范例的格式，设计一次完整的教育活动。
2. 校外练习：去幼儿园观摩一次文化多样性教学活动，并写出听课记录。

学习反思

参考文献

[1] 贝克. 儿童发展[M]. 吴颖，等译. 南京：江苏教育出版社，2002.

[2] 布朗. 自我[M]. 陈浩莺，等译. 北京：人民邮电出版社，2004.

[3] 陈世联. 幼儿社会教育[M]. 海口：南海出版公司，2009.

[4] 但菲. 幼儿社会性发展与教育活动设计[M]. 北京：高等教育出版社，2008.

[5] 方建移，胡芸，程昉. 社会教育与儿童社会性发展[M]. 杭州：浙江教育出版社，2005.

[6] 福禄贝尔. 人的教育[M]. 孙祖复，译. 北京：人民教育出版社，1991.

[7] 甘剑梅. 学前儿童社会教育[M]. 北京：中央广播电视大学出版社，2007.

[8] 桂景宣. 学前教育概论[M]. 北京：高等教育出版社，2007.

[9] 教育部教育管理信息中心. 全国优秀幼儿社会教育活动课例评析[M]. 重庆：西南师范大学出版社，2011.

[10] 克斯特尔尼克，等. 儿童社会性发展指南：理论到实践[M]. 邹晓燕，等译. 北京：人民教育出版社，2008.

[11] 李焕稳，等. 幼儿社会教育[M]. 北京：北京师范大学出版社，2012.

[12] 李幼穗. 儿童社会性发展及其培养[M]. 上海：华东师范大学出版社，2004.

[13] 联合国教科文组织总部中文科. 教育：财富蕴藏其中（国际21世纪教育委员会报告）[M]. 北京：教育科学出版社，1996.

[14] 刘金花. 儿童发展心理学[M]. 上海：华东师范大学出版社，2001.

[15] 卢乐珍. 幼儿道德启蒙的理论与实践[M]. 福州：福建教育出版社，1999.

[16] 莫里森. 当今美国儿童早期教育[M]. 王全志，孟祥芝，等译. 北京：北京大学出版社，2004.

[17] 莫源秋，韦凌云. 幼儿教师实用教育教学技能[M]. 北京：中国轻工业出版社，2012.

[18] 彭海蕾，等. 学前儿童社会教育与活动指导[M]. 北京：教育科学出版社，2012.

[19] 施晶晖. 学前儿童社会性教育：兼论儿童职业意识培养[M]. 合肥：中国科学技术大学出版社，2010.

[20] 舒尔，迪吉若尼莫. 如何培养孩子的社会能力[M]. 张雪兰，译. 北京：京华出版社，2009.

[21] 吴育红. 我国学前儿童交往的现状与对策[J]. 教育理论与实践，2012(14).

[22] 夏力. 回归生活：幼儿园教育活动案例及评析[M]. 上海：复旦大学出版社，2008.

[23] 邢靖枫. 幼儿社会性教育论[M]. 长春：吉林人民出版社，2009.

[24] 雅斯贝尔斯. 什么是教育[M]. 邹进，译. 北京：生活·读书·新知三联书店，1991.

[25] 杨丽萍. 从文化认知、文化自信到民族认同的转化与整合：壮族认同教育新论[J]. 湖南师范大学教育科学学报，2012(6).

[26] 袁爱玲，等. 幼儿园教育环境创设[M]. 北京：高等教育出版社，2010.

[27] 张明红. 学前儿童社会教育[M]. 上海：华东师范大学出版社，2008.

[28] 张明红. 幼儿社会教育与活动指导 第2版[M]. 上海：华东师范大学出版社，2020.

[29] 张文新. 儿童社会性发展[M]. 北京：北京师范大学出版社，1999.

[30] 中华人民共和国教育部. 3～6岁儿童学习与发展指南[M]. 北京：北京师范大学出版社，2012.

[31] 周梅林. 学前儿童社会教育活动指导[M]. 上海：复旦大学出版社，2009.

附录 1　社会适应不良幼儿的教育建议

由于生活节奏的加快和社会竞争的日趋激烈，幼儿的心理和行为问题逐渐凸显，其中主要问题是社会适应不良。目前，人们对幼儿社会适应能力培养的重视还不够，很多幼儿的心理和适应问题不能在早期发现并接受干预，这严重影响了幼儿的身心健康。本附录总结了几种常见的社会适应不良行为问题，通过对案例的详细描述与分析，直观、形象地呈现了社会适应不良幼儿的特点，进而给出了常见的教育干预建议，以期能改善社会适应不良幼儿的行为，促使他们能顺利地适应社会，融入社会。

如果你对此有兴趣或需求，请扫描二维码继续学习。

附录 2　"幼儿社会教育与活动指导"课程标准(建议)

本附录主要介绍了"幼儿社会教育与活动指导"课程的性质及任务、教学目的与要求、课程对象、教学起点、课时安排、考核方式、教学参考书。如果你对此兴趣或需求，请扫描二维码继续学习。